深蓝 渔业发展实践

——中国海洋渔业转型之路

刘 晃 主编

中国农业出版社

北 京

图书在版编目（CIP）数据

深蓝渔业发展实践：中国海洋渔业转型之路 / 刘晃主编 . —北京：中国农业出版社，2022.10
ISBN 978 - 7 - 109 - 28872 - 0

Ⅰ.①深… Ⅱ.①刘… Ⅲ.①海洋渔业—产业发展—研究—中国 Ⅳ.①F326.43

中国版本图书馆 CIP 数据核字（2021）第 212508 号

中国农业出版社出版

地址：北京市朝阳区麦子店街 18 号楼
邮编：100125
责任编辑：杨晓改　郑　珂　　文字编辑：李善珂
版式设计：杨　婧　　责任校对：吴丽婷
印刷：北京通州皇家印刷厂
版次：2022 年 10 月第 1 版
印次：2022 年 10 月北京第 1 次印刷
发行：新华书店北京发行所
开本：787mm×1092mm　1/16
印张：9.75
字数：300 千字
定价：98.00 元

序

21世纪是海洋的世纪。唯有关心海洋、认识海洋、经略海洋，方能走在前列、勇立潮头。近年来，海洋经济在国家发展战略中的地位稳步提升，党的十八大提出要建设海洋强国，十九大报告提出到2035年，中国要在全面建成小康社会的基础上，基本实现社会主义现代化，坚持陆海统筹，加快建设海洋强国和"一带一路"，习近平多次对海洋经济发展作出重要论述，指出建设海洋强国是中国特色社会主义事业的重要组成部分，要进一步关心海洋、认识海洋、经略海洋。

中国是渔业生产大国，渔业提供了品种丰富、质量优良的水产品，满足了国民1/3的动物蛋白需求。中国也是海洋大国，海洋渔业是现代农业和海洋经济的重要组成部分，包括海水养殖、海洋捕捞等经济活动。近年来，中国海洋渔业发展迅速，取得了举世瞩目的成就，2018年海洋渔业占主要海洋产业增加值的比重为14.3%。但是，在快速发展的同时，我国海洋渔业发展方式依然粗放，受制于近海渔业资源衰退、水域环境恶化、生产方式传统等多重影响，水产养殖空间受到严重压缩、水产品质量安全问题愈显突出，渔业生产不平衡、不协调、不可持续问题依然突出，需要转变发展方式，提高发展质量，寻求新的发展途径。同时，近年来，受国家生态文明建设要求、技术储备不足、设施与装备缺少等因素制约，渔业养殖品质、效益、规模逐渐下降。为实现新时期渔业的转型升级和可持续发展，向深远海拓展新空间的需求日益迫切。

当前，世界渔业发展方式正在由传统方式向新型工业化转变，深蓝渔业因此孕育而生，这是渔业发展史上的一次革命，将成为极具潜力的战略性新兴产业。发展深蓝渔业既是中国渔业转型升级、生态环境保护的需要，也是保障中国食物安全和开发海洋资源的需要，更是建设海洋强国、宣示海洋主权的需要。

推进深蓝渔业的建设，将催生健康发展的现代渔业新产业，形成生产优质水产动物蛋白的新业态，构建引领世界渔业发展的新模式，为中国渔业产业转型升级、海上粮仓建设和海洋渔业持续健康发展发挥重要支撑作用。

本书系统提出了深蓝渔业的定义和内涵，明确深蓝渔业是面向深远海和大洋极地水域，开展工业化绿色养殖、海洋生物资源开发和海上物流信息通道建设，构建"养-捕-加"一体化、"海-岛-陆"相联动的全产业链式渔业生产体系，实现"以养为主、三产融合"的战略性新兴产业。是由可持续的捕捞渔业、深远海工业化绿色水产养殖业、高值化的水产品加工业、海上冷链物流和信息保障服务业、深蓝生物种业等组成的"捕-养-加-网-种"一体化的有机整体。

本书还重点讨论了以下几个问题，包括：对为什么要发展深蓝渔业，阐述了深蓝渔业的战略背景、面临的形势、机遇和发展潜力；对如何发展好深蓝渔业，分析了产业业态情况、国内外发展现状与趋势、存在问题，提出发展建议，为深蓝渔业发展顶层设计提供参考；提供了三个典型案例，为产业发展提供借鉴与启发，加快产业化进程。

作为一名长期从事渔业产业科研与管理的工作者，我愿意向大家推荐本书，并向参与深蓝渔业产业发展战略研究和该书编写的中青年科学家致以崇高的敬意！

2021 年 5 月

前言

　　"海洋事业关系民族生存发展状态，关系国家兴衰安危。"党的十八大以来，习近平总书记多次在讲话中谈及海洋强国建设，提出要重视海洋事业发展。农耕文明历来在中国长期占据主导地位，民族海洋意识淡薄，"重陆轻海"思想一直存在。随着党的十八大提出建设海洋强国的战略目标，党的十九大报告进一步提出"坚持陆海统筹，加快建设海洋强国"的战略部署，海洋强国建设将提速增量、提质增效，大踏步迈上新征程。海洋渔业是海洋强国建设的重要组成部分，也是海洋经济发展的支柱产业，在现代农业和经济社会发展中具有重要的战略地位。近年来，受制于近海渔业资源衰退、水域环境恶化、生产方式粗放等多重影响，水产养殖空间受到严重压缩、水产品质量安全问题愈显突出，无法满足人们对生活环境和食物品质日益增长的新要求，因此进一步向深远海拓展新空间、挖掘优质蛋白的供应源求迫在眉睫，在此背景下，深蓝渔业孕育而生。

　　深蓝渔业作为一个具有可探索性的新兴产业，是推进海洋强国战略、促进渔业升级转型、实现渔业可持续发展的重要实现方式，是水产养殖的一次重要革命，也是为人类提供充足优质动物蛋白供给的重要解决方案。但是，目前深蓝渔业的相关概念和内涵比较模糊，市场和产业发展需求不明确，发展前景和发展方向不清晰，缺乏相关对内对外的战略研究，有必要进行全面分析、梳理，明确深蓝渔业内涵和发展理念，做好统筹谋划。

　　本书是山东省支持青岛海洋科学与技术国家实验室重大科技创新工程专项"'深蓝渔业'技术创新工程"中的"深蓝渔业产业与科技创新战略研究"项目（项目编号：2018SDKJ0301）研究成果，由中国水产科学研究院牵头组织业内多位专家共同编写完成，重点阐述了深蓝渔业的战略背景，系统分析了深蓝渔业发展产业现状和趋势，提出了发展思路和战略布局，共分为三大部分：第一部分介绍了海洋渔业的发展现状和面临困境，分析了深蓝渔业产业发展的战略背景，提出了深蓝渔业的定义、内涵和产业特征，根据深蓝渔业发展潜力预测，提出了发展思路、目标和路线；第二部分从深远海养殖业、绿色捕捞业、高值化水产品加工业、物流及信息服务业、深蓝种业等方面，系统分析了产业发展的战略地位、发展形势、国内外相关产业发展现状及趋势，并提出了发展建议；第三部分介绍了挪威大西洋鲑、日本金枪鱼和中国大黄鱼等三个典型案例。本书的具体分工是绪论、第一章、第二章、第三章由刘晃执笔；第四章由徐琰斐、张立成执笔；第五章、第六章、第七章由徐琰斐执笔；第八章由邵长伟、刘永新执笔；第九章由徐琰斐、张宇雷执笔；第十章、第十一章由张成林执笔。全书由刘晃统稿。本书还得到了该领域许多专家学者的支持和帮助，在此向他们表示衷心的感谢。同时，感谢山东省支持青岛海洋科学与技术国家实验室重大科技创新工程专项"'深蓝渔业'技术创新工程"中的"深蓝渔业产业与科技创新战略研究"项目（项目编号：2018SDKJ0301）对本书出版的资助。

期望本书能够为政府部门的科学决策以及科研、教学、生产等相关部门提供借鉴，并为实现中国深蓝渔业产业现代化发展发挥积极作用。由于本书涉及专业面广，编写时间有限，书中难免存在疏漏和不足之处，敬请读者批评指正，以便日后进行改正和完善。

编　者

2021 年 5 月

目录

序
前言

绪　　论

中国是海洋大国，海洋渔业是现代农业和海洋经济的重要组成部分，包括海水养殖、海洋捕捞等活动。近年来，中国海洋渔业发展迅速，取得了举世瞩目的成就。产业结构进一步优化，渔港和渔业基础设施建设持续推进，水产养殖业持续快速发展，水产品贸易持续增长，水产品产量大幅增长，渔民收入显著增加，有力地促进了经济社会发展。现阶段，中国在海洋渔船数量、水产品产量等多方面处于世界第一，在国际上处于非常重要的地位。但我们也要清楚地看到，中国海洋渔业虽然取得了长足的发展，然而不可忽视的是仍然面临非常多的挑战，例如渔业发展转型升级压力较大，包括渔业资源衰退严重、渔业生产经营难度加大、渔业支撑保障仍然不足等突出问题。

第一节　海洋渔业的贡献

中国已成为世界第一渔业生产大国、水产品贸易大国和主要远洋渔业国家。水产品是人类优质蛋白的重要来源，海洋渔业生产可提供品种丰富、品质优良的水产品，为解决中国城乡居民吃鱼难、增加优质动物蛋白供应、提高全民营养健康水平、促进渔民增收、提高海洋资源利用能力等方面做出了重要贡献。

一、保障优质蛋白有效供给

蛋白质是构成生物体的重要成分，蛋白质占成人体重的 $16\%\sim19\%$，除了提供机体部分能量外，还参与体内一切代谢活动，是保证机体生长、发育、繁殖遗传以及机体修复的重要物质基础（吴少雄 等，2018）。水产品是一种健康、经济的蛋白质来源。无论在发展中国家还是发达国家的市场中，水产品都占据重要位置。同时，鱼类与牛、猪和禽类相比较，具有更高的蛋白转化效率，鱼类料肉比转化率分别约为牛、猪和禽类的 6 倍、3 倍和 1.5 倍，是一种优质的蛋白资源（徐琰斐 等，2019）。水产品已成为继谷类、牛奶之后食物蛋白的第三大来源，占全球蛋白质总供应量的 6.5%，占动物性蛋白质总供应量的 16.4%。水产品总量增长迅猛，成为人类膳食的重要组成部分，为约 31 亿人口提供了近 20% 的日均动物蛋白质摄入量，而且是可供直接食用的长链 ω - 3 多不饱和脂肪酸的食物来源（Tacon et al.，2018）。

水产品是人类食物的重要组成部分，其丰富的蛋白质和微量元素，有益于人的健康。随着居民收入水平的提升，人们的健康意识和消费能力越来越强，鱼类产品占人类消费的比重将越来越大。海洋渔业资源作为可再生食物资源，生产的水（海）产品中富含蛋白质，还含有人体必需的微量营养素和脂肪酸等，已成为中国目前动物性蛋白的重要来源和未来社会改善营养膳食结构的重要战略性生物资源，具有不易被其他食品所替代的特性。因而，海洋渔业可以确保优质蛋白的有效供给，直接（通过增加粮食供应和可及性）或间接（作为经济发展的驱动力）对粮食安全做出了重要贡献（Subasinghe，2017）。

在过去的 20 年中，水产品在非洲地区（主要来自捕捞渔业）和亚洲地区（主要来自水产养殖）低收入国家人民的饮食中发挥着重要的作用。1961—2016 年，在人类的膳食中全球直接食用的水产品消费量年均增速为 3.2%，已经超过了人口数量 1.6% 的增速，也高于全部陆生动物性肉类消费量 2.8% 的增速（联合国粮食及农业组织，2018）。然而，捕捞渔业的供应量并没有跟上人口增长的步伐，这使得水产养殖成为长期提高全球食物蛋白质产量的唯一可行方案。全球人均水产品消费量从 1961 年的 9.0 kg 上升到 2015 年的 20.2 kg，年均增长约 1.5%（联合国粮食及农业组织，2018）。2015 年，鱼类约占全球人口动物蛋白消费量的 17%。此外，鱼类为约 32 亿人口提供了动物性蛋白摄入量的近 20%（联合国粮食及农业组织，2018）。面向未来，联合国《2030 年可持续发展议程（2015）》指出，到 2050 年全球人口将达到 90 多亿，满足人类对食用水产品不断增长的需求将是一项紧迫任务，也是一项艰巨挑战，同时议程提出了基于可持续捕捞渔业和水产养殖的"蓝色增长倡议"（联合国粮食及农业组织，2016）。

在中国全面建成小康社会和消费水平升级的背景下，"吃鱼健康""无鱼不成席"等观念使水产品在健康和美食方面不可或缺的作用更加凸显，促使渔业产业链得到延伸并提升了价值链。水产品为国民提供了 1/3 的优质蛋白供应，有效改善了城乡居民营养膳食结构。根据《中国统计年鉴》和联合国粮食及农业组织的数据统计，中国水产品人均占有量平稳快速增长，从 2006 年的 35.0 kg 增加到 2018 年的 46.4 kg，是世界人均水平的 2 倍多（图 0-1）（联合国粮食及农业组织，2018；联合国粮食及农业组织，2020；国家统计局，2019）。但是需要指出的是，图中的统计对象并不全部是可直接提供给人类食用的水产品，还包括作为饲料等工业原料的水产品。

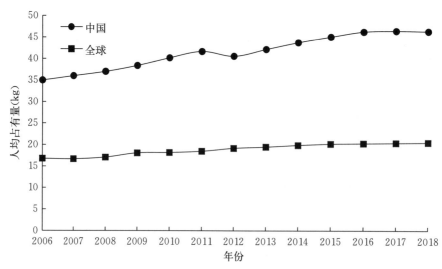

图 0-1　2006—2018 年中国和全球的水产品人均占有量变化情况
（数据来源：中国统计年鉴和联合国粮食及农业组织）

根据《中国统计年鉴》（2007—2019）家庭食物消费量数据，2006—2018 年，我国城镇居民水产品年人均消费量（2013 年前为城镇居民人均购买水产品数量）从 2006 年的 13.0 kg 增长到 2018 年的 14.3 kg，农村居民水产品年人均消费量从 2006 年的 5.0 kg 增长到 2018 年的 7.8 kg（图 0-2）。中国营养学会编制的《中国居民平衡膳食宝塔（2016）》推荐居民水产品日摄入量为 40～75 g（以可食部分计），折算后水产品的年人均推荐消费量应为 27～50.5 kg。由此可见，中国居民的水产品人均消费量还远未达到《中国居民平衡膳食宝塔（2016）》推荐消费量的水平。

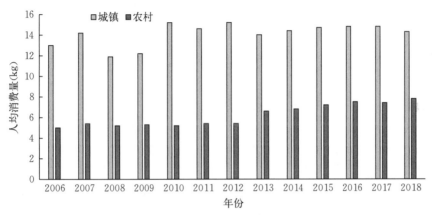

图 0-2　2006—2018 年中国城镇和农村水产品人均消费量变化情况

（数据来源：中国统计年鉴）

粮食安全始终是关系我国国民经济发展、社会稳定和国家安全的全局性重大战略问题。食品安全从数量的角度，要求人们既能买得到、又能买得起需要的基本食品；从质量的角度，要求食物营养全面、结构合理、卫生健康；从发展的角度，要求食物的获取注重生态环境的保护和资源利用的可持续性（卢良恕，2005）。渔业作为农业经济发展的重要组成部分，已然成为世界各国保障优质蛋白供给和食品安全的重要基础。中国已经成为世界最大的水产品生产国和消费国，为进一步夯实海洋渔业在国民优质动物性蛋白稳定供给方面的保障作用，从近海走向深蓝势在必行。

二、改善国民营养健康水平

近 20 多年来，中国城乡居民膳食结构发生显著变化，粮食消费逐渐减少，而肉类、禽蛋、奶、水产品等动物性食物的消费比例均有明显增长。但是，近年来与膳食有关的慢性非传染性疾病，如肥胖、高血压、糖尿病的发病率呈快速上升趋势（李丹 等，2018）。国际多个权威组织、科研机构研究表明，水（海）产品富含丰富营养，建议多吃以增强免疫力。以美国为例，美国的膳食指南建议成年人每周需要食用 8 盎司（约 226.8 g）包含 ω-3 脂肪酸、EPA 和 DHA 的海鲜，这与保持心脏健康密切相关（邓宇虹，2017）。据估计，微量营养素的缺乏每年导致 100 万人过早死亡，对某些国家来说可能会降低的国内生产总值高达 11%，发表在 *Nature* 上的研究利用海洋鱼类中 7 种营养物质（钙、铁、硒、锌、维生素 A、ω-3 脂肪酸和蛋白质）的浓度、环境和生态特征等，构建模型来预测海洋鱼类的营养含量及全球空间格局，并分析其与人群中微量营养素缺乏症患病率的关系，表明以鱼类为基础的粮食安全战略将可能为全球粮食和营养安全做出重大贡献（Hicks et al.，2019）。在许多发展中国家，鱼类更是动物蛋白的主要甚至唯一来源（何昌垂，2013）。

水产品属于高蛋白质、低脂肪动物性食物，同时还是维生素 A、维生素 B、维生素 B_{12}（牡蛎、蛤类、章鱼）、维生素 D、维生素 E、碘、硒、钙、锌、铁等主要来源。维生素 A 有助于维持视力，促进骨骼生长，增强免疫力，并对呼吸系统、泌尿系统、皮肤和黏膜具有重要的保护作用，发展中国家补充维生素 A 可以减少 1/4 的儿童死亡，而维生素 E 是一种非常有效的抗氧化剂。鱼虾类中含有较多的 $n-3$ 长链不饱和脂肪酸（EPA 和 DHA），可大大降低心血管疾病和卒中等疾病发病概率（朱蓓薇，2017；耶拿·平科特 等，2018）。一项针对 17 万人的跟踪研究显示，每日每增加 20 g 鱼肉的摄入，心脏衰竭发病风险可以下降 6%（Li et al.，2013）。另外一项研究结果显示，鱼肉摄入量与卒中的发病风险呈显著负相关，每周增加鱼肉摄入量可降低卒中的发病风险（Larsson et al.，2011）。研究发现 $n-3$ 不饱和脂肪酸日摄入量从 0 上升至 250 mg 的过程中，日摄入量每上升 100 mg，冠心病的致死风险降低 14.6%（Mozaffarian et al.，2006）。英国营养科学咨询委员会（SACN）鼓励一般人群增加高脂含量鱼类（总脂含量达到 5%～20% 的鱼类）的消费（至少 1 次/周）。此外，流行病学调查结果也显示，增加水产品的摄入可能会降低痴呆、认知功能障碍以及老年黄斑变性的发病风险（Christen et al.，2011）。瑞典查尔姆斯理工大学研究发现，多种鱼类中都存在一种小清蛋白（Parvalbumin）能阻止与帕金森病密切相关的有害蛋白形成，多吃鱼能够预防脑部的神经退行性疾病的发生（Werner et al.，2018）。有研究表明，与吃鱼很少或不吃鱼的人相比，吃鱼多的人（每周 357 g 或更多）15 年后患肠癌的风险可降低 12%（Aglago et al.，2020）。

大量研究表明，除了预防心血管疾病、卒中等中老年病以外，EPA 和 DHA 还有益于人类视觉和认知发展。特别是对于孕妇和幼童，EPA 和 DHA 在胚胎或幼儿生长发育关键阶段有促进神经发育的作用（de Roos et al.，2017）。许多鱼类（尤其是含油量较高的鱼类）是长链 $\omega-3$ 脂肪酸的来源，长链 $\omega-3$ 脂肪酸有益于人类视觉和认知发展，尤其是在儿童生命的头 1 000 d（Roos，2016）。宾夕法尼亚大学的研究结果表明，每周至少吃一次鱼的儿童睡眠更好，平均智商分数（IQ）高出其他儿童 1/4（Liu et al.，2017）。孕妇在怀孕期间多吃鱼有助于胎儿大脑和视力发育，在孕期的后 3 个月里，相比于母亲不吃鱼或者每周只吃两次鱼，母亲每周吃 3 次或 3 次以上的鱼，其宝宝在模式逆转视觉诱发电位（pattern reversal Visual Evoked Potentials，pVEP）测试中的结果要好（Normia et al.，2019）。为此美国等国家甚至编制了孕妇的 EPA/DHA 摄入量标准。

水产品已经从可有可无的"菜篮子"成为小康社会和高品质消费行为的必需品。在中国八大菜系中，以水产为食材的菜品数不胜数，在传统的上八珍、中八珍和下八珍中，水产品占到近一半。"无鱼不成席、无虾不成宴"成为美食餐饮的时尚。水产品的健康功能也已逐步得到中国相关部门的重视，"膳食宝塔"将水产品与所有畜禽肉类、蛋类同列为三大动物性食物之一。根据已有的研究成果，如果改进全体国民动物性食物摄入结构，使食用水产品摄入量达到膳食宝塔的推荐水平，可有效降低中国心脑血管病等重大疾病的发病率，不但可提高国民健康水平和生活质量，还可大幅降低医疗费用负担，具有不可估量的社会和经济效益。

三、促进渔民就业和增长

海洋渔业几乎遍布中国沿海所有省份的适宜地区，是农民增收致富的有效途径，已成为农村经济发展的重要组成部分。海洋生物资源开发利用已经成为农村经济新的增长点，在调整和优化农业产业结构、增加农民收入、繁荣农村经济、改善农村生态环境等方面发挥了重要作用，为解决三农问题提供了重要途径。

全球有数千万人依赖渔业作为收入和生计来源，根据联合国粮食及农业组织的数据，2016 年，全球渔业从业人员有 5 960 万人，其中，1 930 万人从事水产养殖生产（约占32%），4 030 万人从事捕捞生产（约占 68%）。捕捞渔业从业人数所占比例从 1990 年的83% 下降到 2016 年的 68%，而水产养殖从业人数比例则相应从 17% 增加到 32%。2016 年，全球从事捕捞生产和水产养殖的从业人口中 85% 在亚洲，10% 在非洲，4% 在拉丁美洲，其他地区占 1%。在从事水产养殖的 1 930 万人中，主要集中于亚洲（占水产养殖总从业人口的96%），其次是拉丁美洲（2%）和非洲（1.6%）。欧洲、北美洲和大洋洲分别占全球渔业从业人口的不足 1%。2012—2016 年，中国捕捞渔业和水产养殖从业人数仍介于 1 420 万～1 460 万（约占全球总数的 25%）。2016 年，中国有 940 万人从事捕捞渔业，500 万人从事水产养殖。全球与中国的渔业从业人口变化情况见图 0-3（联合国粮食及农业组织，2018）。

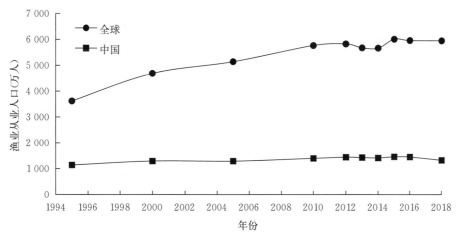

图 0-3　2006—2018 年全球和中国的渔业从业人口变化情况
（数据来源：联合国粮食及农业组织）

海洋渔业发展也是确保渔民增收的重要途径，近些年以来中国渔民收入不断提高。2018年全国渔民人均纯收入达到 19 885 元（农业农村部渔业渔政管理局 等，2019），是 2005 年渔民人均纯收入 5 869 元的 3.39 倍，是农村居民人均可支配收入 16 021 元的 1.24 倍（方晓丹，2020）。2018 年中国有渔业乡 733 个，渔村 7 965 个，渔业人口 1 878.68 万人，其中，传统渔民 618.29 万人，渔业从业人员 1 325.72 万人；从业人员中，专业从业人员 720.58万人，兼业从业人员 446.56 万人，临时从业人员 158.58 万人。海洋渔业包含渔业乡 392个，渔业村 3 500 个，渔业人口 550.93 万人，其中传统渔民 290.47 万人。渔业从业人员

374.31 万人，其中，专业从业人员 225.80 万人，兼业从业人员 90.91 万人，临时从业人员 57.59 万人（农业农村部渔业渔政管理局 等，2019）。由此可见，中国的渔区、渔村和渔民的规模基本保持稳定，海洋渔业的稳定发展也为社会的繁荣稳定发展提供了保障。

四、推动海洋生态、经济发展和全球贸易

海洋渔业是农业和海洋经济发展的重要组成部分，已成为世界各国优质蛋白的重要来源和粮食安全的主要保障之一，是依海强国、以海富国的重要战略基点。中国海洋渔业以10%的滩涂与海域面积，获取了 3 000 多万 t 海产品，创造了 5 800 多亿元产值（农业农村部渔业渔政管理局 等，2019）。随着渔业的生态涵养功能逐渐得到认可，水生动植物成为山水林田湖草生命共同体的有机组成部分。随着生态文明建设被纳入"五位一体"总体布局，海洋渔业的生态功能进一步发挥。"碳汇渔业""净水渔业"理念的影响持续增强，水产绿色养殖快速发展，全国海洋牧场建设方兴未艾，海洋渔业在建设海洋强国等国家战略的实施中将发挥更积极的作用。

随着中国经济迅速发展和人民生活水平快速提高，作为新兴产业中不断发展的休闲渔业，将逐步成为渔民增收的新渠道、渔业经济的新增长极、渔业转型升级的新动能。以三产融合为代表的休闲渔业将快速发展，从游钓休闲娱乐、餐饮美食发展到观赏水族、海底观鱼等各领域，带动渔区渔港旅游观光及钓具、钓船（艇）等行业发展。渔业的传统文化正焕发新的生机，以象山开渔节等为代表的渔业民俗、节庆、观赏等活动成为广大城乡居民娱乐休闲的新热点，有效带动了休闲旅游、餐饮娱乐、健康养殖、水产品加工及流通销售等相关产业发展。2018 年中国休闲渔业产值 902.25 亿元，占渔业经济总产值的 3.49%，占渔业第三产业产值的 12.24%（农业农村部渔业渔政管理局 等，2019）。

水产品贸易为全球各地各行各业的数千万人创造就业和收入机会，特别是在发展中国家。水产品是全球交易量最大的食品，对全球农产品出口额（不包括森林产品）的贡献率超过 9%，在全球商品贸易总额中的份额为 1%。2016 年，全球鱼类产量约有 35% 以各种形式进入国际贸易（联合国粮食及农业组织，2018）。2018 年，中国水产品进出口总量 954.42 万 t、进出口额 371.88 亿美元，其中出口量 432.20 万 t、出口额 223.27 亿美元，进口量 522.22 万 t、进口额 148.61 亿美元，实现贸易顺差 74.66 亿美元（农业农村部渔业渔政管理局等，2019）。水产品进出口额在农产品进出口总额 2 168.1 亿美元中占比为 17.15%（农业农村部国际合作司，2019）。

随着海洋渔业的综合比较优势逐步释放，水产工业化绿色养殖模式升级有效促进了农村地区劳动力就业和贫困地区农渔民快速增收，在大力实施乡村振兴战略中将做出更大贡献。随着"一带一路"倡议不断推进，中国水产养殖业的技术优势可以转化为"走出去"的产业优势，加上远洋渔业持续规范发展，海洋渔业将成为拓展国际合作新空间和树立负责任国家形象的重要力量。

第二节　海洋渔业发展现状

中国海洋渔业经过改革开放以来 40 多年的发展，取得了巨大成就，水产品市场供给总

量充足、种类丰富，水产品质量安全水平总体稳中向好。但目前中国海洋渔业的发展水平还远远满足不了粮食安全和生态安全对海洋渔业的需求。特别是在中国耕地日益减少、粮食供求趋紧的形势下，优化和提升近海养殖业、拓展外海渔业、发展远洋渔业是保障中国粮食安全、食物安全和海洋生态安全的必然选择，也是贯彻习近平总书记"中国人的饭碗任何时候都要牢牢端在自己手上"重要指示的重大举措。同时，在"渔权即主权、存在即权益"的国际背景下，发展驻守边远海疆的深远海现代海洋渔业，对维护国家海洋权益、彰显国家主权具有不可替代的重要作用。

一、养殖业

1985 年中共中央、国务院印发《关于放宽政策，加速发展水产业的指示》（中发〔1985〕5 号），明确"以养殖为主，养殖、捕捞、加工并举，因地制宜，各有侧重"的方针，并于 1986 年载入中国首部《中华人民共和国渔业法》，从此"以养为主"成为中国渔业发展的指导方针，也成为中国渔业发展中的鲜明特色。改革开放 40 多年来，中国养殖产量快速增长，极大提高了水产供给能力，实现了党中央、国务院提出的用三五年时间解决中国"吃鱼难"的奋斗目标。从 1988 年开始，养殖产量超过捕捞产量，实现了"以养为主"的历史性转变，使中国成为在很长时期内世界主要渔业国家中唯一养殖产量超过捕捞产量的国家。十一五以来，中国的渔业基本经营制度不断完善，渔业科技支撑能力不断提升，渔业支持政策力度不断增强，极大释放了水产养殖业的生产潜力，水产养殖业逐渐走出了适合中国国情特点的发展之路，形成了中国特色的产业种类结构，迅速实现了跨越式发展（刘英杰 等，2018；唐启升 等，2017a；唐启升 等，2017b）。

"以养为主"的渔业发展方针确定以后，中国海水养殖发展迅速，养殖产量由 1986 年的 150.08 万 t，发展到 2018 年的 2 031.22 万 t，增长了 12 倍多（图 0-4）。但是，目前中国海水养殖产量中还是以近海筏式养殖、池塘养殖、吊笼养殖为主，2018 年的产量分别为 612.62 万 t、246.65 万 t、127.85 万 t（农业农村部渔业渔政管理局 等，2019）。

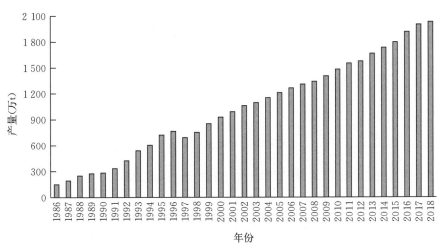

图 0-4　1986—2018 年中国海水养殖产量变化情况

（数据来源：中国渔业统计年鉴）

贝类是筏式养殖中发展最早的养殖种类，随着技术的不断发展，现已应用于牡蛎、扇贝、刺参与大型海藻等的养殖上。筏式养殖主要分单养和混养两种模式，筏式单养模式的管理和收获方式相对方便，但会造成养殖空间资源浪费；以贝-藻混养为代表的筏式混养模式可通过整合不同品种的生态需求差异实现养殖生态系统的平衡，即可最大限度地利用海域空间资源，还可以修复和调控海域生态环境，保障养殖效益。

中国的海水鱼类规模化养殖始于 20 世纪 80～90 年代，尤其自 20 世纪 90 年代中期开始发展迅速，养殖产量由 1984 年的 0.94 万 t，发展到 2018 年的 149.51 万 t（图 0-5）。目前中国已开发养殖的海水鱼品种有近 100 种，产量的提升对保障中国海水鱼类的供应和促进沿海经济的发展都发挥了重要的作用（关长涛 等，2019）。在渔业统计中位列前 10 位的种类是大黄鱼（19.80 万 t）、鲈（16.66 万 t）、石斑鱼（15.96 万 t）、鲆（10.80 万 t）、鲷（8.84 万 t）、美国红鱼（6.83 万 t）、军曹鱼（3.88 万 t）、鰤（2.58 万 t）、河鲀（2.31 万 t）、鲽（1.39 万 t），10 个主要养殖品种 2018 年的总产量为 89.03 万 t，约占全年海水鱼类养殖总产量的 59.5%。目前，海水鱼中各品种的养殖产量都不高，其中养殖产量超过 10 万 t 的品种只有大黄鱼、鲈、石斑鱼和鲆 4 种。然而，挪威单单大西洋鲑一个品种的养殖产量就有约 120 万 t，与中国的海水鱼类养殖总产量相当。与此同时中国消费者对水产品的消费需求快速增长，目前中国的海水鱼类的养殖产量还难以满足人们的需求。同时，由于近海发展空间受限，因此发展深远海养殖日益迫切。

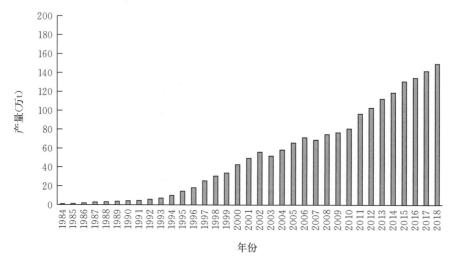

图 0-5 1984—2018 年中国海水鱼类养殖产量变化情况
（数据来源：中国渔业统计年鉴）

十二五以来，随着中国对生态文明建设要求的进一步明确以及传统养殖方式弊端的逐步凸显，深远海养殖模式受到了各行各界的关注，逐步形成了政府和地方共举、产学研联动的发展格局。中国在深远海大型养殖设施方面的研发和探索工作取得显著成效，渔业科研院所联合相关船舶企业对中国深远海渔业养殖需求和装备性能进行了深入研究，取得了多项系列核心技术。中国第一艘 3 000 t 级冷水团养殖科研示范工船"鲁岚渔养 61699"号，下水前往黄海冷水团开展养殖试验生产；深远海大型围栏式养殖设施投入生产，养殖水体可达 6 万 m³，可养殖大黄鱼 60 万尾，养殖的大黄鱼比近海养殖的价格高 3～5 倍，饵料投喂量减少40％～60％，取得显著经济和生态效益。目前，中国的科研院所正和渔业养殖、海工、加工、金融等行业企业在积极整合优势资源，深远海养殖的产业链正在悄然形成，为深远海养殖的进一步发展奠定基础。

二、捕捞业（包括远洋渔业）

十一五以来，随着中国对渔业资源保护和可持续发展意识的增强，渔业管理理念及时转变，开始采取伏季休渔、资源增殖、渔船渔具管理、减船转产等措施，大力加强海洋渔业资源养护，促进海洋渔业发展与资源保护相协调。2017 年农业部印发了《关于进一步加强国内渔船管控实施海洋渔业资源总量管理的通知》(农渔发〔2017〕2 号)，明确到2020 年全国压减海洋捕捞机动渔船 2 万艘、功率 150 万 kW，国内海洋捕捞总产量减少到 1 000 万 t 以内。启动实施海洋渔业资源总量管理制度，开展限额捕捞试点，捕捞产量实现了零增长、负增长，海洋捕捞产量从高峰时 2011 年的 1 241.94 万 t，下降到 2018 年的 1 044.46 万 t（图 0 - 6）。2018 年，国内海洋捕捞产量 1 044.46 万 t，其中，鱼类 716.23 万 t，甲壳类 197.95 万 t，贝类 43.04 万 t，藻类 1.83 万 t，头足类 56.99 万 t，其他 28.42 万 t。按捕捞作业方式看，拖网产量 488.71 万 t，刺网产量 228.01 万 t，张网产量 122.05 万 t，围网产量 93.13 万 t，钓具产量 36.91 万 t，其他渔具产量 75.66 万 t，可见目前中国海洋捕捞的主要方式还是以拖网为主，占国内海洋捕捞产量的 46.79％。在海洋捕捞鱼类产量中位列前10 位的种类是带鱼（93.94 万 t）、鳀（65.84 万 t）、蓝圆鲹（49.40 万 t）、鲐（43.25 万 t）、鲅（35.67 万 t）、金线鱼（33.43 万 t）、海鳗（32.91 万 t）、鲳（32.60 万 t）、小黄鱼（28.26 万 t）、梅童鱼（23.02 万 t）。

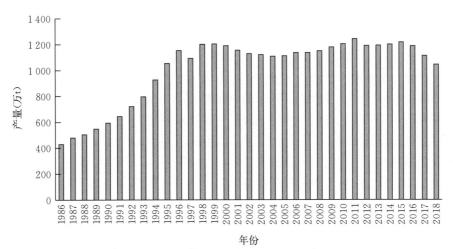

图 0 - 6　1986—2018 年中国国内海洋捕捞产量变化情况

（数据来源：中国渔业统计年鉴）

经过 30 多年的努力，中国的远洋渔业从无到有、从小到大，产业规模和素质大幅提升，远洋渔业产量从 1986 年的 1.99 万 t，发展到 2018 年的 225.75 万 t，增长 100 多倍（图 0 - 7）。同时，在产业结构、装备水平、科技支撑能力、管理水平、国际合作等方面均取得长足进步。中国远洋渔业产量与船队规模均已居世界前列，同时整体装备水平显著提高，现代化、专业化、标准化的远洋渔船船队初具规模。作业海域现扩展到 40 个国家和地区的专属经济区以及太平洋、印度洋、大西洋公海和南极海域，公海渔业产量所占比重达到了 65％以上。捕捞方式发展为拖网、围网、刺网、钓具等多种作业类型。经营内容开始向捕捞、加工、贸易于一体综合经营转变，成立了 100 多家驻外代表处和合资企业，建设了 30 多个海外基地，在国内建立了多个加工物流基地和交易市场，产业链建设取得重要进展。2018 年，中国远洋渔业产量达 225.75 万 t，其中金枪鱼 36.40 万 t，鱿鱼 57.43 万 t，竹荚鱼 6.14 万 t。远洋渔业总产值 262.73 亿元，远洋作业渔船 2 654 艘，其中 1 300 多艘进行了更新改造，远洋渔业企业超过 160 家。

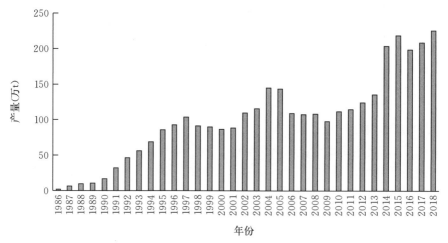

图 0-7　1986—2018 年中国远洋渔业产量变化情况

（数据来源：中国渔业统计年鉴）

远洋渔业是开放型、创汇型渔业，金枪鱼等主要捕捞对象属高值鱼类，产业科技含量高、经济效益好，是渔业产业结构调整的优先方向。从捕捞对象的资源状况而言，世界大洋公海渔业资源仍有一定的开发空间。其中南极磷虾评估可捕量达 0.6 亿～1 亿 t，设定预防性捕捞限额为 869 万 t，目前世界捕捞产量仅 31.3 万 t，开发潜力巨大；秘鲁外海、印度洋、南极海域头足类开发利用较少，头足类资源开发仍有广阔的前景。2009 年起中国正式立项开展南极磷虾探捕开发，目前，入渔渔船有 5 艘，年产量 4 万多 t，连续多年居世界第二，成为世界上少数的具有南极生物资源开发能力的国家（刘永新 等，2019）。

三、水产加工业

水产品加工和综合利用是渔业生产的延续，所谓"加工活，则流通活，流通活，则生产兴"，搞活了加工，货畅其流，水产品加工业连接着生产与市场，是实现海洋渔业一二三产业融合的关键环节。因此，水产品加工业的发展对于整个渔业的发展起着桥梁纽带的作用，不仅是中国当前加快发展现代渔业的重要内容，而且是优化渔业结构、实现产业增值增效的有效途径。十一五以来，中国积极发展水产品加工，促进加工保鲜技术发展和副产物综合利用，加强水产品加工园区建设，创建了一批农产品精深加工示范基地和加工示范园区，推进产业优势聚集，大力发展水产品现代冷链物流体系建设，发展活鱼运输模式，构建从池塘、渔船到餐桌的水产品全冷链物流产业体系。同时，水产品加工企业顺应新消费群体的需求，加快了水产加工产品的厨房化、超市化以及餐饮业配送趋势，发展优质、便捷、健康的水产加工新产品，推进水产品进学生餐，引导和培育国内市场消费。

目前，中国水产品加工已形成了冷冻冷藏、腌熏、罐藏、调味休闲食品、鱼糜制品、鱼粉、鱼油、海藻食品、海藻化工、海洋保健食品、海洋药物、鱼皮制革及化妆品和工艺品等十多个门类，有的产品生产技术已达到世界先进水平。中国水产加工业总产值不断增大，水产品加工企业数量持续增长，水产加工能力也不断提升，成为推动中国渔业生产持续发展的重要动力，也是渔业经济的重要组成部分。水产品出口占据出口农产品首位，在农产品出口及外贸出口中具有突出的地位。2018年，水产加工企业共9 336个，其中规模以上加工企业（年主营业务收入500万元以上的水产加工企业）2 524个，年加工能力2 892.16万t。水产加工品总量为2 156.85万t，其中淡水加工品381.83万t，海水加工品1 775.02万t，水产加工业产值4 336.79亿元（农业农村部渔业渔政管理局 等，2019）。与此同时，水产业加工依然是海洋渔业发展中的一块明显的短板，2018年中国水产品加工率41.6%（李明爽，2019），而且加工方式上依然是以冷冻冷藏为主，冷冻品的加工量约占加工水产品总量的70%（农业农村部渔业渔政管理局 等，2019）。中国水产品仍以半成品、粗加工为主，技术含量与附加值低，对初级产品精深加工不足和综合利用不够，与世界先进水平还有明显差距，需要加大力度组织技术研发攻关，强化产地加工技术对接，努力在水产品精深加工、加工副产物高效利用等关键技术领域取得突破。

随着居民生活水平的提高，高价值水产品未来将获得更快的增长需求。在水产品消费模式方面，城市消费的快节奏，使得水产品的时效性要求更高，食品制备便捷性将受到更多人的关注。现代消费者口味在发生变化，更加注重食物的来源和渠道。新消费需求与电商营销手段将会深刻影响到水产品市场消费模式。因此，随着水产品便利化的消费模式逐渐形成，水产品加工需求将不断提高，水产加工自动化程度将随着装备技术水平的进步不断上升，全产业链质量安全体系将逐步建立。同时，因中国长期以来形成的饮食习惯，未来活鱼消费仍然会保持较高比例。

四、增殖渔业

增殖渔业是指针对渔业资源过度捕捞、资源衰退等问题，采取人工干预，增加苗种，补充增加自然生态中渔业资源的方式。增殖渔业是保护渔业资源、增加渔民收入、促进渔业可持续发展的重要措施（张显良，2011）。自2006年，国务院印发《中国水生生物资源养护行动纲要》以来，增殖渔业发展进入快车道，渔业增殖放流在全国各省份普遍开展，并得到各级政府的重视和支持，增殖放流领域从大江大河、湖泊水库到沿海各地，放流品种包括各种优质鱼虾贝藻及海参、鲍等海珍品近百种。

十一五期间，中央和地方财政大幅度增加增殖放流投入，全国累计投入资金21亿元，放流各类苗种1 090亿尾，增殖放流活动由区域性、小规模发展到全国性、大规模的资源养护行动，形成了政府主导、各界支持、群众参与的良好氛围。启动并建立国家级水产种质资源保护区220个，国家级水生生物自然保护区数量达到16个。人工鱼礁和海洋牧场建设发展迅速，其间，国家共投入建设资金约 22.96 亿元，投放人工鱼礁礁体总空方量约 3 152 万 m^3，形成海洋牧场约 464 km^2（胡炜 等，2019）。十二五期间，渔业生态环境修复力度不断加大，人工鱼礁和海洋牧场建设得到加强，增殖放流效果显著，新建国家级水产种质资源保护区 272 个，新建国家级水生生物自然保护区 8 个；渔业生态环境修复力度不断加大，人工鱼礁和海洋牧场建设得到加强，增殖放流效果显著。据不完全统计，2018 年全国共开展水生生物增殖放流活动 2 040 次，放流重要水生生物苗种达 374.1 亿尾（只）（中国水产科学研究院，2019）。2008 年以来，全国人工鱼礁礁体总空方量建设规模超过 3 000 万 m^3，礁区面积超过 500 hm^2，投入资金达到 30 多亿元（杨红生，2016）。

党的十八大以来，中央更加重视生态文明建设，海洋牧场迎来发展的黄金期。2013 年国务院对海洋渔业发展定位在"生态优先"，提出"发展海洋牧场"；2015 年渔业油价补助政策改革落地，中央财政加大对海洋牧场建设的支持。2017 年农业部发布的《国家级海洋牧场示范区建设规划（2017—2025)》中提出，到 2025 年，在全国范围内建成 178 个具有辐射示范效应的国家级海洋牧场。2017 年中央 1 号文件明确提出"支持集约化海水健康养殖，发展现代化海洋牧场"；2018 年中央 1 号文件强调"统筹海洋渔业资源开发，科学布局近远海养殖和远洋渔业，建设现代化海洋牧场"；2019 年中央 1 号文件再次强调"合理确定内陆水域养殖规模，压减近海、湖库过密网箱养殖，推进海洋牧场建设"。在中央政策的带动下，地方各级和社会各方面建设海洋牧场积极性空前高涨，投入力度不断加大。全国共投入增殖放流资金 39.5 亿元，增殖放流各类水生生物苗种 1 429 亿单位；新建国家级水产种质资源保护区 155 个，总量达到 523 个；新建国家级水生生物自然保护区 5 个，总量达到 25 个；新建国家级海洋牧场示范区 42 个（张显良，2017）。

伴随着中国渔业发展理念的转变，增殖渔业从无到有，并在"全国渔业发展第十三个五年规划"中跻身成为五大产业之一。增殖渔业对修复日益衰退的渔业资源和生态环境，促进渔业资源的可持续发展发挥了积极作用。增殖渔业区域性综合开发示范区逐渐增多，以人工鱼礁（巢）为载体，底播增殖为手段，增殖放流为补充，海洋牧场为形态，同时也带动了休闲渔业及相关产业发展。

五、休闲渔业

休闲渔业是利用各种形式的渔业资源（渔村资源、渔业生产资源、渔具渔法、渔业产品、渔业自然生物、渔业自然环境及人文资源等），通过资源优化配置，将渔业与休闲娱乐、观赏旅游、生态建设、文化传承、科学普及以及餐饮美食等有机结合，向社会提供满足人们休闲需求的产品和服务，实现一二三产业融合的一种新型渔业产业形态（农业农村部渔政管理局 等，2018）。2011 年 6 月，农业部发布《全国渔业发展第十二个五年规划》，首次把休闲渔业列入渔业发展规划，并明确将其列为中国现代渔业的五大产业之一，其产业地位发生了明显变化。2018 年农业农村部办公厅印发了《关于开展 2018 年休闲渔业质量提升年活动的通知》，渔业渔政管理局首次发布《休闲渔业产业发展报告》，发布中国休闲渔业标识。2012—2017 年共认定 27 个国家级最美渔村、25 个全国示范性渔文化节庆活动、477 个全国休闲渔业示范基地。在市场力量的推动和政策的引导下，以休闲渔业为代表的二三产业快速发展，培育了一批休闲渔业示范区，重点构建滨海港湾休闲渔业、都市型休闲渔业、海洋牧场休闲渔业等，打造全国知名的休闲渔业品牌，涌现出一批像象山开渔节等最美渔村、渔文化节庆活动典范，一批像舟山国际水产城、何氏水产等"互联网＋渔业"深度融合、现代冷链物流典范。

中国休闲渔业产业规模继续保持快速稳定增长，2010—2018 年休闲渔业产值及其在渔业总产值中的占比变化情况见图 0-8。可以看出，全国休闲渔业产值从 2010 年的 211.25 亿元快速增长到 2018 年的 839.53 亿元，在中国渔业经济总产值中的占比从 2010 年的 1.63％增长到 2018 年的 3.25％（农业农村部渔业渔政管理局 等，2019；农业农村部渔业渔政管理局 等，2018）。2018 年，全国休闲渔业经营主体达 12.39 万个，同比增长 12.43％；从业人员共 80.49 万人，同比增长 17.86％，人均产值达 10.43 万元。全国接待游客 2.59 亿人次，同比增长 17.82％（农业农村部渔业渔政管理局 等，2019）。另据中国休闲垂钓协会统计，全国的钓友达几千万人，休闲垂钓赛事等渔事活动在全国蓬勃兴起。

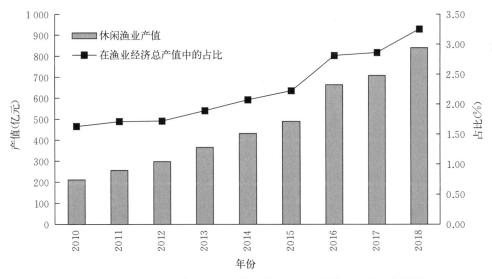

图 0-8　2010—2018 年休闲渔业产值及其在渔业总产值中的占比变化情况
（数据来源：中国渔业统计年鉴）

随着中国经济迅速发展和人民生活水平快速提高，作为新兴产业的休闲渔业将逐步成为渔民增收的新渠道、渔业经济的新增长极、渔业转型升级的新动能。当前休闲渔业已遍布全国内水、海洋，从游钓休闲娱乐、餐饮美食发展到观赏水族、海底观鱼等各领域，有力地带动了渔区渔港旅游观光及钓具、钓船（艇）等渔机渔具工业及有关服务行业的发展，并促进了渔区、渔港环境整治和渔文化交流。目前中国休闲渔业总产值占渔业经济总产值的比重不到 5％，与国际上休闲渔业发展水平较高的国家相比差距较大。根据近年来中国休闲渔业发展趋势，预测到 2025 年休闲渔业增加值达 2 000 亿元。中国休闲渔业发展前景广阔，必将拥有更加美好的未来（农业农村部渔业渔政管理局 等，2019）。

第三节　海洋渔业发展业态特点

中国渔业自改革开放后经过 40 多年以来不断发展，取得了巨大成就，水产品市场供给总量充足、种类丰富多样，水产品质量安全水平总体稳中向好。未来发展将形成环境友好型养殖业、资源养护型捕捞业、引导消费型加工业、市场推动型渔业服务业、乡村振兴型休闲业等五种主要业态。

一、环境友好型养殖业

重视水产养殖对发展空间的需求，确保水产品的基本产出，最小养殖水域使用面积保障线应设置在 900 万 hm² 以上。挖掘水产养殖水域使用面积潜力，从传统的近岸浅海滩涂养殖向远岸深水发展，开发海水养殖新空间，加大内陆盐碱地的开发利用，开发淡水养殖新天地。建立养殖水域的容纳量评估制度，根据容量评估结果，确定养殖密度和布局，发放养殖许可证，并建立相应的实施和监管体系。发展符合区域生态系统水平的新型养殖生产模式，构建健康、生态、节水减排和多营养层次的养殖系统，鼓励发展基于不同养殖水域和生产方式的养殖生产新模式，提高养殖生产效率和生态效益，降低规模化养殖对水域环境所产生的负面影响，为粗放型养殖升级寻求新途径，形成现代水产养殖生产体系。实施养殖装备提升工程，促进粗放型水产养殖向现代养殖设施工程化方向转变，加快养殖环境精准化调控以及节水、循环、减排养殖模式的研究，发展机械化养殖、循环水养殖、深水抗风浪养殖新模式，建立一批具有工程化养殖水平的现代养殖示范园。加强水产养殖业管理与执法能力建设，本着"受益者或破坏者支付，保护者或受害者被补偿"的原则，将养殖水域的生态补偿法制化、规范化。

二、资源养护型捕捞业

实施生态系统水平的资源管理，持续执行严格的捕捞渔业管理措施。系统梳理中国近海捕捞作业渔船双控、渔船建造补贴、燃油补贴等渔业相关政策，围绕近海生态优先、资源养护与合理利用，提出调整建议与措施，缩减现有近海渔船的数量和功率，逐步减轻近海捕捞强度。完善渔业资源环境常规监测评估体系，对渔业资源状况和主要经济种群数量变化进行跟踪评估，掌握渔业资源状况和变化趋势，加强栖息地与生态环境的保护，营造良好的渔业生物产卵场、索饵场、越冬场和洄游通道，提出渔业资源环境管理措施，并预测和评价各项渔业管理措施的实施效果。强化捕捞限额的科技支撑，试点专属捕鱼权和限额捕捞制度，将离海岸一定距离内或一定水深范围内的渔业资源的利用权划归当地渔民社区所有，进行排他性的渔业资源利用和保护。借鉴渔业管理先进的国家采用的高效渔业管理办法，试点开展渔获量产出控制的限额捕捞管理制度与措施研究。评估渔具捕捞能力和环境影响，开展中国渔具渔法捕捞能力的系统调查与分析研究，评价各种渔具渔法对资源的影响，提出渔具渔法的改革方向与技术措施，为制定控制捕捞能力的国家行动计划提供必要的科技支撑和措施建议。

三、引导消费型加工业

方便化、功能化、多样化和个性化是当前水产加工产业发展的主要方向。冷冻调理食品、即食食品及中间素材食品等方便水产食品的快速发展，不仅满足了人类生活方式更新的需要，还减少了传统消费习惯带来的废弃物排放。从水产品中提取的安全、生理活性显著的天然活性物质，是制造高品质保健食品的良好原料。要充分发挥水产加工产业具有高附加值、高科技含量、高出口创汇率的特点，建立以加工引导消费、以加工带动养殖的产业发展新模式。研制高值化精深加工产品，从以单纯水产食品开发为主，拓展至新型水产食品、水产品与粮食的复配食品、水产品与肉类的复配食品的开发，实现大宗低值鱼的高效利用与增值目标。攻克传统水产品品质提升、加工副产物规模化利用等关键技术，开展水产生物活性物质提取，高效利用蛋白质、多糖与脂质，进行副产物规模化生物转化等工业化技术的开发与集成；研究水产原料特性，如运输应激、宰后品质劣变、加工化学等机制，建立鱼糜制品质构调控、发酵鱼制品工程化生产等技术体系，推进生鲜、调理、即食、风味等水产食品生产方式，不断提高水产品在国民饮食中的比例，逐步建立以营养需求为导向、改变消费观念为宗旨的现代水产食品加工产业体系。

四、市场推动型渔业服务业

渔业服务业是围绕水产品养殖、捕捞和加工为核心的产前、产中和产后服务业，现代渔业服务业是实现渔业经济可持续发展的重要保障。推进水产品交易市场网络化，提升水产品的整体竞争优势，目前水产流通业产值约 6 000 亿元，拓宽了水产品的消费渠道，大大加速了海洋渔业发展。生鲜是很大的消费品类，市场整体规模巨大，未来还将保持年 14% 左右的高速增长，将成为消费升级的主力品类，其中水产海鲜约占 1/5，产值 4 000 多亿元。线上消费的提升、主力消费的年轻化、消费城市的渗透加深，将会进一步推动水产流通业的发展。其次是完善渔业信息咨询服务体系，充分利用渔业物联网、区块链等技术，建立渔业合作组织、生产企业以及科研院所为一体的交流平台，加强对渔业资源与环境的监测和研究，借用卫星定位系统（GPS）、遥感技术（RS）和地理信息系统（GIS）等建立"数字海洋渔业"数据库，促进渔业可持续发展。不断创新海洋渔业投融资渠道，通过政府财政资金的导向作用，吸纳闲散资金，为海洋渔业发展提供更多的资金保障。加快海产品综合示范园区建设，在完善现货市场的基础上不断探索建立水产品期货市场的方法，通过制定严格的水产品质量标准与检验检疫体系以及不断拓宽水产品流通渠道，确保期货交易安全、可持续。

五、乡村振兴型休闲业

可以考虑通过立足资源禀赋发展休闲渔业来带动乡村脱贫致富，通过发展新兴业态的渔业＋旅游业，实现产业兴村、产业强村的美丽乡村梦。结合乡村振兴战略，发展休闲渔业、培育美丽渔村和现代渔业文化。从休闲渔业＋旅游入手，发展独具特色的全域旅游目的地，为都市居民提供娱乐、康养服务。从休闲渔业＋精准扶贫入手，政府通过购买扶贫项目和服务，指导乡村发展特色休闲渔业基地，将城市消费人群同扶贫资金结合起来，通过融入智慧扶贫，实现精准扶贫的产业互动开发模式。从休闲渔业＋产业化入手，引导强化品牌建设，整合资源、互补优势，打造一批管理规范、服务标准、带动力好、竞争力强的休闲渔业融合品牌。

第四节　海洋渔业发展面临困境

中国渔业经过改革开放 40 多年来的发展，取得了巨大成就，生产能力大幅提高，水产养殖品种不断丰富，增养殖技术创新引领，渔业生产水域得到拓展；科技支撑能力明显提高，工程技术、生物技术和信息技术在渔业领域得到广泛应用；产业结构不断优化，供给侧结构性改革深入推进，捕捞强度稳步降低，养殖模式优化升级，品种结构加快调整；绿色发展行稳致远，逐步形成了"生态优先，绿色发展"的良好势头。但是，随着经济社会发展水平的不断提高，人们对水产品的消费需求已经从"吃鱼难"逐渐转为"吃好鱼""吃出健康"，传统渔业发展方式的不平衡、不充分、不可持续问题日益凸显，要求海洋渔业产业迫切需要进一步转型升级并实现高质量发展。

一、资源与环境的双重挤压

近年来，由于涉海工程建设、环境污染和过度捕捞等因素影响，水生生物资源的"三场一通道"遭到破坏，出现了部分海域无鱼的水域荒漠化现象，传统渔业资源种类如大黄鱼、带鱼、小黄鱼等资源衰退非常严重，其中大黄鱼几乎绝迹。有研究显示，中国海洋年均可捕捞量仅为 800 万～900 万 t，而实际产量远远高于此，2018 年近海捕捞产量为 1 044.46 万 t（农业农村部渔业渔政管理局 等，2019）。海洋渔业资源"越捕越小"的恶性循环已经呈常态化。2018 年全国渔业生态环境监测结果显示，中国渔业生态环境状况总体保持稳定，但局部渔业水域污染仍比较严重，主要污染物为氮、磷，海洋重要鱼、虾、贝类的产卵场、索饵场、洄游通道及增养殖区、自然保护区主要超标因子为无机氮（中国水产科学研究院，2019）。受到中央环保督察制度、水域滩涂养殖规划制度及统计报表制度等多重因素限制，水产养殖发展空间受到很大影响。如福建省 2017 年全省清理退养超规划海水养殖 14 512.1 hm²；2018 年全国水产养殖面积较上年同比下降 3.48%。由于统计口径等因素影响，根据第三次全国农业普查结果，全国水产养殖面积实际下调 10.79%，其中海水养殖面积下调 3.17%（农业农村部渔业渔政管理局 等，2019），渔业发展赖以生存的水域空间受到制约。当前，水产养殖的资源环境成本不断变化，水、土等资源环境的约束不断强化，产业的转型升级不易。在经济下行压力加大的背景下，企业面临较大的生存压力，转型发展的难度更加凸显。

二、产业主体竞争力不强

渔业产业的组织化程度较低，龙头企业对渔民的带动能力和利益共享程度不足，渔业合作组织的引领带动作用不强，制约渔业一二三产业融合发展。中国渔民合作社仍处于发展的初级阶段，呈现"大群体、小规模"的特点，涉渔农民合作社的数量不多，渔业合作组织在组织带动小渔户进入大市场时，还面临着许多复杂的困难和问题。涉渔企业的自主创新能力不活跃，对虾等重要经济物种的亲体长期受制于人，远洋渔业产品的国际市场定价话语权不足，现代渔业服务体系未能发挥明显的拉动效应。渔业产业结构中第二产业占比基本维持在20% 上下，崛起迹象不明显。水产品加工业的市场推广不足，与需求的对接不畅，制约水产品消费的持续增长。水产加工业对产业结构优化的能力长期不足，导致整个渔业难以形成良性的产业结构演化。从市场供给来看，普通大路货的数量有所过剩，而高品质的名特优品种发展滞后，质量安全事件时有发生，与人民日益增长的消费需求出现一定的脱节。长期以来，重数量、规模，而轻质量、效益的发展方式严重制约了渔业可持续发展，一二三产业融合程度低，产业链条短，"三品一标"（无公害农产品、绿色食品、有机农产品和农产品地理标志）中水产品的数量、规模远低于种植业，品牌效应未得到足够的重视，生产环节的价值难以提升，且风险难以转嫁，生存空间不断受到外部挤压。

三、市场消费与对外贸易趋紧

十三五时期，中国经济发展进入新常态，经济发展的增长速度、发展方式等特征发生显著变化，这一系列变化对于国内终端消费环节也产生了一定的连锁反应。受宏观经济因素影响，经济主力人口收缩、人口结构老化等因素造成了总的边际消费需求逐年递减。进入十三五以来，社会消费品零售总额数值变化平稳，但增速明显放缓，2018 年社会消费品零售总额为 380 987 亿元，同比增长仅 4.02%（国家统计局，2019），增速明显放缓。消费作为新常态下中国经济增长最重要的"引擎"，其持续稳定增长也面临巨大挑战。随着社会环境和经济水平的快速发展，鲜活水产品的销售渠道发生了翻天覆地的变化，从传统的"养殖基地→经销商→餐厅→消费者"的营销模式正在逐步往扁平化和集约化方向发展。"标准化、规范化、品牌化"的制约成为扩大水产品消费的痛点。全球单边主义、贸易保护主义明显抬头，其正在成为制约全球经济健康发展的最新不确定性因素。受贸易保护主义、外需疲软、高基数等因素影响，水产品作为中国农产品贸易顺差的主要贡献种类之一，2018 年水产品进出口额 371.87 亿美元，贸易顺差为 74.6 亿美元，连续 4 年呈现收窄态势（农业农村部国际合作司，2019）。

参考文献

邓宇虹，2017.《2015—2020 美国居民膳食指南》新观点介绍 [J]. 中国全科医学，20（23）：2811-2815.

方晓丹，2020. 居民收入和消费稳定增长　居民生活水平再上新台阶 [N]. 中国信息报，2020-01-20（3）.

关长涛，王琳，徐永江，2019. 海水鱼，绿色养殖才有生命力 [N]. 农民日报，2019-09-07（7）.

国家统计局，2019. 中国统计年鉴 2019 [M]. 北京：中国统计出版社.

何昌垂，2013. 粮食安全：世纪挑战与应对 [M]. 北京：社会科学文献出版社.

胡炜，李成林，赵斌，等，2019. 科学推进现代化海洋牧场建设的思考 [J]. 中国海洋经济（01）：50-63.

李丹，周宏，2018. 居民膳食营养状况与慢性病的关系 [J]. 饮食保健，5（33）：254-255.

李明爽，2019. 选育良种、改变养殖模式　向名副其实的水产大国迈进 [N]. 科技日报，2019-11-22（4）.

联合国粮食及农业组织，2016.2016 年世界渔业和水产养殖状况：为全面实现粮食和营养安全做贡献 [R]. 罗马：联合国粮食及农业组织.

联合国粮食及农业组织，2018.2018 年世界渔业和水产养殖状况：实现可持续发展目标 [R]. 罗马：联合国粮食及农业组织.

联合国粮食及农业组织，2020.2020 年世界渔业和水产养殖状况：可持续发展在行动 [R]. 罗马：联合国粮食及农业组织.

刘英杰，桂建芳，刘汉勤，等，2018. 中国淡水生物产业科技创新发展战略 [M]. 北京：科学出版社.

刘永新，李梦龙，方辉，等，2019. 南极磷虾的资源概况与生态系统功能 [J]. 水产学杂志，32（01）：55-60.

卢良恕，2005. 中国农业新发展与食物安全新动态 [J]. 中国工程科学，7（04）：30-35.

农业农村部国际合作司，2019.2018 年我国农产品进出口情况 [EB/OL].（2019-02-01）[2020-02-18]. http：//www. moa. gov. cn/ztzl/nybrl/rlxx/201902/t20190201_6171079. htm.

农业农村部渔业渔政管理局，全国水产技术推广总站，中国水产学会，2018. 中国休闲渔业发展报告（2018）［J］. 中国水产（12）：20-30.

农业农村部渔业渔政管理局，全国水产技术推广总站，中国水产学会，2019a. 2019 中国渔业统计年鉴［M］. 北京：中国农业出版社.

农业农村部渔业渔政管理局，全国水产技术推广总站，中国水产学会，2019b. 速读《中国休闲渔业发展监测报告（2019）》［J］. 中国水产（11）：21.

唐启升，方建光，庄志猛，等，2017a. 水产养殖绿色发展咨询研究报告［M］. 北京：海洋出版社.

唐启升，桂建芳，麦康生，等，2017b. 环境友好型水产养殖发展战略：新思路、新任务、新途径［M］. 北京：科学出版社.

吴少雄，殷建忠，2018. 营养学［M］. 2 版. 北京：中国质检出版社.

徐琰斐，刘晃，2019. 深蓝渔业发展策略研究［J］. 渔业现代化，46（03）：1-6.

杨红生，2016. 我国海洋牧场建设回顾与展望［J］. 水产学报，40（07）：1133-1140.

耶拿·平科特，2018. 孕味魔方 古怪而有趣的孕期那些事［M］. 马良坤，张素菡，译. 北京：清华大学出版社.

张显良，2011. 中国现代渔业体系建设关键技术发展战略研究［M］. 北京：海洋出版社.

张显良，2017. 我国渔业发展概述（2012—2017）［J］. 中国水产，（12）：7-8.

中国水产科学研究院，2019. 2018 年中国渔业生态环境状况公报［R］. 北京：农业农村部，生态环境部.

中国营养学会，2016. 中国居民膳食指南（2016）［M］. 北京：人民卫生出版社.

朱蓓薇，2017. 聚焦营养与健康，创新发展海洋食品产业［J］. 轻工学报，32（01）：1-6.

Aglago E K，Huybrechts I，Murphy N，et al，2020. Consumption of Fish and Long-chain n-3 Polyunsaturated Fatty Acids Is Associated With Reduced Risk of Colorectal Cancer in a Large European Cohort［J］. Clinical Gastroenterology and Hepatology，18（03）：654-666.

Christen W G，Schaumberg D A，Glynn R J，et al，2011. Dietary ω-3 fatty acid and fish intake and incident age-related macular degeneration in women［J］. Arch Ophthalmol，129（07）：921-929.

de Roos B，Sneddon A A，Sprague M，at al.，2017. The potential impact of compositional changes in farmed fish on its health-giving properties：is it time to reconsider current dietary recommendations？［J］. Public Health Nutrition，20（11）：2042-2049.

Hicks C C，Cohen P J，Graham N A J，et al，2019. Harnessing global fisheries to tackle micronutrient deficiencies［J］. Nature，574（7776）：95-98.

Larsson S C，Orsini N，2011. Fish Consumption and the Risk of Stroke：a Dose-response Mata-analysis［J］. Stroke，42（12）：3621-3623.

Li Y，Zhou C，Pei H，et al，2013. Fish consumption and incidence of heart failure：a meta-analysis of prospective cohort studies［J］. Chinese medical journal，126（05）：942.

Liu J，Cui Y，Li L，et al，2017. The mediating role of sleep in the fish consumption-cognitive functioning relationship：a cohort study［J］. Scientific Reports，7（01）：17961.

Mozaffarian D，Rimm E B，2006. Fish Intake，Contaminants，and Human Health：Evaluating the Risks and the Benefits［J］. JAMA，296（15）：1885-1899.

Normia J，Niinivirta-Joutsa K，Isolauri E，et al，2019. Perinatal nutrition impacts on the functional development of the visual tract in infants［J］. Pediatr Res，85（01）：72-78.

Roos N. Freshwater fish in the food basket in developing countries：a key to alleviate undernutrition［M］// Taylor W W，Bartley D M，Goddard C I，et al.，Freshwater，fish and the future：proceedings of the global cross-sectoral conference. Rome：Food and Agriculture Organization of the United Nations，2016：

35 – 43.

Subasinghe R，2017. World aquaculture 2015：a brief overview ［R］. Rome：FAO Fisheries and Aquaculture
  Circular.

Tacon A G J，Metian M，2018. Food Matters：Fish，Income，and Food Supply – A Comparative Analysis
  ［J］. Reviews in Fisheries Science & Aquaculture，26（01）：15 – 28.

Werner T，Kumar R，Horvath I，et al，2018. Abundant fish protein inhibits α – synuclein amyloid formation
  ［J］. Scientific Reports，8（01）：5465.

第一章　深蓝渔业的提出

党的十九大报告提出，到 2035 年，中国要在全面建成小康社会的基础上，基本实现社会主义现代化，坚持陆海统筹，加快建设海洋强国。中国是渔业生产大国，供给总量充足，但结构不合理，发展方式粗放，不平衡、不协调、不可持续问题依然突出，需要提高发展质量，寻求新的发展途径。同时，随着经济社会的不断发展和生活条件的不断提升，人们对生活环境和食物品质也提出了更高的要求，目前水产养殖密度过大、病害频发和环境恶化等问题日益突出，以致渔业生产空间受到严重挤压。为实现新时代的发展目标，渔业亟待进行结构性改革，开拓渔业发展新空间，以增强渔业生产的质量效益和可持续发展水平。

第一节　深蓝渔业提出的背景

一、蓝色经济的兴起

深蓝渔业是在国际社会大力推进蓝色经济的背景下提出的，是蓝色经济的重要组成部分，也是蓝色经济的延伸、发展和新拓展。蓝色经济是在 1999 年 10 月加拿大举办的"蓝色经济与圣劳伦斯发展"论坛上首先提出，当时蓝色经济的内容仅针对河流流域水资源的可持续利用（赵鹏，赵锐，2013）。冈特·鲍利（2012）在《蓝色经济》一书中提出蓝色经济就是为了保证生态系统能够维持其演化路径，以便从大自然无尽的创造性、适应性和丰裕性中获益，是接近生态系统的可持续的循环经济。在筹备 2011 年联合国可持续发展大会（Rio＋20 峰会）的机构间报告中提出，蓝色经济应包括海洋生态保护、渔业和水产养殖、应对气候变化、海洋资源开发和海岸带管理等内容（何广顺，周秋麟，2013）。2012 年欧盟通过了《蓝色增长倡议》，确定了包括水产养殖在内的 6 个发展蓝色经济的主要领域，尤其是通过实施地平线 2020 计划，促进海洋科技研究，增强科技创新能力，以推动蓝色经济增长（李大海，韩立民，2013；周秋麟，2013）。太平洋小海岛国家组织大力推动蓝色经济发展，特别关注渔业和海洋资源的可持续发展（林香红，周通，2013）。联合国粮食及农业组织（FAO）2013 年发出"蓝色增长倡议"，围绕粮食安全，充分挖掘海洋、沿海以及河流、湖泊、湿地的潜力，发展可持续捕捞渔业和水产养殖业等带来经济增长（联合国粮食及农业组织，2016）。近几年，在北欧、加拿大、俄罗斯、澳大利亚、南美等渔业发达国家和地区，传统养殖发展遭遇瓶颈，也在利用新技术、新设备拓展深远海养殖空间（王进，2017）。

海洋渔业是中国海洋经济主要产业之一。2018 年，中国海洋渔业在主要海洋产业增加值中占比 14.3%，尤其以海洋生物医药业等新兴产业增速领先（自然资源部海洋战略规划与经济司，2019），成为蓝色经济的重要组成部分。早在 20 世纪 80 年代，中国就提出"蓝色革命"的构想，随后多位学者先后提出"蓝色产业""蓝色经济"的概念（何广顺，周秋麟，2013）。十七届五中全会通过的"十二五"规划提出要发展蓝色经济，随后各海洋大省纷纷行动，山东省提出建设"山东半岛蓝色经济区"，广东提出建设广东海洋经济综合试验区等（徐荣先，2012；周春华，阚卫华，2012；吕华当，2012）。广东省在 2012 年印发的《广东省海洋经济发展"十二五"规划》中率先提出"发展深蓝渔业，大力推进深水网箱产业园建设"，从中可以看出深蓝渔业的内容仅仅是指在深远海开展养殖生产。2016 年中国水产科学研究院和青岛海洋科学与技术试点国家实验室联合举办了深蓝渔业工程与装备研讨会，并联合组建"深蓝渔业工程联合实验室"，共同发起成立了"深蓝渔业科技创新联盟"，加快推动深蓝渔业科技和产业发展（崔利锋，2016；水科，2016；王晶，2016；王娉，2016）。

二、生态文明建设的需要

党的十九大提出加快生态文明体制改革，建设美丽中国，要求推进绿色发展；习近平总书记多次强调，绿水青山就是金山银山。2019 年，农业农村部会同生态环境部、自然资源部、国家发展改革委、财政部、科技部、工业和信息化部、商务部、市场监管总局、银保监会联合印发了《关于加快推进水产养殖业绿色发展的若干意见》，强调要发挥水产养殖的生态属性。渔业是资源环境依赖型产业，无论是捕捞业还是养殖业，与自然环境应共存于和谐的生态系统。积极推进渔业现代化建设，优化养殖区域布局，加强渔业水域环境保护，养护水生生物资源，合理利用宜渔水域，积极发展生态养殖，实现渔业从拼资源要素投入转向依靠科技创新和提高全要素生产率，从追求数量增长转向更高质量、更好效益和更可持续的发展模式，推动中国由渔业大国向渔业强国转变。

目前中国经济受到陆上资源利用与开发有限性的制约，对海洋资源、空间的依赖程度大幅提高。土地和水被认为是全世界水产养殖发展最重要的资源，确保有合适的土地和水资源来发展水产养殖成为当下面临的重大挑战。根据中国渔业统计年鉴（2007—2019）的数据，绘制了图 1-1，从中可以看出中国海水养殖面积经过快速增长后，目前已经发展到一定阶段，开始呈现下降趋势，中国海水养殖总面积从高峰时 2015 年近 232 万 hm² 下降到 2018 年的近 177 万 hm²。

中国水产养殖种类和模式众多，目前基本上还是依赖土地资源的发展模式，水产养殖产量提升主要是依赖扩大土地（水域）资源规模来实现的。随着工业发展和城市的扩张，很多地方的可养或已养水面被不断蚕食和占用，内陆和浅海滩涂的可养殖水面不断减少，陆基池塘和近岸网箱等主要养殖模式需求的土地（水域）资源日趋紧张，占淡水养殖产量约 1/4 的水库、湖泊养殖，因水源保护和质量安全等原因逐步退出。传统渔业水域养殖空间受到工业与种植业的双重挤压，土地（水域）资源短缺的困境日益加大，养殖规模稳定与发展受到限制。同时来自资源环境的约束趋紧，传统渔业水域不断减少，渔业发展空间受限。水域环境污染依然严重，过度捕捞长期存在，涉水工程建设不断增加，主要鱼类产卵场退化，渔业资源日趋衰退，珍稀水生野生动物濒危程度加剧，实现渔业绿色发展和可持续发展的难度加大。

世界海洋大国在强化各自管辖海域开发的同时，也逐步推进深远海与大洋空间的勘探开发。深海空间的巨大资源潜力和环境服务价值日益受到关注。大规模的鱼类养殖产业需要营养物质生产体系的支持，分布于全球海洋的中层及深海生物资源是养殖业动物饲料蛋白的主要来源，鳀和沙丁鱼已经成为鱼粉工业的主要原料，储量丰富的南极磷虾资源具有巨大的开

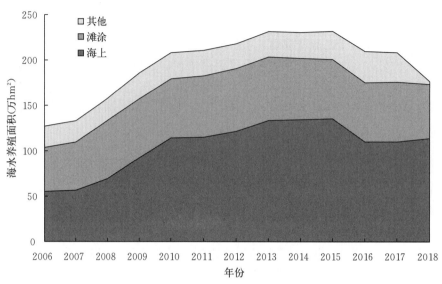

图1-1 2006—2018年中国海水养殖面积变化情况图

（数据来源：中国渔业统计年鉴）

发潜力，以浮游生物为食的低值大宗小型鱼类和头足类资源是尚未开发的动物蛋白饲料资源库。"渔业先行"是争取中国在全球深海资源利用方面权益的有效策略。因为兼捕、加工技术和食用习惯等原因，目前全球捕捞生产过程中有至少8％的渔获物未被利用而被重新扔回海里，有27％的上岸渔获物在上岸后到消费市场的过程中被损失或消耗掉（联合国粮食及农业组织，2018），需要加强食品加工和包装的技术，延长产业链，提高水产品原材料利用效率、产品附加值和利润率，提升水产品品质、安全和营养，拉动海洋渔业经济发展。

因此，中国海洋渔业需要从传统生产方式向现代化、工业化生产方式转变，向深远海水域拓展养殖新空间，构建优质水产品高效生产方式，依赖深远海巨大的生态容纳量及远离陆源性污染的水质条件，实现工业化绿色养殖生产，发展大型海上养殖平台及其生产体系，构建基于优质鱼产品工业化养殖的陆海联动养殖模式，打造现代渔业新型生产方式。

三、乡村振兴战略的实施

党的十九大提出了实施乡村振兴战略的重要部署，提出农业农村农民问题是关系国计民生的根本性问题，没有农业农村的现代化，就没有国家的现代化。渔业现代化是农业农村现代化的重要组成部分，中国海洋渔业目前正处在传统渔业向现代渔业的转型阶段，处于实现渔业现代化的关键时期，乡村振兴战略的实施对中国海洋渔业转型升级提出了新要求、新方向。海洋渔业现代化要以科技发展支撑和引领，加快形成以机械化、自动化、信息化和智能化为代表的现代海洋渔业生产模式，提高劳动生产率、资源利用率、水产商品率和生态环境水平，将成为实施乡村振兴战略的重要保障。

中国渔业经过近40年的快速发展，已经进入以"中高速、优结构、新动力、多挑战"为特征的新常态。到2018年，中国海洋渔业经济总产值5 800多亿元，其中海洋捕捞产值2 228多亿元，海水养殖产值3 571多亿元（农业农村部渔业渔政管理局 等，2019），产业规模可谓不小，但发展不平衡、不充分的问题依然存在，具体表现为生产规模化、集约化和组织化程度仍然较低、比较效益不高、产业链不完善、发展空间不足、发展方式粗放、创新驱动不足等突出问题。

水产养殖能够有效利用海洋动物性蛋白和谷物原料，是高效的水产动物蛋白生产方式。2014 年水产养殖业对人类水产品消费的贡献首次超过野生水产品捕捞业，成为渔业生产的主体，可持续发展的海洋渔业将向"以养为主"转变（联合国粮食及农业组织，2016）。中国是世界水产养殖大国，养殖产量占到世界水产养殖总量的 70% 左右。但是，目前中国水产养殖方式依然粗放，养殖过程占用自然资源，产品品质深受环境水质影响，养殖排放加剧了环境水域富营养化，导致养殖病害频发，品质、安全与环境问题突出。由此，海洋渔业急需"调结构、转方式"，通过创新开发养殖新品种，构建以可持续工业化绿色养殖生产为主体，以实现粮食安全和促进可持续发展为目标的绿色水产养殖新模式，实现海洋渔业新一轮的高速发展。目前，世界海洋捕捞渔业总产量维持在 8 000 万～9 000 万 t（联合国粮食及农业组织，2018），已探明最大的海洋可再生蛋白库南极磷虾资源，最新研究表明其生物量达到 3.79 亿 t（陈森 等，2013），其体内蕴含着丰富的蛋白质、多不饱和脂肪酸等，可在养殖、食品、医药等多个领域加工成高附加值产品，具有广阔的应用前景。近年来，随着国际科技投入的不断增加和技术进步的不断积累，世界渔业发达国家已将南极磷虾渔业打造成由高效捕捞技术支撑、高附加值产品拉动、集捕捞与船上精深加工于一体的全新性海洋生物资源开发利用产业。

渔业是资源环境依赖型产业，无论是捕捞业还是养殖业，与自然环境应共存于和谐的生态系统。构建覆盖全产业链的海洋渔业新型生产模式，既充分挖掘海洋在食物供给等方面的资源优势，又促进一二三产业融合，提升价值链延长产业链。工业化可持续生产模式将成为海洋渔业经济增长的新支柱，需要积极推进海洋渔业转型升级，加强现代化建设，优化养殖区域布局，强化渔业水域环境保护，养护水生生物资源，合理利用宜渔水域，积极发展生态养殖，实现海洋渔业从拼资源要素投入转向依靠科技创新和提高全要素生产率，从追求数量增长转向更高质量、更好效益和更可持续的发展模式，提高渔业国际竞争力，推动中国由渔业大国向渔业强国转变。因此，海洋渔业必须以科技创新为引领，推进海洋渔业现代化建设，加快海洋渔业全面转型升级，着力延伸海洋渔业产业链，不断拓展海洋渔业新功能，用加工业提升海洋渔业、用休闲体验拓展海洋渔业、用品牌建设做强海洋渔业，促进产业融合发展，实现海洋渔业经济产业振兴和可持续发展。

第二节　深蓝渔业的内涵

一、深蓝渔业的定义

深蓝渔业是面向深远海和大洋极地水域，开展工业化绿色养殖、海洋生物资源开发和海上物流信息通道建设，构建"养-捕-加"一体化、"海-岛-陆"相联动的全产业链渔业生产体系，实现"以养为主、三产融合"的战略性新兴产业（刘晃 等，2018）。

深蓝渔业作为一个具有探索性的新兴产业，是推进海洋强国战略、促进渔业升级转型、实现渔业可持续发展的重要实现方式，也是为人类提供充足优质动物性蛋白供给的重要解决方案。深蓝渔业是由可持续的捕捞渔业、深远海工业化绿色水产养殖业、高值化的水产加工业、海上冷链物流和信息保障服务业、深蓝生物种业等组成的"捕-养-加-网-种"一体化的有机整体，其生产体系覆盖中国黄渤海、东海、南海的近海、远海以及大洋极地等海洋空间。

二、深蓝渔业的内容

深蓝渔业是由可持续的捕捞渔业、深远海工业化绿色水产养殖业、高值化的水产品加工业、海上冷链物流和信息保障服务业、深蓝生物种业等组成的"养-捕-加-网-种"的有机整体，是以"养-捕-加"为主线，加上物流信息服务和海洋生物遗传资源利用两大保障组成（图1-2）。其中，以可持续捕捞渔业为基础，以深远海工业化绿色水产养殖业为主体，以高值化水产品加工业为支撑，以海上冷链物流和信息保障服务业为保障，海洋生物遗传资源利用是根本。

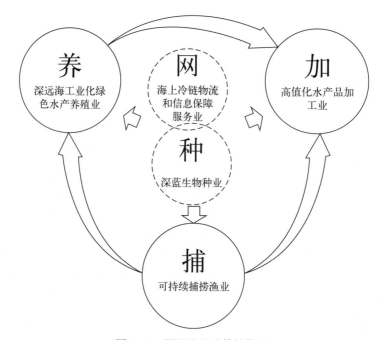

图1-2 深蓝渔业总体结构图

（一）深远海工业化绿色水产养殖业是深蓝渔业的主体

水产养殖有效利用海洋动物性蛋白和谷物原料，是高效的水产动物性蛋白生产方式。2014年是具有里程碑式意义的一年，水产养殖业对人类水产品消费的贡献首次超过野生水产品捕捞业（联合国粮食及农业组织，2016），成为渔业生产的主体，标志着可持续发展的海洋渔业将向"以养为主"转变。中国是世界水产养殖大国，从1985年的"养捕之争"到1986年确立"以养为主"方针，再到1988年实现养殖量超过捕捞量，2016年水产养殖产量占世界总量的60%以上，居世界首位，对推动海洋渔业向"以养为主"转变起到了重要作用（刘英杰 等，2018；唐启升 等，2017a；唐启升 等，2017b）。随着世界人口的不断增长，到 2050 年，如何养活超过 97 亿人口，满足人类对动物性蛋白不断增长的需求将是一项紧迫任务，水产品总产量需要再增加的产量主要还需通过发展水产养殖来实现（中国养殖业可持续发展战略研究项目组，2013）。据世界银行预测，到 2030 年，全球水产品总产量将达到 1.868 亿 t，其中一半左右将来源于水产养殖（The World Bank，2013）。目前内陆和近海水产养殖病害、品质、安全与环境问题日益突出，面临人口不断增长对动物性蛋白的巨大需求，需要向深远海水域拓展养殖新空间，依靠深远海巨大的生态容纳量及远离陆源性污染的水质条件，以可持续工业化绿色养殖生产为主体，变蓝色海洋为"蓝色粮仓"，以实现粮食安全、改善营养和促进可持续发展的目标。具体来说，就是通过开发新型养殖品种，发展大型海上养殖平台及其生产体系，构建基于优质鱼产品工业化养殖的陆海联动养殖模式，打造现代渔业新型生产方式，形成深远海工业化绿色水产养殖新兴产业。

（二）可持续捕捞渔业是深蓝渔业的基础

海洋渔业资源作为可再生食物资源，是为人类提供优质蛋白的潜在资源以及为水产养殖提供高品质饲料的重要来源。1988 年全球捕捞产量超过 7 800 万 t，随后产量稳定，尽管有一些波动，但基本保持在 8 000 万 t 左右，为解决饥饿、抗击贫困和经济增长作出重要的贡献（联合国粮食及农业组织，2016）。根据联合国粮食及农业组织（FAO）的最新评估，2015 年全球在最大产量上可持续捕捞的鱼类种群占总评估种群的 59.9%，未充分捕捞种群占总评估种群的 7.0%（联合国粮食及农业组织，2018）。一方面，在生物可持续限度内的鱼类种群比例呈下降趋势，比如作为生产鱼粉的主要物种鳀，处于过度开发状态，全球产量明显下降，导致鱼粉产量逐年下降，但来自水产养殖业对鱼粉的需求又逐年增加，进一步加大了鱼粉需求缺口。另一方面，存在未被充分开发利用的海洋资源，比如沙丁鱼种群处于未充分捕捞状态，在多数区域的底栖资源处于充分可持续捕捞状态（联合国粮食及农业组织，2018），还有人类目前探明最大的可再生生物蛋白库资源南极磷虾，其生物储藏量约为 3.79 亿 t 左右，可持续捕捞量约为 1 亿 t，具有极大的开发和利用潜力，将是可持续捕捞渔业发展的重要方向（谈俊晓 等，2017）。因此，以海洋生物种群资源探查与利用为基础，围绕小型大宗海洋生物资源，通过发展负责任的可持续捕捞方式，既可为人类提供丰富的蛋白资源，满足人类对食用水产品和水产动物性蛋白不断增长的需求，也可为鱼粉和鱼油等饲料生产提供充足的原材料，解决水产饲料因养殖产量不断攀升而需求旺盛的问题，是深蓝渔业发展的重要基础。

（三）高值化水产品加工业是深蓝渔业的支撑

深蓝渔业因其远离大陆的特殊性，特别要注意收获后处理、加工、防腐、包装、储存和运输，以保持其品质和营养属性，避免浪费和损失，需要以高值化加工利用为支撑，通过发展船载加工、储藏技术与装备，可以实现蛋白质的高值化利用与水产品的保鲜、保活。近几十年来，伴随着水产品消费的扩大以及商业化，食品加工和包装的技术日益创新，水产品原材料利用效率、产品附加值和利润率得到提高，提升了水产品品质、安全和营养。另外，因为兼捕、加工技术和食用习惯等原因，目前全球捕捞生产过程中有至少 8% 的渔获物未被利用，而被重新扔回海里，有 27% 的上岸渔获物在上岸后到消费市场的过程中被损失或消耗掉，大量渔获物的副产物被作为废料丢弃（联合国粮食及农业组织，2016；联合国粮食及农业组织，2018），从而造成大量资源浪费。随着船载加工技术改良，可以提高杂鱼和鱼副产品利用率，提升生产鱼粉的能力，减少资源浪费。同时，渔获物的副产物的综合利用日益获得关注，在一些发达国家，渔副产品的使用已发展成重要产业，通过高值化精深加工技术，可更高效、安全地加以利用鱼副产品，生产食品饮料、药品、化妆品、生物燃料、手工艺品、天然色素等，推动水产品向多元化、高值化发展（谈俊晓 等，2017）。可见，高值化水产品加工业是推动深蓝渔业可持续发展的重要支撑。

（四）海上冷链物流和信息保障服务业是深蓝渔业的保障

对应深蓝渔业深远海养殖、海洋资源开发及海上加工的产业布局，发展覆盖全产业链的"物联网＋"信息化体系，实现深蓝渔业的智能生产、智慧管理与可追溯的质量体系，是推动深蓝渔业发展的重要保障。海洋水产品具有高易腐性的特点，对流通温度和流通时间的要求较高，通过发展养殖鱼产品活鱼运输船、加工渔获物冷藏运输船等构建海洋水产品全程冷链物流网络，可以有效保障产品质量安全、提升品质，实现由海到陆到餐桌的无缝衔接。深远海养殖由于远离大陆架，如何做好人员、物资和产品的安全运输，是深蓝渔业生产体系中的重要一环。通过建立渔业船联网串联各生产单元，实现养殖系统、渔业船舶和物流系统智能化控制与信息化管理，可以形成海陆联动的海上物流大通道、陆上物资与产品配送体系和优质水产品可追溯体系，整体提升深蓝渔业的生产效率与产品价值（李国栋 等，2018a；李国栋 等，2018b）。同时，由于深蓝渔业作业地点还会受到高海况、风暴潮等海上复杂气候的影响，利用渔业船联网等信息化系统，建立深蓝渔业海洋信息感知和环境预报平台，可以做好洋流预报、海洋生物资源探查、灾害性海况和气候预测、预报与预警，保障深蓝渔业健康发展。

（五）海洋生物遗传资源开发是深蓝渔业长远发展的根本

海洋生物遗传资源是海洋渔业生物开发的物质基础。因此，海洋生物遗传资源开发成为工业化养殖、可持续捕捞渔业、高值化水产品加工等深蓝渔业发展的前提。随着基因组学以及高通量测序技术突飞猛进的发展，不断增长的基因组学数据为进一步理解生命演化过程中的重大问题提供有力支持。在海洋渔业生物基因组方面，开展了大规模分子标记筛查、高精细遗传图谱构建、数量性状遗传解析和功能基因调控网络等研究，完成了50余种重要海洋渔业生物的基因组测序，支撑了海洋渔业种业创新发展。但是迄今为止，对海洋生物遗传资源的信息知之甚少。在深远海方面，解析了深海贻贝、狮子鱼的基因组，阐明了深海极端环境的适应机制。在极地方面，完成了南极抗冻鱼、南极银鱼等基因组测序，揭示了对南极极寒环境的适应机制。总体而言，海洋生物遗传资源的开发相对匮乏，中国在海洋生物领域原始创新和突破能力不足，尤其是对深蓝渔业生物基础性科学问题和重大理论突破的关注度不够，相关研究成果对产业的技术支撑能力明显薄弱。因此，亟须聚焦深远海、极地、岛礁等深蓝区域，通过解码海洋生物基因组，阐明海洋生物的遗传特性及环境适应机制。并在此基础上，开发出具有养殖潜力的深蓝渔业新品种，研制深蓝生物产品，将支撑中国深蓝渔业的快速发展。

第二节　深蓝渔业的产业特征

深蓝渔业是现有海洋渔业的拓展和升级，是以养殖为主体、捕捞为基础、加工为支撑、物流信息服务为保障、遗传资源为根本的未来渔业发展新方式。其中，养殖以陆基、近海和深远海（过洋）区域为重点；捕捞以深远海（过洋）和大洋/极地海洋区域为重点；加工以深远海（过洋）和大洋/极地海洋区域为重点开展初级加工，以陆基区域为重点开展全鱼利用精深加工；物流信息服务以陆基、近海、深远海（过洋）和大洋/极地海洋区域为重点，并围绕全区域发展全程冷链物流；遗传资源以深远海（过洋）和大洋/极地海洋区域为重点。

一、深蓝渔业是一二三产业融合的全产业链生产模式

深蓝渔业是一项新兴产业，包括了不同产业之间的相互渗透和交叉。可持续捕捞渔业和工业化水产养殖业是以自然资源为对象进行生产的第一产业，为第二产业加工业提供生产资料，同时捕捞渔业还能为水产养殖业提供饲料等资源；高值化的水产品加工业以第一产业提供的生产资料进行加工并出售，对第一产业具有带动作用，是三大产业的核心；海上冷链物流和信息保障服务业不生产产品，属于第三产业，为一二产业发展提供物流和网络服务保障，促进一二产业发展。三大产业相互渗透、融合，形成"养-捕-加"一体化、"海-岛-陆"相连接的全产业链生产新模式。

二、深蓝渔业是资本、技术密集型产业

深蓝渔业需要构建工业化的生产方式及产业规模，涉及养殖品种、养殖技术、设施装备、能源供给、物流加工、信息工程、国际法律、国际贸易等多学科领域（徐皓，江涛，2012），是一个资本、技术密集型产业，特点是产品技术性能复杂，设备、生产工艺建立在先进的科学技术基础上，科技人员和科技创新能力占重要地位，需要大量资金投入、金融政策扶持和技术设备保障，增强初期孵化阶段经济支持力度和技术创新能力，支撑深蓝渔业产业长远有序发展。

三、深蓝渔业是高投入、高风险、高回报产业

深蓝渔业是渔业发展史上的一次革命，不同于传统渔业生产方式，深蓝渔业是工业化的生产体系，规模化的投资建设、标准化的生产规程和规范化的管理系统是产业构建的基本前提，传统的渔业企业投入能力有限，行业外有实力的企业存在投资风险，需要传统渔业企业与行业外的工业和投资企业协同配合，建立有效的生产、质量管理与市场营销体系。据测算，一艘 10 万 t 级的深远海生产平台的总投资约 2 亿元，年产值可达 2 亿元，去掉生产运营相关的饲料、能源、人力、耗材、设备折旧等成本后，年利润可达 0.72 亿元，3 年不到就能收回投资，具有丰厚的经济回报，是一个具有高投入、高风险和高回报特点的新兴产业。

参考文献

陈森，赵宪勇，左涛，等，2013. 南极磷虾渔业监管体系浅析 [J]. 中国渔业经济，31（03）：75-83.
崔利锋，2016. 在青岛海洋科学与技术国家实验室 2016 年学术年会上的讲话 [EB/OL].（2016-12-15）
　　[2018-06-04]. http://www.qnlm.ac/subject/y2016/s1/3.
冈特·鲍利，2012. 蓝色经济 [M]. 程一恒译，上海：复旦大学出版社.

冈特·鲍利，2017. 蓝色经济 2.0——给罗马俱乐部的最新报告 [M]. 薛林，扈喜林译，上海：学林出版社．

何广顺，周秋麟，2013. 蓝色经济的定义和内涵 [J]. 海洋经济（04）：9－18.

李大海，韩立民，2013. 蓝色增长：欧盟发展蓝色经济的新蓝图 [J]. 未来与发展（07）：33－37.

李国栋，陈军，汤涛林，等，2018a. 渔业船联网关键技术发展现状和趋势研究 [J]. 渔业现代化（04）：49－58.

李国栋，陈军，汤涛林，等，2018b. 渔业船联网应用场景及需求分析研究 [J]. 渔业现代化（03）：41－48.

联合国粮食及农业组织，2016.2016 年世界渔业和水产养殖状况：为全面实现粮食和营养安全做贡献 [R]. 罗马：联合国粮食及农业组织．

联合国粮食及农业组织，2018.2018 年世界渔业和水产养殖状况——实现可持续发展目标 [R]. 罗马：联合国粮食及农业组织．

林香红，周通，2013. 太平洋小海岛国家的蓝色经济 [J]. 海洋经济（04）：62－79.

刘晃，徐皓，徐琰斐，2018. 深蓝渔业的内涵与特征 [J]. 渔业现代化（05）：1－6.

刘英杰，桂建芳，刘汉勤，等，2018. 中国淡水生物产业科技创新发展战略 [M]. 北京：科学出版社．

吕华当，2012. 深蓝广东 扬帆起航 [J]. 海洋与渔业（02）：48－50.

麦康森，徐皓，薛长湖，等．2016. 开拓我国深远海养殖新空间的战略研究 [J]. 中国工程科学（03）：90－95.

农业农村部渔业渔政管理局，全国水产技术推广总站，中国水产学会，2019.2019 中国渔业统计年鉴 [M]. 北京：中国农业出版社．

水科，2016. 深蓝渔业科技创新联盟成立 [N]. 中国渔业报，2016－07－25（2）.

谈俊晓，赵永强，李来好，等，2017. 南极磷虾综合利用研究进展 [J]. 广东农业科学（03）：143－150.

唐启升，方建光，庄志猛，等，2017a. 水产养殖绿色发展咨询研究报告 [M]. 北京：海洋出版社．

唐启升，桂建芳，麦康生，等，2017b. 环境友好型水产养殖发展战略：新思路、新任务、新途径 [M]. 北京：科学出版社．

王进，2017. 深远海渔业养殖前景广 渔业装备企业迎"利好"？[N]. 中国船舶报，2017－06－28（2）.

王晶，2016. 产学研"组团"向深远海要"蛋白质"[N]. 中国海洋报，2016－07－19（1）.

王娉，2016. 组建深蓝渔业工程装备技术联合实验室 [N]. 青岛日报，2016－07－30（1）.

习近平，2017. 决胜全面建成小康社会 夺取新时代中国特色社会主义伟大胜利 [M]. 北京：人民出版社．

徐皓，2016. 水产养殖设施与深水养殖平台工程发展战略 [J]. 中国工程科学（03）：37－42.

徐皓，谌志新，蔡计强，等，2016. 我国深远海养殖工程装备发展研究 [J]. 渔业现代化（03）：1－6.

徐皓，江涛，2012. 我国离岸养殖工程发展策略 [J]. 渔业现代化，39（04）：1－7.

徐荣先，2012. 加快发展蓝色经济的战略性思考 [J]. 中国集体经济（04）：50－51.

赵鹏，赵锐，2013. 蓝色经济理念在全球的发展 [J]. 海洋经济（04）：1－8.

中国养殖业可持续发展战略研究项目组，2013. 中国养殖业可持续发展战略研究：中国工程院重大咨询项目．水产养殖卷 [M]. 北京：中国农业出版社．

周春华，阚卫华，2012. 国外蓝色经济发展模式及其对青岛的启示 [J]. 中共青岛市委党校，青岛行政学院学报（04）：35－38.

周秋麟，2013. 欧盟蓝色经济发展现状和趋势 [J]. 海洋经济（04）：19－31.

自然资源部海洋战略规划与经济司，2019.2018 年中国海洋经济统计公报 [R]. 北京：自然资源部．

The World Bank, 2013. Fish to 2030: Prospects for Fisheries and Aquaculture [R]. Washington DC: The World Bank.

第二章 深蓝渔业的发展潜力分析

深蓝渔业是渔业的重要组成部分，水产品生产的重要手段。水产品供需问题不仅关系到渔业生产、渔民增收和水产品消费，还是中国渔业发展方式、发展方向的重要问题，直接关系到渔区小康社会建设、渔业渔民现代化和生态文明建设，对国家粮食安全稳定也具有重要的战略意义。对水产品的需求和产能进行科学准确的预测，并开展渔业发展态势的科学合理研判，可为政府推出相关管理措施和扶持政策提供依据，从而确保渔业的可持续发展。

第一节 水产品需求分析

一、概述

食物是人类生存发展的第一需求，水产品因其丰富的营养、独特的生产方式，很早就在人类食物结构中占据重要的地位，并演化成一大生产门类（张成，2015）。水产品消费将会主要受到人口规模、家庭收入、城镇化进程及饮食习惯等因素的影响（张静宜 等，2019）。目前中国的水产品消费大致可以分为居家消费和社会消费两部分。居家消费是指居民在家里自己烹饪、食用的水产品。社会消费主要是指在餐厅、酒店、食堂以及外卖等消费的水产品（卢锋，1998；张成，2015）。

中国居民人均水产品消费量位于猪肉之后，但还是远远低于猪肉的消费量，相比禽类、蛋类、牛羊肉的消费水平要高，具体可以从表2-1中可以看出。2018年，人均水产品消费量为11.4 kg，猪肉消费量为22.8 kg，人均水产品消费量大约是猪肉消费量的一半。

表2-1 2013—2018年中国居民人均主要食品消费量

单位：kg

类别	2013	2014	2015	2016	2017	2018
水产品	10.4	10.8	11.2	11.4	11.5	11.4
猪肉	19.8	20.0	20.1	19.6	20.1	22.8
牛羊肉	2.4	2.5	2.8	3.2	3.2	3.3
禽类	7.2	8.0	8.4	9.1	8.9	9.0
蛋类	8.2	8.6	9.5	9.7	10.0	9.7

数据来源：中国统计年鉴2019。

二、人口规模

在市场经济条件下，人口规模往往意味着市场规模，尤其是有消费潜力（消费能力和意愿）的群体越大，市场需求总量就越大。人口规模对水产品需求将会产生比较大的影响，在未来的一段时期，中国的人口总量还将继续呈现上升趋势。根据联合国经济和社会事务部人口司报告（United Nations, Department of Economic and Social Affairs, Population Division, 2019），预测到 2035 年左右中国的人口总量将达到顶峰（图 2-1）。

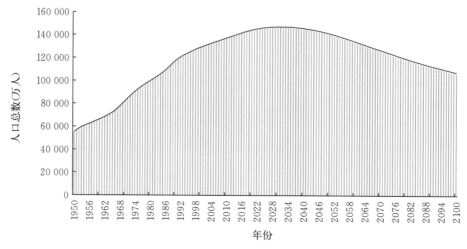

图 2-1　中国人口总量发展趋势图

（数据来源：World Population Prospects 2019）

2018 年，中国大陆人口 139 538 万人，其中城镇人口 83 137 万人，乡村人口 56 401 万人（国家统计局，2019）。根据联合国经济和社会事务部人口司对中国人口发展的预测，2025 年中国人口将达到 145 791 万人，2035 年达到 146 108 万人（United Nations, Department of Economic and Social Affairs, Population Division, 2019），相比 2018 年将增加 6 000多万人。人口增加所带来的刚性需求，无疑将会促使中国水产品消费量的增加，其增量部分将带来水产品消费的绝对增量。

中国社会人口老龄化愈趋严重，程度愈发明显，到 2017 年底中国大陆地区 60 岁以上的老年人口已经达到 24 100 万人，占总人口的 17.3%。预计到 2025 年，全国 60 岁以上人口将增加到 30 000 万人，并呈现老龄化程度继续增加的趋势，2035 年将增加到 41 800 万人，约占总人口的 1/3（王建军，2018；王建军，2017）。人口年龄的结构变动必将带来居民对各类消费品需求的改变，在老年人食物消费需求方面，仅有谷物、蔬菜和畜禽肉是随着年龄增加呈现消费下降的规律；相反，豆类、水果、蛋类和水产品没有呈现明显随年龄增加消费下降的趋势（邓婷鹤 等，2018）。由此可见，在老年人的食品结构中，水产品的占比将会上升。

三、宏观经济发展与居民收入

宏观经济的发展以及人均收入的提高，一般将会促进人均水产品消费量的增长。对比日本、韩国在与中国 2010—2020 年人均 GDP 相当时期的水产品人均消费量变化，可以发现随着经济增长水产品人均消费量温和上涨，日本和韩国在同样阶段人均水产品消费量分别提高 25.4% 和 26.6%（杨军 等，2013）。中国经济经历了 30 多年的高速增长后，开始从结构性增速阶段向结构性减速阶段转变。世界银行报道采用可计算一般均衡（DRC-CGE）模型预测中国经济的增长趋势表明，中国国内生产总值（GDP）年均增长率在 2015—2025 年和 2025—2035 年分别为 6.7%、5.6%（Kuijs，2009）；高盛集团有限公司预测认为中国的 GDP 年均增长率在 2020—2030 年、2031—2040 年分别为 5.7%、4.4%（O'Neill & Stupnytska，2009）；汇丰银行（HSBC）基于调整了的巴罗增长模型预测了中国 GDP 年均增长率 2020—2030 年约为 5.5%，2030—2040 年约为 4.4%（Ward，2012）。可见到 2035 年，中国经济还将保持较快的增长，平均增长速度将维持在 5% 左右，2015 年中国不变价 GDP 的规模将达到 2020 年 2.02 倍（李平 等，2017），因此人均水产品消费量还将持续增长。

同时，居民的收入水平变化也将会影响到居民的消费需求，进而影响到居民对水产品的需求数量与结构。水产品相对于肉类和禽蛋类副食品，通常被认为是一种更加优质的蛋白质来源。随着居民收入水平的不断提高，对水产品的消费需求会增加，人们的消费能力和消费健康意识越来越强。在消费健康方面，中等收入和发达国家市场上公众对于水产品带来的健康益处的认识逐步加深；较低收入国家也认识到鱼类含有应对部分最严重、最广泛营养缺陷问题所需要的多种维生素和矿物质，因而鱼类作为食品的重要性也有所提升（联合国粮食及农业组织，2018）。根据对中国水产品需求的弹性分析，表明收入因素对农村居民水产品消费影响作用显著，居民收入每增加 1%，水产品消费增加 0.356%，而收入因素对城镇居民水产品消费影响作用不显著（张成，2015）。联合国粮食及农业组织的调查数据也显示，随着收入水平的提高，新兴经济体（含中国）将逐步增加水产品进口，以期丰富市场上的水产品供应品种（联合国粮食及农业组织，2018）。由此可见随着人们生活水平的提升，必将加大对水产品的需求。

四、城镇化水平

城镇化影响水产品的消费量、结构及模式。在水产品数量方面，根据中国统计年鉴的数据，2013—2018 年城镇居民年人均水产品消费量维持在 14 kg 多，而农村居民的年人均水产品消费量在 7 kg 左右，城镇居民的年人均消费量大约是农村居民的 2 倍。同时，在食物消费结构中，农村居民水产品消费占比也明显低于城镇居民（表 2-2）。

表 2-2　2013—2018 年中国城镇和农村居民人均主要食品消费量

单位：kg

年份	城镇居民					农村居民				
	水产品	猪肉	牛羊肉	禽类	蛋类	水产品	猪肉	牛羊肉	禽类	蛋类
2013	14.0	20.4	3.3	8.1	9.4	6.7	19.1	1.5	6.2	7.0
2014	14.4	20.8	3.4	9.1	9.8	6.8	19.2	1.5	6.7	7.2
2015	14.7	20.7	3.9	9.4	10.5	7.2	19.5	1.7	7.1	8.3
2016	14.8	20.4	4.3	10.2	10.7	7.5	18.7	2.0	7.9	8.5
2017	14.8	20.6	4.2	9.7	10.9	7.4	19.5	1.9	7.9	8.9
2018	14.3	22.7	4.2	9.8	10.8	7.8	23.0	2.1	8.0	8.4

数据来源：中国统计年鉴 2019。

城市化将会影响到水产品的消费性质和程度。城镇化率的提高，意味着城市人口的增加，而城市往往比农村消费更多的人均水产品量。全球农村人口现已接近峰值，自 2007 年起城市人口已超出全球人口的一半，且还在持续增长，2018 年全球人口中 55％居住在城市区域。预计到 2050 年，全球人口中有超过 2/3 居住在城市（United Nations，Department of Economic and Social Affairs Population Division，2019）。2019 年中国的城镇化率为 60.60％（国家统计局，2020），根据城镇化发展的阶段划分，城镇化率为正处于快速上升的阶段，未来中国还有 2 亿～3 亿人由农村居民转为城市居民。在水产品消费模式方面，通常来说城市居民用于消费动物性蛋白（鱼类）的可支配收入更高，在外用餐更加频繁，这就意味着中国的水产品消费还有广阔的提升空间。在水产品消费结构方面，高价值水产品的需求将比低价值水产品具有更快增长的趋势，高价值水产品未来就获得更快的增长需求。同时，城市居民生活节奏快，对时效性要求高，食品制备的便捷性也越来越成为重要的考量因素之一，通过零售店和速食店制备和销售的方便食用鱼产品受到更多人的青睐。如今消费者的口味也发生了变化，更加强调健康的生活方式，更为注重食物的来源，这些趋势都会继续影响成熟市场及发展中市场的水产品消费模式。越来越多的农村居民转移到城镇，越来越多的中低收入人群向高一级收入群体迈进，成为水产品消费增长的生力军。与此同时，随着城市商贸、旅游文化的日益活跃、生活工作节奏的加快，社交活动与在外聚餐的机会也增多，也将提高水产品的消费量，整个水产品消费需求必然表现出增加的趋势。

五、饮食习惯

自然环境禀赋和历史传统形成了不同区域的饮食文化和消费习惯。中国地域广阔，地域间气候和资源禀赋差异较大，导致了水产品消费习惯和偏好与地域间有着高度的相关性（张成，2015）。长期形成的饮食习惯，加上水产品长途运输的保鲜保活技术和成本因素，中国水产品消费的地域差异显得十分明显，中西部地区水产品消费水平与东部沿海地区差距很大。对水域资源丰富、气候温和的东部沿海地区生活的居民来说，水产品尤其是海产品是日常生活中不可缺少的；而对于生活在江河湖区附近的人来讲，尤其是在江河湖泊密布的江西、安徽、湖北、重庆、四川等地，居民对于河鲜、湖鲜则表现出特有的偏好；水域资源相对匮乏的中西部地区，居民对水产品消费基本上没有特别的偏好，平原、丘陵、牧区、山区的居民在动物性蛋白的选择上偏重肉禽，水产品只是在逢年过节、有喜事等非日常消费时才会选择。以农村居民家庭人均水产品消费量为例，2018 年，人均水产品消费量最高的是位于东部沿海地区的上海，为 24.8 kg，最低的是位于西部地区的西藏。东部地区的人均水产品消费量为 15.37 kg，中部地区的人均水产品消费量为 7.80 kg，东北地区的人均水产品消费量为 6.20 kg，西部地区的人均水产品消费量为 2.70 kg，东部地区是西部地区的 5 倍多，而且这种差距并未出现明显的缩小趋势（国家统计局，2019）。

中国水产品的生产也存在明显的地域性。受水域滩涂约束，海洋捕捞和海水养殖集中在沿海省份，尤其是环渤海区域和东南沿海；淡水捕捞和淡水养殖虽然全国各地都有发展，但仍以水域资源比较丰富的湖南、广东、江苏、安徽、湖北、江西 6 省为主。纵观国际社会发达国家和地区消费规律，不同的自然资源禀赋决定了经济发展初期阶段的食物消费结构（毛学峰 等，2014）。随着人们收入水平提高，保健意识逐渐加强，初级加工后方便食用的水产品和即食水产品比例的增加，以及冷链物流比例的提高，中西部地区居民水产品消费的比例也会逐渐增加。

六、小结

根据中国居民平衡膳食宝塔（中国营养学会，2016）推荐数据，在健康合理的膳食结构下，中国居民一般人群一天应摄入水产品 40～75 g。由于在统计年鉴中关于居民人均水产品消费的统计口径主要为家庭消费（国家统计局，2019），并未统计其在外就餐和餐饮消费的情况。有关研究者估计，家庭消费量与在外就餐的餐饮消费量总体相当。因此，根据《中国统计年鉴 2019》数据，城镇居民人均水产品家庭消费量为 14.3 kg，其人均总体水产品消费量为 28.6 kg，已经能够满足中国居民平衡膳食宝塔所推荐的营养水平。然而，根据《中国统计年鉴 2019》数据，农村居民人均水产品家庭消费量为 7.8 kg，其人均总体水产品消费量为 15.6 kg，现阶段农村居民的水产品消费量才刚刚达到中国居民平衡膳食宝塔推荐的营养需求数。因此，从营养需求的角度看，现阶段中国农村居民水产品消费量还有较大的提升空间。同时由于城镇化进程的加快、居民收入水平的提高、人口增加等多重因素的影响，人们对水产品消费的需求将逐步提高。

第二节 水产品总产量预测

一、预测模型

中国水产品年总产量变化不仅能反映中国渔业的发展状况，还会影响人们的生活和国家的发展，甚至有可能影响到整个国家的竞争力以及国际地位（黄松钱 等，2012；米健 等，2008）。经济预测作为经济研究的一项重要内容，现已在不同领域得到广泛应用。在预测方法上，传统方法有线性回归模型、专家系统、时间序列函数等，还有生产力模型、因子分析模型等，近几年来灰色关联度模型、ARMA 模型（自回归滑动平均模型，Auto - Regressive and Moving Average Model）、神经网络模型等是相对研究较多的方法（豆晶晶，2017；乔松珊 等，2013；王海英 等，2011；黄松钱 等，2012；李伟莹 等，2019；王承庆，2017；杨玉苹，2016；岳冬冬 等，2012）

如果某一系统的全部信息已知为白色系统，全部信息未知为黑箱系统，部分信息已知，部分信息未知，那么这一系统就是灰色系统。一般地说，社会系统、经济系统、生态系统都是灰色系统。灰色系统理论认为，尽管客观表象复杂，过程中所显示的现象是随机的、杂乱无章的，但总是有整体功能的，毕竟是有序的、有界的，必然蕴含某种内在规律，关键在于如何选择适当的方式去挖掘和利用它。对既含有已知信息又含有未知或非确定信息的系统进行预测，就是对在一定方位内变化的、与时间有关的灰色过程的预测。灰色预测就是利用这种规律建立灰色模型对灰色系统进行预测，通过对原始数据的整理来寻求其变化规律的，这是一种就数据寻求数据现实规律的途径，也就是灰色序列的生产。一切灰色序列都能通过某种生成弱化其随机性，显现其规律性。数据生成的常用方式有累加生成、累减生成和加权累加生成。

灰色预测是通过鉴别系统因素之间发展趋势的相异程度，即进行关联分析，并对原始数据进行生成处理来寻找系统变动的规律，生成有较强规律性的数据序列，然后建立相应的微分方程模型，从而预测事物未来发展趋势的状况。其用等时距观测到的反应预测对象特征的一系列数量值构造灰色预测模型，预测未来某一时刻的特征量，或达到某一特征量的时间。灰色预测方法是众多定量预测方法中的一种，与其他方法相比，该方法的显著特点是能够以较少的已知信息为基础，通过一定的方法处理，提取原始数据中有价值的信息，并揭示其本质规律，从而预测事物未来的发展状况（杨阳，2011）。渔业生产系统是一种复杂的、多因素系统，水产品产量受到经济、资源和社会等诸多因素的影响。在水产品产量预测上将会面临着样本不足、实现难度大、要求高等问题，适合采用灰色模型来进行预测分析，为渔业产业发展提供借鉴参考。

对系统行为特征指标建立一组相互关联的灰色预测理论模型（Gray Model），在预测系统整体变化的同时，预测系统各个环节的变化。其所需建模信息较少，运算方便，建模精度高，是处理小样本预测问题的有效工具，但缺少对系统内在机理的考量，有可能出现较大误差。灰色预测适用于时间短、数据资料少、数据不需要典型的分布规律、计算量较低、对短期预测有较高精度。不适合随机波动较大的数据。灰色预测建模是直接将时间序列转化为微分方程，建立抽象系统的发展变化动态模型。常用模型是 GM（1，1）模型，也称为单序列一阶线性动态模型，以及对 GM（1，1）的优化拓展。

二、灰色预测模型

灰色系统理论是基于关联空间、光滑离散函数等概念定义灰导数与灰微分方程，进而用离散数据，建立微分方程形式的动态模型，即灰色模型是利用离散随机数经过生成变为随机性被显著削弱且有规律的生成数，建立起的微分方程形式的模型，便于对其变化过程进行研究和描述。灰色预测模型由邓聚龙教授于 1982 年首次提出，该模型是微分回归分析的一种方法，主要针对灰色数列进行预测，现已广泛应用于国民经济各领域（邓聚龙，2005；曾波等，2020）。

（一）GM（1，1）模型

1. 步骤 1

选择有代表性的经济指标数据。为了便于建立有效的灰色系统预测模型，每一个指标数列中应有不少于 5 组连续的样本数据，构成建模的原始数列 $X^{(0)}$。

2. 步骤 2

对原始数据进行缓冲处理。根据数据特征、发展规律与演化趋势，基于实际情况应用灰色缓冲算子强化或弱化原始数列的发展趋势，进而避免建模完全依赖原始数据可能导致的定性分析结果与定量预测数据相悖的问题，从而提高预测结果的科学性和合理性。

对原始数列 $X^{(0)}$ 进行缓冲算子处理，得到新数列 $S^{(0)}$：

$$S^{(0)} = \left[s^{(0)}(1), \ s^{(0)}(2), \ \cdots, \ s^{(0)}(n) \right]$$

其中，

$$s^{(0)}(k) = x^{(0)}(k)d = \frac{1}{n-k+1} \left[x^{(0)}(k) + x^{(0)}(k+1) + \cdots + x^{(0)}(n) \right],$$

$$k = 1, \ 2, \ \cdots, \ n$$

3. 步骤3

GM（1，1）预测模型构建。GM（1，1）是一阶灰色微分方程动态模型。

（1）对时间序列历史数据可以做一阶累加处理，得到新生成的数列$S^{(1)}$。

$$S^{(1)} = [s^{(1)}(1)，s^{(1)}(2)，s^{(1)}(3)，\cdots，s^{(1)}(n)]$$

其中，

$$s^{(1)}(k) = \sum_{i=1}^{k} s^{(0)}(i)，k=1，2，\cdots，n$$

所得到的新数列为数列$S^{(0)}$经过1次累加生成的数列。经累加生成的新序列弱化了原始序列中不良数据的影响，使其变为较有规律的序列后则可以进行建模。

（2）计算数列$S^{(1)}$的紧邻均值生成数列$Z^{(1)}$

$$Z^{(1)} = [z^{(1)}(2)，z^{(1)}(3)，\cdots，z^{(1)}(n)]$$

其中，

$$z^{(1)}(k) = 0.5 \times [s^{(1)}(k) + s^{(1)}(k-1)]，k=2，3，\cdots，n$$

（3）构造矩阵B和Y，计算参数a和b。

$\hat{a} = (a，b)^T$为参数列，且

$$Y = \begin{bmatrix} s^{(0)}(2) \\ s^{(0)}(3) \\ \vdots \\ s^{(0)}(n) \end{bmatrix}，B = \begin{bmatrix} -z^{(1)}(2) & 1 \\ -z^{(1)}(3) & 1 \\ \vdots & \vdots \\ -z^{(1)}(n) & 1 \end{bmatrix}$$

则，GM（1，1）模型$s^{(0)}(k) + a z^{(1)}(k) = b$的最小二乘估计参数列满足

$$\hat{a} = (B^T B)^{-1} B^T Y$$

则称，$\dfrac{d s^{(1)}}{dt} + a s^{(1)} = b$为 GM（1，1）模型 $s^{(0)}(k) + a z^{(1)}(k) = b$ 的白化方程，也称影子方程。

（4）构建 GM（1，1）模型。

根据 GM（1，1）模型参数a和b，可以得到 GM（1，1）模型的时间相应式

$$\hat{s}^{(1)}(k+1) = \left(\hat{s}^{(0)}(1) - \frac{b}{a} \right) e^{-ak} + \frac{b}{a}$$

进一步，得到其还原式为

$$\hat{s}^{(0)}(k+1) = \hat{s}^{(1)}(k+1) - \hat{s}^{(1)}(k) = (1-e^a) \left(s^{(0)}(1) - \frac{b}{a} \right) e^{-ak}，k=1，2，\cdots，n$$

令

$$A = (1-e^a) \left(s^{(0)}(1) - \frac{b}{a} \right)$$

则可以简化为

$$\hat{s}^{(0)}(k+1) = A e^{-ak}$$

（5）计算模拟数据$\hat{s}^{(0)}(k)$，$k=1，2，\cdots，n$。

4. 步骤4

预测精度检验。对于灰色预测模型的预测精度检验方法主要有残差检验、灰色关联度检

验、均方差检验、小误差概率检验等，最常用的是采用残差检验法，具体方法为：

设原始数列为

$$X^{(0)} = [x^{(0)}(1)，x^{(0)}(2)，\cdots，x^{(0)}(n)]$$

该灰色模型预测得到的预测数列为

$$\hat{S}^{(0)} = [\hat{x}^{(0)}(1)，\hat{x}^{(0)}(2)，\cdots，\hat{x}^{(0)}(n)]$$

残差数列为

$\varepsilon^{(0)} = (\varepsilon^{(0)}(1)，\varepsilon^{(0)}(2)，\cdots，\varepsilon^{(0)}(n))$，其中

$$\varepsilon^{(0)}(k) = x^{(0)}(k) - \hat{x}^{(0)}(k)，k=1，2，\cdots，n$$

相对模拟百分误差数列为

$$\Delta = [\Delta(1)，\Delta(2)，\cdots，\Delta(n)]$$

其中，

$$\Delta(k) = \left| \frac{\varepsilon^{(0)}(k)}{x^{(0)}(k)} \right| \times 100\%，k=1，2，\cdots，n$$

则平均相对模拟百分误差为

$$\bar{\Delta} = \frac{1}{n} \sum_{k=1}^{n} \Delta(k)，k=1，2，\cdots，n$$

对于给定的 α，当 $\bar{\Delta} < \alpha$，则 $\Delta(k) < \alpha$ 成立时，该模型为残差合格模型。模型的精度是模型准确性和实用性的反映，根据模型的绝对误差、相对误差和显著性检验结果得到判定模型精度的准则（吕安林等，1998）（表 2-3）。

表 2-3 模型精度检验等级参照表

模型精度等级	相对误差 α	差异性	P 值
I	0.001	不显著	$P \leqslant 0.001$
II	0.01	不显著	$0.001 < P \leqslant 0.01$
III	0.05	不显著	$0.01 < P \leqslant 0.05$
IV	0.10	不显著	$0.05 < P \leqslant 0.10$
V	0.20	不显著	$0.10 < P \leqslant 0.20$
VI	>0.20	显著	$P \geqslant 0.20$

一般认为模型精度 I～III 级为优，IV 和 V 级为良，VI 级为差。

5. 步骤 5

应用 GM（1，1）模型对未来进行趋势预测。

（二）TDGM（1，1）模型

TDGM（1，1）模型同时包含三个参数，被称为三参数离散灰色预测模型。TDGM（1，1）模型突破了传统灰色预测模型只能面向（近似）齐次或（近似）非齐次指数序列的限制，具有更强大的模拟与预测能力（曾波等，2020）。

1. 步骤 1

选择有代表性的经济指标数据，构成建模的原始数列 $X^{(0)}$。

2. 步骤 2

建模原始数列预处理。计算原始数列 $X^{(0)}$ 的一次生成数列 $X^{(1)}$ 及 $X^{(1)}$ 的紧邻均值生成数列 $Z^{(1)}$。

$$z^{(1)}(k)=0.5\times\left[x^{(1)}(k)+x^{(1)}(k-1)\right],\ k=2,\ 3,\ \cdots,\ n$$

3. 步骤 3

矩阵构造与参数估计。构造矩阵 B 和 Y。

$$Y=\begin{bmatrix} x^{(0)}(2) \\ x^{(0)}(3) \\ \vdots \\ x^{(0)}(n) \end{bmatrix},\ B=\begin{bmatrix} -z^{(1)}(2) & 2 & 1 \\ -z^{(1)}(3) & 3 & 1 \\ \vdots & \vdots & \vdots \\ -z^{(1)}(n) & n & 1 \end{bmatrix}$$

计算模型参数 a，b 及 c。

$$\hat{p}=(a,\ b,\ c)^T=(B^TB)^{-1}B^TY$$

根据模型参数 a，b 及 c，可以进一步计算得到参数 α，β 及 γ。

$$\alpha=x^{(0)}(1)\left(\frac{1-0.5a}{1+0.5a}-1\right)+\left(2\cdot\frac{b}{1+0.5a}+\frac{c}{1+0.5a}\right)$$

$$\beta=\frac{1-0.5a}{1+0.5a}$$

$$\gamma=\frac{b}{1+0.5a}$$

4. 步骤 4

模拟数据计算。根据所构建的 TDGM（1,1）模型时间响应函数

$$\hat{x}^{(0)}(k)=\alpha\beta^{k-2}+\sum_{g=0}^{k-3}\gamma\beta^g$$

根据模型函数可计算模拟值，并得到残差及平均相对模拟误差。

5. 步骤 5

预测数据计算。如果 TDGM（1，1）模型模拟精度满足要求，可应用所构建的 TDGM（1，1）模型，计算预测值、残差及平均相对预测误差，并计算 TDGM（1，1）模型的综合误差。

6. 步骤 6

系统未来趋势预测。如果 TDGM（1，1）模型满足预测精度要求，应用建立 TDGM（1，1）模型对未来进行趋势预测。

三、数据来源与说明

数据来源于《中国渔业统计年鉴》（2019）中的"附录2调整后的历年产量对照表"，并就有关水产品产量数据的调整情况说明如下：

（一）1997—2006 年的水产品产量数据调整说明

调整以第二次全国农业普查的水产养殖面积调查结果为依据，以各省、自治区、直辖市2006年的养殖单产水平、养殖结构为参考依据，综合测算各省、自治区、直辖市水产品产量调减比例，核定2006年水产品产量，并以此为基数，参考渔业统计年报中各年度间的产

量调整比例，对 1997—2005 年的水产品产量数据进行了相应调整。

（二）2012—2016 年的水产品产量数据调整说明

调整以第三次全国农业普查结果为依据，对各省、自治区、直辖市 2016 年水产养殖面积进行适当核定修正，并以各省、自治区、直辖市 2016 年水产养殖面积、从业人员、水产苗种等指标数据为参考依据，综合测算核定各省、自治区、直辖市 2016 年水产品产量，并以此为基数，参考渔业统计年报中各年度间的产量调整比例，对 2012—2015 年的水产品产量数据进行了相应调整。

1986—2018 年调整后的水产品产量具体数据如表 2-4 所示。

表 2-4　1986—2019 年中国水产品产量数据

单位：万 t

序号	年份	水产品总产量	序号	年份	水产品总产量
1	1986	935.76	18	2003	4 077.02
2	1987	1 091.93	19	2004	4 246.57
3	1988	1 225.32	20	2005	4 419.86
4	1989	1 332.58	21	2006	4 583.60
5	1990	1 427.26	22	2007	4 747.52
6	1991	1 572.99	23	2008	4 895.59
7	1992	1 824.46	24	2009	5 116.40
8	1993	2 152.31	25	2010	5 373.00
9	1994	2 515.69	26	2011	5 603.21
10	1995	2 953.04	27	2012	5 502.14
11	1996	3 280.72	28	2013	5 744.22
12	1997	3 118.59	29	2014	6 001.92
13	1998	3 382.66	30	2015	6 210.97
14	1999	3 570.15	31	2016	6 379.48
15	2000	3 706.23	32	2017	6 445.33
16	2001	3 795.92	33	2018	6 457.66
17	2002	3 954.86			

四、产量预测分析

采用 TDGM（1，1）模型对水产品总产量的发展趋势进行预测。选择 1986—2008 年中国水产品总产量作为建模数据，则原始序列 $X^{(0)}$ 为

$$X^{(0)} = (x^{(0)}(1), \ x^{(0)}(2), \ \cdots, \ x^{(0)}(23)) = (935.76, \ 1\ 091.93, \ 1\ 225.32, \ 1\ 332.58,$$

1 427.26，1 572.99，1 824.46，2 152.31，2 515.69，2 953.04，3 280.72，3 382.66，3 570.15，3 706.23，3 795.92，3 954.86，4 077.02，4 246.57，4 419.86，4 583.60，4 747.52，4 895.59)

（一）构建水产品总产量的 TDGM（1，1）预测模型

1. 计算原始数列 $X^{(0)}$ 的一次生成数列 $X^{(1)}$ 及 $X^{(1)}$ 的紧邻均值生成数列 $Z^{(1)}$。

$$x^{(1)}(k) = \sum_{i=1}^{k} x^{(0)}(i), \ k=1, \ 2, \ \cdots, \ n$$

可计算$X^{(0)}$的一次生成数列$X^{(1)}$为

$X^{(1)} = (x^{(1)}(1), \ x^{(1)}(2), \ \cdots, \ x^{(1)}(23)) = (935.76, \ 2\ 027.69, \ 3\ 253.01, \ 4\ 585.59,$

$6\ 012.85, \ 7\ 585.84, \ 9\ 410.30, \ 11\ 562.61, \ 14\ 078.30, \ 17\ 031.34, \ 20\ 312.06, \ 23\ 430.65,$

$26\ 813.31, \ 30\ 383.46, \ 34\ 089.69, \ 37\ 885.61, \ 41\ 840.47, \ 45\ 917.49, \ 50\ 164.06, \ 54\ 583.92,$

$59\ 167.52, \ 63\ 915.04, \ 68\ 810.63)$

$$z^{(1)}(k) = 0.5 \times [x^{(1)}(k) + x^{(1)}(k-1)], \ k=2, \ 3, \ \cdots, \ n$$

可计算数列$X^{(1)}$的紧邻均值生成数列$Z^{(1)}$为

$Z^{(1)} = (z^{(1)}(1), \ z^{(1)}(2), \ \cdots, \ z^{(1)}(23)) = (1\ 481.725, \ 2\ 640.350, \ 3\ 919.300,$

$5\ 299.220, \ 6\ 799.345, \ 8\ 498.070, \ 10\ 486.455, \ 12\ 820.455, \ 15\ 554.820, \ 18\ 671.700,$

$21\ 871.355, \ 25\ 121.980, \ 28\ 598.385, \ 32\ 236.575, \ 35\ 987.650, \ 39\ 863.040, \ 43\ 878.980,$

$48\ 040.775, \ 52\ 373.990, \ 56\ 875.720, \ 61\ 541.280, \ 66\ 362.835, \ 71\ 368.830)$

2. 构造矩阵 B 和 Y，计算模型参数 a，b 及 c

根据原始数列$X^{(0)}$与紧邻均值数列$Z^{(1)}$，可构造矩阵B与Y。

$$Y = \begin{bmatrix} x^{(0)}(2) \\ x^{(0)}(3) \\ \vdots \\ x^{(0)}(23) \end{bmatrix} = \begin{bmatrix} 1\ 091.93 \\ 1\ 225.32 \\ \vdots \\ 5\ 116.40 \end{bmatrix}$$

$$B = \begin{bmatrix} -z^{(1)}(2) & 2 & 1 \\ -z^{(1)}(3) & 3 & 1 \\ \vdots & \vdots & \vdots \\ -z^{(1)}(23) & 23 & 1 \end{bmatrix} = \begin{bmatrix} -1\ 481.725 & 2 & 1 \\ -2\ 640.350 & 3 & 1 \\ \vdots & \vdots & \vdots \\ -71\ 368.830 & 23 & 1 \end{bmatrix}$$

可以计算得到模型参数a，b及c。

$$\hat{p} = (a, \ b, \ c)^T = (B^T B)^{-1} B^T Y = \begin{bmatrix} 0.030\ 463\ 0 \\ 286.614 \\ 335.343 \end{bmatrix}$$

3. 构建 TDGM（1，1）模型时间相应函数

根据模型参数a，b及c，可以进一步计算得到参数α，β及γ。

$$\alpha = x^{(0)}(1)\left(\frac{1-0.5a}{1+0.5a}-1\right) + \left(2 \cdot \frac{b}{1+0.5a} + \frac{c}{1+0.5a}\right) = 866.86$$

$$\beta = \frac{1-0.5a}{1+0.5a} = 0.969\ 99$$

$$\gamma = \frac{b}{1+0.5a} = 282.31$$

可以构建得到 TDGM（1，1）模型时间响应函数，如下：

$$\hat{x}^{(0)}(k) = \alpha\beta^{k-2} + \sum_{g=0}^{k-3} \gamma\beta^g = 866.86 \times 0.969\ 99^{k-2} + \sum_{g=0}^{k-3} 282.31 \times 0.969\ 99^g$$

（二）模拟及预测数据的计算

根据 TDGM（1，1）模型时间响应函数，当 $k=2$，3，…，24 时，可计算 TDGM（1，1）模型的模拟值及模拟误差；当 $k=25$，26，…，34 时，可计算 TDGM（1，1）模型的预测值及预测误差，详见表 2-5 和表 2-6。

表 2-5　基于 TDGM（1，1）模型的中国水产品总产量模拟值和误差

序号（年份）	实际数据 $x^{(0)}(k)$	模拟数据 $\hat{x}^{(0)}(k)$	残差 $\varepsilon(k)=\hat{x}^{(0)}(k)-x^{(0)}(k)$	相对误差 $\Delta_k=\lvert\varepsilon(k)\rvert/x^{(0)}(k)$
$k=2$（1987）	1 091.93	866.861	−225.069	20.612
$k=3$（1988）	1 225.32	1 123.163	−102.157	8.337
$k=4$（1989）	1 332.58	1 371.775	39.195	2.941
$k=5$（1990）	1 427.26	1 612.928	185.668	13.009
$k=6$（1991）	1 572.99	1 846.844	273.854	17.410
$k=7$（1992）	1 824.46	2 073.741	249.281	13.663
$k=8$（1993）	2 152.31	2 293.830	141.520	6.575
$k=9$（1994）	2 515.69	2 507.315	−8.375	0.333
$k=10$（1995）	2 953.04	2 714.395	−238.645	8.081
$k=11$（1996）	3 280.72	2 915.260	−365.460	11.140
$k=12$（1997）	3 118.59	3 110.099	−8.491	0.272
$k=13$（1998）	3 382.66	3 299.091	−83.569	2.471
$k=14$（1999）	3 570.15	3 482.412	−87.738	2.458
$k=15$（2000）	3 706.23	3 660.233	−45.997	1.241
$k=16$（2001）	3 795.92	3 832.718	36.798	0.969
$k=17$（2002）	3 954.86	4 000.027	45.167	1.142
$k=18$（2003）	4 077.02	4 162.317	85.296	2.092
$k=19$（2004）	4 246.57	4 319.736	73.166	1.723
$k=20$（2005）	4 419.86	4 472.432	52.572	1.189
$k=21$（2006）	4 583.60	4 620.546	36.946	0.806
$k=22$（2007）	4 747.52	4 764.216	16.696	0.352
$k=23$（2008）	4 895.59	4 903.575	7.985	0.163
$k=24$（2009）	5 116.40	5 038.752	−77.648	1.518

平均相对模拟误差 $\Delta_S=\dfrac{1}{23}\sum_{k=2}^{24}\Delta_k=5.152\%$

表 2-6　基于 TDGM（1，1）模型的中国水产品总产量预测值和误差

序号（年份）	实际数据 $x^{(0)}(k)$	预测数据 $\hat{x}^{(0)}(k)$	残差 $\varepsilon(k)=\hat{x}^{(0)}(k)-x^{(0)}(k)$	相对误差 $\Delta_k=\lvert\varepsilon(k)\rvert/x^{(0)}(k)$
$k=25$（2010）	5 373.00	5 169.873	−203.127	3.781
$k=26$（2011）	5 603.21	5 297.060	−306.150	5.464

（续）

序号（年份）	实际数据 $x^{(0)}(k)$	预测数据 $\hat{x}^{(0)}(k)$	残差 $\varepsilon(k)=\hat{x}^{(0)}(k)-x^{(0)}(k)$	相对误差 $\Delta_k=\mid\varepsilon(k)\mid/x^{(0)}(k)$
$k=27$（2012）	5 502.14	5 420.431	−81.709	1.485
$k=28$（2013）	5 744.22	5 540.099	−204.121	3.553
$k=29$（2014）	6 001.92	5 656.177	−345.743	5.761
$k=30$（2015）	6 210.97	5 768.772	−442.198	7.120
$k=31$（2016）	6 379.48	5 877.988	−501.492	7.861
$k=32$（2017）	6 445.33	5 983.927	−461.403	7.159
$k=33$（2018）	6 457.66	6 086.688	−370.972	5.745

平均相对预测误差 $\Delta_F=\dfrac{1}{9}\sum_{k=25}^{33}\Delta_k=5.325\%$

根据表 2-5 和表 2-6，可计算 TDGM（1，1）模型的综合误差

$$\Delta=\frac{23\Delta_S+10\Delta_F}{33}=5.043\%$$

查询模型精度检验等级参照表（表 2-3）可知，TDGM（1，1）模型的精度等级介于Ⅲ级与Ⅳ级之间，可以用于中长期预测。当 $k=50$ 时，可预测 2035 年的中国水产品总产量，具体如下：

$$\hat{x}^{(0)}(50)=866.86\times0.969\,99^{50-2}+\sum_{g=0}^{50-3}282.31\times0.969\,99^g=7\,429.522$$

也就是说到 2035 年中国的水产品年总产量将达到 7 400 万 t 左右。

五、影响因素分析

（一）渔业资源

捕捞渔业资源持续衰减，渔获量持续下降。捕捞渔业的作业强度过大，拖网作业是海洋渔业的主要生产方式。粗放的捕捞生产以及海洋环境污染、沿岸工程建设对渔业资源造成多重压力，导致海洋生态环境恶化、渔业资源严重衰竭，渔获物转向小型化和低营养级，优质、可食性鱼类和虾蟹类产量下降。

随着生态文明建设的持续推进，生态保护红线制度、重点水域禁渔期制度、长江流域重点水域禁捕制度的逐步落实，到 2035 年，预计淡水捕捞年产量会降至 100 万 t；在海洋捕捞方面，根据渔业区划调查以及专属经济区和大陆架海洋生物资源补充调查结果，中国海洋渔业资源年可捕量约为 800 万～1 000 万 t。随着海洋渔业资源总量管理制度和限额捕捞管理的逐步落实，捕捞渔业总体呈负增长，没有发展空间。近海捕捞渔业受资源和配额管理的影响，捕捞鱼产品呈下降趋势；中国近海捕捞产量将逐步控制在 800 万 t 左右；与此同时，远洋渔业发展将从外延扩张转变为提质增效，更加注重远洋渔业规范有序发展，远洋渔业在可食性鱼类资源量有限、入渔地区配额限制和国家规范管理背景下，将难有增长空间，将更加注重南极磷虾等极地渔业资源开发。

（二）水土资源状况

土地和水被认为是全世界水产养殖发展最重要的资源，如何确保有合适的土地和水资源

来发展水产养殖成为当下面临的重大挑战。以中国海水养殖面积变化情况为例，根据中国渔业统计年鉴（2000—2019年）的数据，从图2-2中的趋势线中可以看出中国海水养殖面积经过快速增长后，目前已经发展到一定阶段，开始呈现下降趋势，可见海水养殖面积已经难以有大的增长空间。

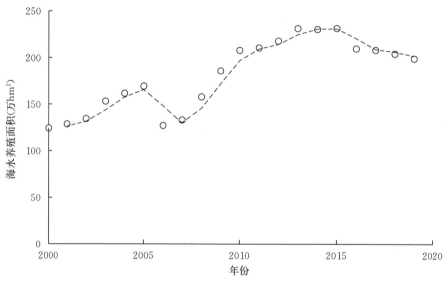

图2-2　中国海水养殖面积变化情况图

（数据来源：中国渔业统计年鉴）

中国水产养殖种类和模式众多，但目前基本上还是依赖土地资源的发展模式，水产养殖产量提升主要依赖扩大土地（水域）资源规模来实现。随着工业发展和城市的扩张，许多地方的可养或已养水面被不断蚕食和占用，内陆和浅海滩涂的可养殖水面不断减少，陆基池塘和近岸网箱等主要养殖模式需求的土地（水域）资源日趋紧张，占淡水养殖产量约1/4的水库、湖泊养殖，因水源保护和质量安全等原因逐步退出，传统渔业水域养殖空间受到工业与种植业的双重挤压，土地（水域）资源短缺的困境日益加大，养殖规模稳定与发展受到限制。环境红线愈加紧迫，养殖产业生存空间受到限制。中国水产养殖主产区主要集中在中东部及沿海地区，以池塘养殖和近岸筏式养殖为主，包括大水面养殖和网箱养殖，所面临的环境保护"红线"要求愈渐强烈。养殖排放成为焦点，生产空间需要科学规划，与水源地有关的"禁养区"要退出，与生态保护有关的"限养区"要严格限制养殖规模，在"允许养殖区"要发展生态循环型绿色养殖方式。从水产品供给保障的角度，内陆及近岸养殖的提升空间非常有限。

生产资源制约性矛盾愈见显著，传统粗放式生产方式必须转变。水产养殖需要占用水资源，许可性管理和资源费足额缴纳的要求愈加严格。饲料营养资源主要包括谷物和野生水产动物，同样受到自然资源的限制。劳动力成本已成为影响生产效益的重要因素，老龄化问题愈渐突出。由于未来人口的增长及粮食安全、竞争性土地资源的紧缺、清洁水资源的稀缺等因素，需要陆基和沿岸水域的水产养殖系统向更深海域发展；从地方社会发展的角度看，基于社会经济发展空间的竞争、环境水质的保护以及良好视觉景观的要求的理由，更希望推动水产养殖进入更远的海域。以工业化的理念和方式，建立新型生产模式，拓展深远海海水养殖新空间，是未来渔业实现水产品保障供给、实施生产方式转变的必然选择。

（三）水产品进出口情况

全球化带来的国际贸易不断扩大，包括农产品在内的商品国际贸易程度大大提升。虽然目前出现了逆全球化倾向，个别西方发达国家贸易保护主义抬头，但至 2035 年，全球化趋势仍是大概率事件，商品互通、贸易交换将大幅增加。根据日本、美国、韩国等发达国家经验，实现工业化或经济至较高水平后，渔业将逐步萎缩，水产品自给率将下降、对外依赖度将大幅提升，甚至呈现水产品全面进口的特征。

2035 年，中国将基本实现社会主义现代化，因受资源与环境保护约束，渔业基本实现质量型生产等水产供给很可能出现相对短缺，同时随着收入、膳食结构改善，居民水产品消费需求将明显增加，水产品进口需求大。以印度尼西亚、印度、越南、泰国、缅甸等为主的东盟国家正在成为全球水产品供给增加的主要区域，并且供给增长潜力巨大而消费能力有限，同时该区域与中国存在地缘优势，可以为中国水产品提供了一个空间适宜、稳定供给的有效进口来源。然而，2019 年的紧急卫生事件（COVID-19）引发限制措施和劳动力短缺，全球渔业活动可能已减少约 6.5%，运输受阻对水产品出口的打击尤为严重，对某些国家的粮食营养安全造成了不小冲击。虽然从长期来看，水产品供给可通过统筹国内国际两种市场和两种资源来实现，但国际资源增长有限且一段时期内国际贸易环境前景不明朗，水产品的安全有效高质量供给仍需主要依靠国内保障。

六、小结

展望 2035 年，随着人们收入水平的提高，越来越多的中国人开始把营养、健康性的需求作为食品消费的第一需要，且受到人口增长、城镇化进程等多种因素的推动，水产品的消费比重和总量的上升是大势所趋。通过模型预测和有关影响因素的分析，综合判断到 2035 年中国的水产品年总产量将达到 7 000 万～7 400 万 t。但是，由于传统捕捞渔业已达到最大产量水平，发展水产养殖将是填补水产品供需缺口的唯一途径。

第三节　产业发展态势研判

改革开放后中国渔业经过 40 多年发展，取得了巨大成就，水产品市场供给总量充足、种类丰富多样，水产品质量安全水平总体稳中向好。展望 2035 年，中国渔业的发展将呈现以下几个特点。

一、水产养殖模式多元化，深远海养殖成为新的增长极

受工业化、城镇化以及环保政策等因素影响，传统养殖空间越来越受限，渔农综合种养、盐碱地养殖、大水面生态养殖等模式将成为淡水养殖绿色发展的新方式，浅海综合养殖、工厂集约化养殖、深远海养殖等模式将成为海水养殖多元化发展的主流。针对居民日益多元化和个性化的市场需求，以及供给侧结构性改革的持续深化，绿色生态特色品种会逐步增加，淡水鱼类产量会保持稳定、内部结构会不断优化，甲壳类会逐步增加；海水鱼养殖产

量会在现有基础上快速增长，贝类产量也会稳步增长。根据预测，展望 2035 年，淡水养殖产量会达到 3 900 万 t，海水养殖产量将达到 3 100 万 t，水产养殖年产量将持续平稳增长。

针对适合于中国海域条件和市场需要的养殖品种，组合不同方式，形成深蓝渔业工业化养殖的主要模式（徐皓 等，2020）。

一是"渔场＋网箱平台"分阶段养殖模式。针对区域性适宜生长的养殖品种，如南海军曹鱼、石斑鱼，东海大黄鱼等，第一阶段利用"渔场"水体相对小的网箱，进行 1～2 龄鱼的养殖，以方便管控，形成小规格商品鱼的生产规模；第二阶段转运至水域更深处的大型网箱平台，利用更好的养殖环境，进行 3～4 龄鱼的生态化养殖，生产品质上乘的深远海养殖鱼产品。

二是"工船＋渔场＋网箱平台"接力型养殖模式。利用养殖工船水温适宜、小水体管控的特点，开展苗种繁育与大规格鱼种养殖，与网箱养殖渔场和大型网箱平台形成阶段式接力养殖。针对温带水域水温变化大的特点，提前或延后在南方水域开展前阶段或后阶段养殖，形成南北接力模式。

三是"养捕加一体化"深远海综合生产模式。利用养殖工船平台获取 200～300 m 水层 14～16 ℃ 低温水的能力，开展暖水性、温水性鱼类多品种养殖；以养殖工船平台为母船，为远海捕捞渔船提供物资补给、渔获物加工、冷藏运输、船员服务等生产支持，形成驻扎远海、远洋"养捕加一体化"的深蓝渔业航母船队。

二、捕捞生产平稳有序发展，聚焦低营养级大宗生物资源开发

随着生态文明建设的持续推进，生态保护红线制度、重点水域禁渔期制度、长江流域重点水域禁捕制度的逐步落实，到 2035 年，预计淡水捕捞产量会降至 100 万 t；在海洋捕捞方面，根据渔业区划调查以及专属经济区和大陆架海洋生物资源补充调查结果，中国海洋渔业资源年可捕量约为 800 万～1 000 万 t，随着海洋渔业资源总量管理制度和限额捕捞管理的逐步落实，中国近海捕捞产量将逐步控制在 800 万 t 左右；与此同时，远洋渔业发展将从外延扩张转变为提质增效，更加注重远洋渔业规范有序发展，更加注重南极磷虾等极地渔业资源开发，展望 2035 年，产量会小幅增长并稳定在 230 万 t 左右。

与目前世界海洋捕捞渔业近亿 t 产量并且 90% 以上的物种都已充分甚至过度开发相比，海洋低营养级大宗生物资源的储量是巨大的。在过度捕捞物种占比逐渐增加和未开发物种占比持续下降的资源状况下，如何有效利用海洋生物资源尤为重要。小型鱼类在世界渔获物总量占有相当比重，其中有 2 000 万 t 以上的低值鱼类用于鱼粉生产或作为饵料鱼，渔获量相对稳定，在一些区域的捕捞量相当可观。尽管这些资源直接食用的价值不高、当前的发展还存在着制约性的问题，但对深蓝渔业未来大规模的水产养殖生产而言，其支撑作用是极其重要的。关键在于：如何有效地掌握这些资源的种群特征、变化规律与可持续的捕捞量；如何生态、高效地捕获、加工这些资源，使之成为人类饲养鱼类和其他动物的蛋白质资源。

三、水产品消费方式升级，引领水产品加工能力提升

水产品是满足国内食物消费升级需求的重要农产品，是我国农业生产的努力保障目标。中国水产品市场成交额整体呈现增长趋势，但增速变化幅度较大。2018 年市场交易额为

3 738亿元，同比增长 2.10％，市场交易额是 2009 年的两倍。绝大多数的水产品通过批发方式对外销售，2018 年中国水产品批发市场交易额为 3 577 亿元，占比 95.7％，而零售市场交易额则为 160 亿元，占比仅有 4.3％。中国大众对水产品的终端消费更多是通过餐饮行业，自行购买烹煮的规模较小。新零售实体试图通过产品标准化、价格透明化、服务多样化来提升水产品的零售交易量。然而，消费习惯非一时可以改变，只有整个水产品零售行业走向规范时，水产品零售市场才能真正进入良性发展。

随着居民生活水平的提高，高价值水产品未来将获得更快的增长需求。在水产品消费模式方面，城市消费的快节奏，使得水产品的时效性要求更高，食品制备便捷性将受到更多人的关注。现代消费者口味也在发生变化，更加注重食物的来源和渠道。新消费需求与电商营销手段将会深刻影响到水产品市场消费模式。因此，随着水产品便利化消费模式的增长，水产品加工需求将不断提高，水产加工自动化程度将随着装备技术水平的进步不断上升，全产业链质量安全体系将逐步建立。同时因中国长期以来形成的饮食习惯，未来活鱼消费仍然会保持较高比例。预计至 2035 年水产品加工比例会接近发达国家（60％～90％）的最低水平，约 60％。

四、增殖渔业发展势头迅猛，三产融合快速发展

随着中国渔业发展理念的转变，增殖渔业从无到有并逐步发展，未来将进入发展的快车道。增殖渔业从大江大河、湖泊水库到沿海各地，将成为实现渔业环境保护和渔业资源高效产出的新业态，是未来解决渔业生态保护、生境修复与水生生物资源可持续利用的重要举措。增殖渔业区域性综合开发示范区逐渐增多，以人工鱼礁（巢）为载体，底播增殖为手段，增殖放流为补充，带动休闲渔业及相关产业发展。

中国经济迅速发展和人民生活水平快速提高，作为新兴产业的休闲渔业不断发展，将逐步成为渔民增收的新渠道、渔业经济的新增长极、渔业转型升级的新动能。以三产融合为代表的休闲渔业将快速发展，从游钓休闲娱乐、餐饮美食发展到观赏水族、海底观鱼等各领域，带动渔区渔港旅游观光及钓具、钓船（艇）等行业发展。

参考文献

邓聚龙，2005. 灰色系统基本方法（第 2 版）[M]. 武汉：华中科技大学出版社.

邓婷鹤，聂凤英，李辉尚，2018. 老龄化背景下城乡居民食物消费模式的量化分析 [J]. 消费经济，34（02）：37-44.

豆晶晶，2017. 中国渔业经济产值统计分析与建模研究 [D]. 北京：北京工业大学.

国家统计局，2019. 中国统计年鉴 2019 [M]. 北京：中国统计出版社.

国家统计局，2020. 中华人民共和国 2019 年国民经济和社会发展统计公报 [R]. 北京：国家统计局.

黄松钱，王卫民，曾聪，等，2012. 基于灰色新陈代谢 GM（1，1）模型的中国水产品年总产量的预测 [J]. 中国农学通报，28（17）：126-131.

李平，娄峰，王宏伟，2017. 2016—2035 年中国经济总量及其结构分析预测 [J]. 中国工程科学，19（01）：13-20.

李伟莹，于洋，2019. 基于灰色预测模型的我国水产品冷链物流需求预测 [J]. 农技服务，36（06）：103-105.

联合国粮食及农业组织，2018. 2018 年世界渔业和水产养殖状况—实现可持续发展目标 ［R］. 罗马：联合
国粮食及农业组织.

卢锋，1998. 我国水产品产消量数据不一致及产量统计失真问题 ［J］. 管理世界（05）：165 - 171.

吕安林，张晶，赵树民，1998. 灰色模型的精度及误差检验研究 ［J］. 华中理工大学学报（01）：41 -
42，45.

毛学峰，刘靖，朱信凯，2014. 国际食物消费启示与中国食物缺口分析：基于历史数据 ［J］. 经济理论与经
济管理（08）：103 - 112.

米健，罗其友，程磊磊，2008. 中国水产品区域供求平衡能力预测 ［J］. 农业现代化研究（01）：26 - 29.

农业农村部渔业渔政管理局，全国水产技术推广总站，中国水产学会，2019. 2019 中国渔业统计年鉴 ［M］.
北京：中国农业出版社.

农业农村部渔业渔政管理局，全国水产技术推广总站，中国水产学会，2020. 2020 中国渔业统计年鉴 ［M］.
北京：中国农业出版社.

乔松珊，张建军，2013. 基于灰色马尔可夫修正模型的水产品产量预测 ［J］. 中国渔业经济，31（01）：
105 - 109.

王承庆，2017. 基于正弦变换和背景值优化的灰色 GM（1，1）模型研究 ［J］. 重庆理工大学学报（自然科
学），31（12）：199 - 202.

王海英，谢骏，王广军，等，2011. 基于灰色动态模型的我国水产品产量预测 ［J］. 中国渔业经济，29
（04）：135 - 138.

王建军，2017. 站位新时代 加快老龄事业和产业发展 ［J］. 中国民政（24）：16 - 17.

王建军，2018. 加快推进现代养老服务体系建设 ［J］. 中国社会工作（26）：7 - 9.

徐皓，陈家勇，方辉，等，2020. 中国海洋渔业转型与深蓝渔业战略性新兴产业. 渔业现代化 ［J］，47
（03）：1 - 9.

杨军，程申，杨博琼，等，2013. 日韩粮食消费结构变化特征及对我国未来农产品需求的启示 ［J］. 中国软
科学（01）：24 - 31.

杨阳，2011. 基于残差修正的 GM（1，1）模型的我国人均粮食产量预测 ［J］. 统计与决策（17）：53 - 55.

杨玉苹，2016. 基于 Nerlove 模型的我国人工养殖水产品供给反应研究 ［D］. 北京：中国农业科学院.

岳冬冬，王鲁民，2012. 基于 GM（1，1）模型的我国水产品产量预测 ［J］. 南方农业学报，43（05）：722 - 726.

曾波，李树良，孟伟，2020. 灰色预测理论及其应用 ［M］. 北京：科学出版社.

张成，2015. 中国水产品供需问题研究 ［D］. 北京：中国农业科学院.

张静宜，陈洁，刘景景，2019. 中国水产品消费转型特征及对渔业供给侧结构性改革的启示 ［J］. 中国渔业
经济，37（03）：8 - 14.

中国营养学会，2016. 中国居民膳食指南（2016）［M］. 北京：人民卫生出版社.

Kuijs L，2009. China through 2020：A Macroeconomic Scenario ［R］. Washington，DC：World Bank.

O'Neill J，Stupnytska A，2009. Goldman Sachs Global Economics，Commodities and Strategy Research：
The Long - Term Outlook for the BRICs and N - 11 Post Crisis ［R］. New York：Goldman Sachs.

United Nations，Department of Economic and Social Affairs Population Division，2019. WUP2018 - High-
lights ［R］. New York：United Nations.

United Nations，Department of Economic and Social Affairs，Population Division，2019. World Population
Prospects 2019 ［R］. New York：United Nations.

Ward K，2012. The World in 2050：From the Top 30 to the Top 100 ［R］. London：HSBC.

第三章　深蓝渔业的发展路线图

为实现新时代的发展目标，中国海洋渔业亟待进行结构性改革，开拓海洋渔业发展新空间，以增强海洋渔业生产的质量效益和可持续发展水平。同时，世界渔业发展方式正在由传统模式向新型工业化转变，深蓝渔业因此孕育而生。深蓝渔业的产生和发展是渔业发展史上的一次革命，将成为极具潜力的战略性新兴产业。

第一节　总体思路

一、总体思路

以习近平新时代中国特色社会主义思想为指导，坚持"创新、协调、绿色、开放、共享"的新发展理念，围绕实现渔业现代化的各项目标，按照现代渔业"生态优先、养捕结合、控制近海、拓展外海、发展远洋"的发展方针，以"提升近海、深耕远海、开拓远洋"为总体原则，以"品种培优、养殖提质、捕捞增效、加工增值"为主线，推动种业创新提升效益，推动养殖生产革命性转变，推动捕捞跨越拓展空间，推动加工增值引领消费，大力强化渔业科技创新作用，运用现代工业发展方式，吸纳多方资本，构建现代渔业企业，发展专业化工程装备与工业化生产技术，建立"捕-养-加"相结合、"海-岛-陆"相连接的全产业链的深蓝渔业产业模式，形成绿色优质海水养殖产品的规模化生产、深远海渔获物的高值化提升、绿色水产品的商品化供应、优质物流和信息服务业保障、深蓝种业可持续创新发展的良好局面，促进海洋渔业一二三产业融合发展，全面推动海洋渔业产业升级和新生产模式构建，努力打造绿色、安全、融合、规范的现代渔业发展新格局。

二、基本原则

（一）坚持生态优先，可持续发展

合理开发利用海洋渔业资源，深蓝渔业发展更新与区域社会经济发展水平和渔业生产方式需求相适应；与资源保护、环境保护、安全生产、节能减排的需求相适应。

（二）坚持科技支撑，人才强渔

加快深蓝渔业科技自主创新和人才培养，加快科技成果转化与推广应用，提高渔业装备技术水平，推动深蓝渔业发展向依靠科技进步、劳动者素质提高和管理创新转变。

（三）坚持政府支持、社会参与

强化政府支持作用，加大支持力度，引导和鼓励社会资本投入农业，凝聚各方力量，合力推进深蓝渔业发展。

（四）坚持重点突破、梯次推进

进一步优化布局，因地制宜地采取有选择、差别化扶持政策，突出重点，先易后难，典

型示范，分步推进，鼓励有条件地区率先发展，推动其他地区加快发展。

第二节 发展目标

一、总体目标

按照现代渔业"生态优先、养捕结合、控制近海、拓展外海、发展远洋"的总体方针，以建设"生态、绿色、高效、可持续"的现代化海洋渔业为目标，引入多方资本，建立企业平台，形成全产业链的深远海渔业生产模式，构建"养-捕-加"一体化、"海-岛-陆"相连接的陆海联动产业模式，形成渔业三产融合的战略性新兴产业，建立深蓝渔业科技创新发展战略智库，培育和集聚深蓝渔业创新、创业核心团队，打造现代海洋渔业科技研究与示范平台，建成一批深远海大型养殖平台，形成海上工业化养殖生产群，成为21世纪海上丝绸之路上一颗颗璀璨的明珠。

二、具体目标

至2035年，预期完成以下目标：

中国海洋渔业水产品总量达到4 100万t，其中，海水养殖3 100万t，海水鱼类养殖产量达到1 000万t，占比超过1/3；水产良种覆盖率达到85%，养殖生产结构进一步优化；海洋捕捞产量1 000万t，其中，近海捕捞产量800万t，远洋捕捞产量200万t；水产品加工比例提升到60%，基本达到发达国家水平。

中国特色的渔业科技创新体系基本形成，核心竞争力、综合硬实力和国际影响力大幅提升，渔业科技进步贡献率提高到72%，遗传育种和水产养殖领域关键技术领先世界，水产捕捞、水产品加工等领域研发实力达到国际先进水平，科技整体实力达到国际先进水平。

建立起完善的深蓝渔业发展模式，渔业生产过程智能化、信息化、自动化水平大幅提升，产业结构优化完善，海洋渔业一二三产业融合发展，形成一批国际知名的渔业生产企业。

率先实现渔业现代化，实现海洋渔业由"捕"向"养"的根本性转变，建立世界领先的工业化蓝色农业生产体系，实现由渔业大国向渔业强国的根本性转变，使中国渔业成为绿色发展的世界典范，支撑中国基本实现社会主义现代化目标的顺利完成。

第三节 发展路线图

深蓝渔业是面向深海大洋等水域资源，通过养殖或捕捞获取具有经济价值的鱼类或其他水生生物的产业，以"养、捕、加"协同发展为核心内涵，建立"以养殖为主体、捕捞为支撑、加工为保障"陆海统筹的新型渔业发展方式，构建"养-捕-加一体化、海-岛-陆相衔接"深远海工业化养殖模式，是未来海洋渔业的替代性生产方式，建立中层低值渔业资源"精准探查、高效聚捕、精深加工"捕捞生产模式，是捕捞渔业转型升级的方向（刘晃 等，2018；刘晃 等，2019；徐琰斐 等，2019；徐皓 等，2020；张成林 等，2020）。

一、拓展养殖绿色发展需要构建工业化养殖新模式

目前，中国渔业正从传统生产方式向现代化、工业化生产方式转变，但缺乏标准化生产、系统化管理、现代化装备和产业金融等工业化要素。传统生产方式存在品质安全、资源消耗与环境影响等问题而被社会所诟病，养殖产品也并未因品质优劣而形成价格上的明显差异；同时海上养殖装备的机械化、智能化、信息化水平较低，生产方式依然是传统的、粗放的，生产操作、养殖管理还是依靠人力与经验。深远海养殖是一个全新的领域，是当前推进渔业转型升级，培育新经济增长点的创新之举。工业化的养殖工艺、操作规范、品质管理等技术体系，对于开展深远海养殖，实现高效营运是至关重要支撑和保障。

二、提升海洋资源开发效率需要优化捕捞生产新技术

世界海洋大国在强化各自管辖海域开发的同时，逐步推进深远海与大洋空间的勘探开发。深海空间的巨大资源潜力和环境服务价值日益受到关注。大规模的鱼类养殖产业需要营养物质生产体系的支持，分布于全球海洋的中层及深海生物资源是养殖业动物饲料蛋白的主要来源，鳀鱼和沙丁鱼已经成为鱼粉工业的主要原料，储量丰富的南极磷虾资源具有巨大的开发潜力，以浮游生物为食的低值大宗小型鱼类和头足类资源是尚未开发的动物蛋白饲料资源库。"渔业先行"是争取中国在全球深海资源利用方面权益的有效策略。深蓝渔业深海生物资源开发，通过把握全球性深海生物资源规律，创新负责任捕捞技术，将有力提升中国深海资源开发利用的竞争力。

三、实现产业链全面发展需要建立海陆连动加工新业态

中国海洋水体营养丰富，生物种类多样，具有较大的开发潜力。2017 年，中国海水产品产量达到 3 321 万 t，约占水产品总量的 51%，相当于中国肉类和禽类年总产量的 28%，是中国食物供应的重要组成部分。目前中国经济受到陆上资源利用与开发有限性的制约，对海洋资源、空间的依赖程度大幅提高。但受到兼捕、加工技术和食用习惯等条件制约，目前全球捕捞生产过程中至少有 8% 的渔获物未被利用而被重新扔回海里，有 27% 的上岸渔获物在上岸后到终端消费市场的过程中被损失或消耗掉。因此，需要加强食品加工和包装的技术，延长产业链，提高水产品原材料利用效率、产品附加值和利润率，提升水产品品质、安全和营养，拉动海洋水产业经济发展。

四、保障渔业安全生产需要组建全球渔业物流信息互联新网络

物流信息网络与大数据服务是面向全球海洋深蓝渔业的动脉和神经，对应深蓝渔业工业化养殖、高品质捕捞和海陆联动加工的产业布局，渔业物联网将串联各生产单元，保障养殖生产和捕捞作业全过程的有效监管和安全，保障人员、物质和产品的物流运输安全，形成海陆联动的海上物流大通道和陆上物资与产品配送体系，整体提升深蓝渔业的生产效率与产品价值。同时，通过在渔船上搭载智能海洋信息感知系统，构建基于海洋渔业独有产业业态的"面向国防安全需求、面向海洋强国战略、面向渔业生产管理"的渔业船联网，形成覆盖全球大洋的网络体系，更将为国家拓展外交、处理国际关系、参与国际资源配置与管理、维护

海洋权益、实施海洋强国战略发挥重要作用。

五、支撑蛋白有效供给需要解析深蓝生物遗传新资源

粮食安全始终是关系中国国民经济发展、社会稳定和国家自立的全局性重大战略问题。渔业作为农业经济发展的重要组成部分，已然成为世界各国保障优质蛋白供给和粮食安全的重要基础。水产品已成为继谷类、牛奶之后食物蛋白的第三大来源，为约31亿人口提供了近20％动物蛋白摄入量；同时，水产脂质是人类膳食结构中高度不饱和脂肪酸的重要来源，对提高人类身体素质具有十分重要的意义。海洋渔业生物，尤其是深蓝渔业生物大多富含DHA、EPA等不饱和脂肪酸，能够满足国民对营养均衡方面日益增长的需求。中国已经成为世界第一大水产品生产国和消费国，为进一步夯实渔业在保障国民优质动物蛋白稳定供给方面的作用，从近海走向深蓝势在必行。因此，开发和利用深蓝生物遗传资源对于中国渔业的可持续发展起到关键作用，是未来世界面对食物短缺、支撑蓝色蛋白供给、保障食物安全的有效途径。

第四节 政策建议

一、因地制宜，做好统筹规划

深蓝渔业是一项新兴产业，是一个全新的生产模式，是当前推进渔业转型升级，培育新经济增长点的创新之举。要实现从探索到产业化发展，需做好顶层设计和中长期规划，真正构建形成陆海联动的深远海工业化生产方式，推动深蓝渔业科技和产业有序健康发展。尽管我国近年来加强了相关科技研发投入和产业化力度，但还存在海洋工程装备和关键技术发展缓慢、政策扶持不够、资金支持不足、产业链不完善等问题。科技产业基础相对薄弱，需要根据国家海洋强国战略部署、生态文明建设要求以及国民经济发展现状，结合海域自然情况，因地制宜、因种而异，画好总体发展"路线图"，从全局视角统筹规划、系统推进。

二、科技创新，加快技术攻关

深蓝渔业要发挥科技创新的引领作用，聚焦"捕-养-加"三个关键环节，明确"捕什么、怎么捕；养什么、怎么养；怎么开发、怎么利用"等科技问题和产业需求，夯实深蓝渔业发展的科学基础，突破制约深蓝渔业发展的关键技术和工程装备瓶颈，解决工程装备与养殖、捕捞、加工技术融合度低的问题，加速深蓝渔业产业化进程。推动形成以深远海移动式大型养殖工船、定置式深海网箱和岛礁围栏为核心的优质海水鱼工业化养殖平台；以海洋战略性渔业资源开发为基础的饲料生产和水产品精深加工平台；以渔业船联网和智慧渔业管理系统为保障的全程冷链物流网络和海洋环境预报平台。

三、循序渐进，实现稳步推进

深蓝渔业需要构建工业化的生产方式及产业规模，涉及养殖、系统装备、物流加工、国际规则和贸易等多领域，是一个资本、技术密集型产业，要按照先试点再扩大的原则，循序推进，不可"一哄而上"随后"一哄而散"。要依托项目支持，强化军民融合，产学研用协

同发力，及时总结、推广成功经验，支撑产业长远有序发展。

四、产业升级，加快融合发展

深蓝渔业将形成新型工业化生产方式，是转变传统渔业"小而散"，促进渔业转型升级、落实乡村振兴战略的重要举措。要以养殖生产为基础，带动加工流通业和休闲渔业、智慧渔业等相关产业发展，延长产业链、提升价值链，实现产业"接二连三"，推动形成"以养为主、三产融合"的全产业链生产新模式。

参考文献

刘晃，徐皓，徐琰斐，2018. 深蓝渔业的内涵与特征. 渔业现代化 [J]，45（05）：1-6.

刘晃，徐琰斐，缪苗，2019. 基于 SWOT 模型的我国深远海养殖业发展. 海洋开发与管理 [J]，36（04）：45-49.

徐皓，陈家勇，方辉，等，2020. 中国海洋渔业转型与深蓝渔业战略性新兴产业. 渔业现代化 [J]，47（03）：1-9.

徐琰斐，刘晃，2019. 深蓝渔业发展策略研究. 渔业现代化 [J]，46（03）：1-6.

张成林，徐皓，王世明，等，2020. 基于大型渔业平台的深远海渔业发展现状与思考. 中国农学通报 [J]，36（25）：152-157.

第四章　深远海养殖业

海水养殖是人类主动、定向利用国土海域资源的重要途径，已经成为对食物安全、国民经济和贸易平衡作出重要贡献的产业。近 50 年来，中国海水养殖业得到了长足发展，但是，随着经济社会的发展和人们对生活环境提出更高的要求，能够提供给海水养殖的空间受到严重挤压，海水养殖密度过大、环境恶化、病害频发等问题日益突出。为减轻养殖对近岸海区的影响，拓展养殖空间，实现新时期中国海水养殖业的可持续发展，发展深远海养殖产业已经成为必然选择。

第一节　战略地位

一、养殖水产品是人类食物的重要组成部分

水产动物是人类食物的重要组成部分，其丰富的蛋白质和微量元素，有益于人的营养与健康。世界人均鱼类食品消费量不断增加，由 1961 年的 9.0 kg 增至 2015 年的 20.2 kg，年均增长约 1.5%，2016 年和 2017 年人均消费进一步提高，分别达到 20.3 kg 和 20.5 kg 左右。在中国，2015 年，以鱼虾蟹贝为代表的水产动物产量达到 6 290.7 万 t，分别是当年猪肉产量 1.15 倍和禽蛋产量的 2.09 倍。世界发展中国家和低收入缺粮国家人均鱼品消费量分别是发达国家的 82% 和 33%，人类对水产动物蛋白的需求潜力巨大。联合国《2030 年可持续发展议程（2015）》指出，到 2050 年全球人口将超过 90 亿，满足人类对食用水产品不断增长的需求将是一项紧迫任务，同时也是一项艰巨挑战（联合国粮食及农业组织，2016）。水产动物优质蛋白供给将是世界人口增长与人类健康的基本保障，在世界海洋渔业捕捞产量增长不大甚至萎缩的情况下，水产品的供应将主要依赖水产养殖业的发展。然而，传统以陆基和近岸为主的粗放型水产养殖生产方式已无法满足可持续发展的要求。深远海养殖是保障人类食物安全及优质动物蛋白供给的战略性发展方向。

中国是世界第一渔业生产大国，渔业总产量占世界总量近 40%。从水产品产量结构来看，目前中国水产品产量主要来自水产养殖，2018 年全国水产养殖产量 4 991 万 t（农业农村部渔业渔政管理局 等，2019），占全国水产品总产量的 78%，水产养殖是中国农业结构中发展最快的产业之一。但由于中国水产养殖方式粗放，养殖过程占用大量自然资源，产品品质深受环境水质影响，养殖排放加剧环境水域富营养化，导致养殖病害频发，品质、安全与环境问题突出。近年来，内陆湖泊网箱养殖对环境和资源影响极其严重，已经逐渐被撤销和取缔；内陆池塘和工厂化养殖排放水必须符合环境可持续发展要求；内湾网箱养殖在符合环境容纳量的前提下减量增收；海洋牧场建设将以生态型为主要目标。未来一段时期内近海渔业的重点将是水域资源环境的生态修复，海洋捕捞和近海养殖空间将再次受到限制，水产品供给与需求的矛盾将更加突出。鉴于人口不断增长对动物蛋白的巨大需求，需要向深远海水

域拓展养殖新空间。相对而言，中国拥有的近 300 万 km^2 的海洋国土面积，除占比较小的近海外，基本未被用于水产养殖。远离大陆的深远海水域拥有发展水产养殖优良的环境条件，包括优质的水源、适宜的区域性或洋流性水温，以及远离陆源性污染与病害，安全可靠的设施装备以及海上物流保障系统将为发展深远海规模化水产养殖提供极好的条件。

二、深远海养殖将成为落实海洋强国战略的有力支撑

渔业是海洋经济的重要组成部分，发展深远海养殖，向深远海和大洋极地水域拓展新空间，形成以养殖、捕捞、加工、流通于一体的综合生产体系，将显著提升深远海渔业的设施化、规模化、工业化水平，有助于远离陆源性污染，发展绿色养殖生产方式，推动海洋开发方式向循环利用型转变，其工业化可持续的生产模式可以成为海洋渔业经济增长的新支柱。同时，近年来，中国与周边海洋国家的领海争端形势严峻，围绕资源争夺、岛礁主权、海域划界和通道安全的争端态势进一步加剧，维护海洋权益的形势出现了许多新的变化。在这样的宏观环境背景下，以万吨级游弋式大型养殖工船为核心，集成捕捞、物流等船舶构建航母船队，以深远海"定居"和"游弋"式渔业生产相结合，将形成驻守边远海疆的深远海现代渔业生产模式，以"屯渔戍边"彰显海洋主权；基于遍布全球海洋的深远海渔业生产平台，可以拓展同世界沿海国家交流，是推进国家"一带一路"倡议的有效载体；可以构建感知海洋、认知海洋的观察体系与信息网络，服务于海洋强国战略。这既可以坚决维护国家海洋权益，又有利于建设和谐的国际海洋环境，在维护领海主权和避免争端摩擦之间寻找一个平衡点，实现对中国海域资源的保护开发和"蓝色国土"的长期守护。

大力发展深远海工业化养殖，构建覆盖全产业链的新型生产模式，将成为国家海洋战略的有效推进方式。既可以充分挖掘海洋在食物供给等方面的资源优势，形成规模化、可持续、优质水产品海上生产能力，进行区域性布局，构建海上"蓝色粮仓"新产业，促进蓝色经济发展，又能够助推"一带一路"倡议实施，实现"屯渔戍边"，维护国家海洋权益，提高渔业国际竞争力和话语权。

第二节　业态分析

一、产业发展优势

（一）消费需求快速增长，产品缺口较大，消费市场有保障

2018 年中国海水鱼类养殖总产量 149.5 万 t，对保障中国海水鱼类供给和促进沿海经济的发展都发挥了重要的作用。尽管中国海水鱼类养殖品种较多，但是养殖产量都不高，其中养殖产量超过 10 万 t 的品种只有大黄鱼（*Pseudosciaena crocea*）、鲈鱼（*Dicentrarchus labrax*）、石斑鱼（*Epinephelinae*）和鲆鱼（*Paralichthys*）4 种（农业农村部渔业渔政管理局 等，2019）。然而，挪威 2018 年大西洋鲑的养殖产量就有 126 万多 t，与中国的海水鱼类养殖总产量相当（Seaman，2019）。与此同时，中国消费者对水产品的需求快速增长，据荷兰合作银行公布的针对养殖三文鱼（*Salmo salar*）主要市场的需求报告显示，中国的市场规模约 10 万 t，年消费增速达 25%；另据农业农村部发布的《中国农业展望报告（2018—2027）》中预测 2018 年中国水产品消费量将增至 2 815 万 t，2027 年将达 3 136 万 t。由此可

见，与快速增长的消费需求相比，目前中国的海水鱼类的养殖产量还难以满足。同时，近海发展空间受限，因此发展深远海养殖具有十分广阔的应用前景（刘晃 等，2019）。

（二）苗种繁育技术稳定，饲料等专业化配套有来源

中国海水鱼类养殖研究从 20 世纪 80 年代开始发展迅速，根据不同海域在水温、水文水质条件、气候变化等方面的特点，已经开发的海水鱼类养殖品种约 60 种，主要包括大菱鲆（*Scophthalmus maximus*）、牙鲆（*Paralichthys olivaceus*）等冷水性鱼类，大黄鱼、鲈鱼、石斑鱼、卵形鲳鲹（*Trachinotus ovatus*）和军曹鱼（*Rachycentron canadum*）等温水性鱼类。中国海水鱼类育种经过多年的研究与实践，创制了大黄鱼"东海 1 号"、牙鲆"北鲆 1号"和"北鲆 2 号"以及大菱鲆"多宝 1 号"等新品种。苗种繁育技术取得长足进步，技术体系相对稳定，可以稳定提供养殖所需的苗种。在水产养殖快速发展的需求刺激下，水产饲料同样发展迅速，通过开展动物营养代谢、饲料原料利用、饲料源开发、加工工艺等技术研究，解决了饲料系数偏高、原料缺口大、饲料利用效率低、加工工艺落后、配合饲料使用比例不高等问题，目前我国已经成为世界第一水产饲料生产大国。因此，这些基本条件的完善为深远海养殖发展提供了有力的基础保障（刘晃 等，2019）。

（三）大型养殖平台研发取得突破，技术条件有基础

十二五以来，随着国家生态文明建设要求的进一步明确以及传统养殖方式弊端的逐步凸显，深远海养殖模式重新受到了各行各界的关注，逐步形成了政府和地方共举、产学研联动的发展格局。中国在深远海大型养殖设施方面的研发和探索工作取得显著成效，渔业科研院所联合相关船企对中国深远海渔业养殖需求和装备性能进行了深入研究，取得了多项核心技术进展。由中国水产科学研究院渔业机械仪器研究所负责设计，日照市万泽丰渔业有限公司负责建造的中国第一艘 3 000 t 级冷水团养殖科研示范工船"鲁岚渔养 61699"号出海前往黄海冷水团开展养殖试生产；2020 年 12 月，全球首艘 10 万 t 级智慧渔业大型养殖工船"国信1 号"在中国青岛西海岸启动建造。深远海大型围栏式养殖设施投入生产，已养水体达到6 万 m³，可养殖大黄鱼 60 万尾，价格比近海养殖的高出 3～5 倍，饵料投喂量减少 40%～60%，取得显著经济和生态效益。目前，国内科研院所正和渔业养殖、海工、加工、金融等企业在积极整合优势资源，深远海养殖的产业链正在快速协同发展，为深远海养殖的进一步发展提供了技术支撑（刘晃 等，2019）。

二、产业发展劣势

（一）深远海养殖发展的产业准备不足

深远海养殖是一个全新的领域，是当前推进渔业转型升级，培育新经济增长点的创新之举。由于中国渔业正从传统生产方式向现代化、工业化生产方式转变，缺乏标准化生产、系统化管理、现代化装备和产业金融等工业化要素。传统养殖方式由于存在品质安全、资源消耗与环境影响等问题而被社会所诟病，养殖产品也并未因品质优劣而形成价格上的差异。渔业主管部门对深远海养殖的扶持和指导等综合保障不够，相关产业性扶持政策如造船补贴、燃油补贴、老旧船舶进口、保险类产品等缺乏，对深远海养殖项目的立项、融资和运营造成阻碍，而且在一些前瞻性、基础性的研发及公共服务工作上的保障不足，以上这些都对推进深远海养殖形成了较大的障碍（刘晃 等，2019）。

（二）开展养殖生产营运的有效支持不足

工业化的养殖工艺、操作规范、品质管理等技术体系，对于开展深远海养殖，实现高效营运是至关重要的。首先需要开发适宜深远海养殖环境和生产条件的养殖品种，应该是特有并且不能简单被其他养殖方式替代的品种，如高价值的大西洋鲑、苏眉鱼、金枪鱼等；其次是建立养殖品种的生长模型、投喂模型、水质控制模型等集约化精准高效养殖技术，完善与之配套的活鱼运输、物流加工、品质管控、质量保障等技术体系；然后是突破养殖品种的配合饲料的营养配方、加工生产等技术，形成适宜于海上规模化养殖品种，满足于集约化生产的配合饲料生产体系（刘晃 等，2019）。

（三）深远海养殖装备的技术成熟度不够

向深远海发展海洋养殖是转变中国水产养殖方式的重要发展方向，装备技术是深远海规模化产业模式的基础。中国海上养殖设施研究虽然已经取得不小进展，但是工程化水平依然相对落后。高密度聚乙烯（HDPE）网箱技术及设施，在遭受到超强台风正面袭击时的保障能力差，无法确保养殖生物的安全。海上养殖装备的机械化、智能化、信息化水平较低，生产方式依然是传统的、粗放的，生产操作、养殖管理还是依靠人力与经验，特别是精准投喂、水下观测、起捕作业等配套装备还未能取得突破；大型养殖工船研究虽然形成了总体功能构建与设计方案，但是总体系统、关键环节、关键生产装备的研发工作还需进一步深入细化；国际上虽然已有一些探索实例，但还都还没能形成产业化模式，实际上可以借鉴的工程案例依然很少（刘晃 等，2019）。

（四）产业发展配套政策支撑不足

"稳定近海养殖规模，拓展外海养殖空间，形成水域、滩涂资源综合利用与保护新格局"的海水养殖发展方针已经确定（农业部，2016）。深远海养殖在发展过程中还有很多的政策空白没有明朗，如是否需要办理养殖证、是否需要检验、旧船如何进口进行改造等等，这些都会对深远海养殖业的发展造成实际操作的困难。同时，深远海养殖远离大陆，需要相当大的前期投入与运行成本，以规模化生产为前提，必须建立高度集约化、工业化的生产方式，形成规模经济效益。而且，深远海养殖的作业地点还时常会受到台风侵袭，采用人力生产作业不仅难度大、劳动强度高，而且存在巨大的安全隐患。主管部门将采用何种管理方式、出台什么样的扶持政策都将会对深远海养殖业的发展产生深远的影响（刘晃 等，2019）。

三、产业发展潜力

（一）符合国家战略方向

近年来，海洋经济在国家发展战略中的地位稳步提升，党的十八大报告和十九大报告都提出要建设海洋强国，习近平多次对海洋经济发展做出重要论述，指出建设海洋强国是中国特色社会主义事业的重要组成部分，要进一步关心海洋、认识海洋、经略海洋。2013年，国务院发布《关于促进海洋渔业持续健康发展的若干意见》，要求控制近海养殖密度，创新模式，转变渔业生产方式，通过提高设施装备水平和组织化程度，以拓展海洋离岸养殖和集约化养殖，实现海洋渔业"稳产、提质、增效"。中国已发展成为高度依赖海洋的外向型经济体，对海洋资源、空间的依赖程度大幅提高，在管辖海域外的海洋权益也需要不断加以维护和拓展，同时全球海洋资源开发竞争日趋激烈，这些都需要通过建设海洋强国加以保障。

在这种国内和国际环境下，开发利用外海海域进行养殖作业等深远海渔业应成为我们发展远洋渔业的重点方向，是我们发展远洋渔业的新机遇。

（二）产业发展空间广阔

深远海养殖相比传统养殖发展周期长、规模大，面临同类低成本养殖产品、同类进口养殖产品、同类海洋捕捞产品的竞争，特别是会受到来自池塘养殖、工厂化循环水养殖、近岸网箱养殖等现有传统养殖方式的竞争和威胁，如果养殖品种的潜在市场容量较小，养殖产品的市场价格下降较快，会影响产业的初期发展。但是，由于受到城市化、生态文明建设等多重挤压，沿海可利用资源日益减少，传统养殖方式的发展空间格局、产业规模受到限制，为深远海养殖的发展提供了较为广阔的空间。同时要根据鱼类品种、养殖海域、销售市场等因素进行综合平衡和取舍，选择合适的深远海养殖主养品种，需要具备相比低成本养殖产品的价格优势、无同类海洋捕捞产品竞争、较进口产品综合成本优势等多方面优势，才能获得长足的发展，为从近海拓展到深远海养殖提供良好的基础。

（三）生产方式绿色可持续

英国和美国等对深远海养殖经济可行性研究表明，决定经济可行性最敏感的因素就是养殖品种的市场价格。因此，深远海养殖的发展初期可能会受到来自如猪、鸡、牛等陆生动物养殖业的威胁。但是，水产品是人类优质蛋白质的重要来源，它富含优质蛋白质、氨基酸、维生素和矿物质等，蛋白质组织松散，水分含量高，蛋白质吸收率高于猪、鸡、牛等陆生动物（商业电讯，2013）。水产品通常富含不饱和脂肪，有益于预防心血管疾病，还能促进胎儿和婴儿脑部和神经系统发育（联合国粮食及农业组织，2016）。研究表明猪、肉鸡、罗非鱼和鲑鱼配合饲料的饲料系数（饲料干重和养殖品种增重的比值）分别大约为 2.5、2.0、1.8 和 1.2，由此可见鱼类养殖的饲料转化效率远高于陆生动物（Timmons et al.，2007）。因此，只有发展绿色养殖生产方式，提升养殖水产品品质，提高养殖模式的经济效益，才能促进深远海养殖的健康发展。

第三节　国内外发展现状及趋势

一、深远海养殖产业受到广泛关注

世界主要沿海发达国家高度重视对海洋经济发展，把海洋开发作为国家战略加以实施。20 世纪 80 年代，部分发达国家开始尝试深远海养殖方面的技术探索和应用。发展深远海养殖工程装备的主要途径是构建大型养殖网箱和浮式养殖平台。前者在离岸养殖网箱的基础上，在设施与配套装备技术的支撑下，不断向深水、深海水域推进；后者以专业化养殖工船为代表，在发展理念与技术方案上不断成熟，开始被列入到未来的发展规划。1995 年，"Offshore aquaculture"（离岸或深远海水产养殖）被美国技术评价办公室认定为具有潜力的渔业增长方式。2010 年，联合国粮食及农业组织研究表明，全球范围内水深 25～100 m、流速 10～100 cm/s、25 n mile 内有港口设施的宜于深水网箱养殖的有效海域面积达到 189 468 km^2（Lovatelli et al.，2013）。目前，已经有二十余个国家和地区通过试验、研究和风险投资积极参与深远海养殖，挪威、日本等国已经建立起了较为完备的体系。在现代工业科技的支撑下，发达国家深远海养殖装备和技术发展很快，自动化程度和生产效率显著提高，生产过程得到了有效管控，信息化水平不断提高。

中国的海洋经济产业发展起步较晚，海洋领域的科技水平和创新能力总体上落后于世界发达国家，主要是缺乏对海洋经济和科技发展全面系统的战略研究，存在着海洋经济不断向纵深发展与海洋管理体制机制相对滞后、近海资源过度开发与远海资源开发相对不足、高层次海洋资源开发与核心技术研发能力相对薄弱等多重矛盾，海洋经济总体规划和发展战略的科学性、指导性和可操作性亟待加强。近年来在国家建设海洋强国和"一带一路"倡议的引领，海洋产业转型升级势头良好。深远海养殖模式逐步受到了各行各界关注，《全国渔业发展第十三个五年规划》提出要加强深远海大型养殖平台研发和推广应用，农业农村部联合10部门发布的《关于加快推进水产养殖业绿色发展的若干意见》也提出，支持发展深远海绿色养殖，鼓励深远海大型智能化养殖渔场建设。显而易见，深远海养殖产业已经逐步形成了政府和地方共举、产学研联动的发展格局。

二、深远海工业化养殖装备发展迅猛

国内外在深远海养殖工船、大型养殖平台、养殖围栏等装备研究方面快速发展。20世纪80—90年代，发达国家就提出了发展大型养殖工船的理念，包括浮体平台、船载养殖车间、船舱养殖以及半潜式网箱工船等多种形式，进行了积极的探索，为产业化发展储备了相当的技术基础。由西班牙彼斯巴卡公司设计巨型海水网箱养殖平台，能经受9m浪高，管理着7个2 000 m³的网箱，生产能力为250～400 t/年（庚云，1990）。2000年意大利研制并投入运营的养殖平台，由60 m宽的圆形铁网圈构成，6个5 500 m³网具固定其上（Halwart et al.，2010）。俄罗斯研制的新型水下网箱（Sadco‐SG），由多边形钢管框架、沉降管和用于浮力控制的潜水箱制成，规格在1 200～4 000 m³。挪威BYKS AS公司研制开发的海洋球型（Ocean Globe）网箱，采用金属框架，箱体由聚乙烯材料组成，呈椭圆体状，容量40 000 m³，养殖产量约1 000 t/年（黄洪亮 等，2005）。挪威国际渔业集团SalMar公司于2016年投建了全球首座三文鱼海上渔业养殖平台，由挪威Global Maritime公司设计，由青岛武船承建。该产品总高70 m，直径110 m，箱体总容量20多万m³，结构总重6 000多t，在100～300 m水深区域进行三文鱼养殖，设计养鱼量150万条，设备配员9人，是目前世界上最大的深海养殖渔场（国际船舶网，2017）。法国与挪威合作建成270 m养鱼工船，总排水量10万t，养殖水体7 000 m³，年产量3 000 t；欧洲渔业委员会建造了半潜式资源增殖工船，船长189 m、船宽56 m，年产量700～1 200 t；日本建成了"蓝海号"养殖工船，船长110 m，船宽32 m，年产量100 t（丁永良，2006）。西班牙构建了金枪鱼养殖工船，船长190 m，船宽56 m，年产量1 200 t（de Bartolome et al.，2005）。土耳其将一艘19 030 t的散货船改建成养殖工船，船长153.33 m，船宽22.8 m，船上共有12个养鱼舱，并进行了虹鳟养殖试验，经过11个月养殖，从（25±2.7）g养到（3.7±0.4）kg（Bilen et al.，2013）。挪威实施的"创新发展许可证"（New Development Licenses）政策，进一步推动了深远海养殖的发展，研制的大型深远海养殖装备有"Ocean Farm 1""Hex Box养殖网箱"和"Havfarm养殖工船"等（刘碧涛 等，2018）。

中国深远海养殖装备研发尚处在起步阶段，需多方推进产业链协同发展。在20世纪70年代末期，雷霁霖院士绘制了"未来海洋农牧场"建设蓝图，展示了建造海洋工船的初步设想；丁永良研究员长期跟踪国外养鱼工船研发进程，梳理总结技术特点，提出深远海养殖平台构建全过程"完全养殖"，自成体系"独立生产"，机械化、自动化、信息化"养殖三化"，以及"结合旅游""绿色食品""全年生产""后勤保障"等技术方向。但是，受到投资成本、技术发展水平等客观因素的制约，发展速度缓慢。直到十二五期间，随着国家生态文明建设要求的进一步明确以及传统养殖方式弊端的逐步凸显，深远海养殖产业成为发展热点。中国水产科学研究院渔业机械仪器研究所设计的中国第一艘 3 000 t 级冷水团养殖科研示范工船"鲁岚渔养 61699"号已投入进行实船示范，为大型深远海养殖工船设计、建造和养殖积累工程经验和基础数据。2020 年 12 月，由青岛国信集团、中船工业集团、水科院渔机所和青岛蓝粮渔业共同发起的全球首艘 10 万 t 级智慧渔业大型养殖工船"国信 1 号"在中国青岛西海岸启动建造，该船将于 2021 年完成分段施工、合拢、出坞下水并开展设备及系统调试，2022 年 3 月正式交付运营（王伟，2020）。由中集来福士研发设计的离岸深水网箱"海洋牧场平台"，是一座容积 6 万 m^3 的海洋牧场平台，造价约 4 千万元，适用于黄海的浅海区域；中船重工武船集团建造的"深蓝 1 号"全潜式深海渔场，养殖水体 5 万 m^3，一次可养育三文鱼 30 万条，实现产量 1 500 t，已投入使用；荷兰迪玛仕（De Maas SMC）船舶技术咨询公司设计的"半潜式深海渔场"，福建马尾造船厂承建，渔场直径 140 m，高度 12 m，容积 15 万 m^3，单位造价人民币 1.5～2.0 亿元；中国水产科学研究院南海水产研究所与天津德赛环保科技有限公司共同研制的万 t 级半潜船形渔场"德海 1 号"，投放至珠海海域，该船总长度 91.3 m，宽度 27.6 m，养殖水体 3 万 m^3，可抵抗 17 级台风、9 m 浪高，使用年限 20 年以上；2019 年建成的莱州湾明波海洋牧场，大型养殖围栏面积相当于一个足球场，可容纳 16 万方水体，每年可以养殖 500 t 海水鱼。目前，国内科研院所正和渔业养殖、海工、加工、金融等企业在积极整合优势资源，加快深远海养殖装备发展。

三、深远海养殖品种与技术不断发展

从产业发展规律、经济可行性和市场角度看，深远海养殖是一种高投入和高风险的养殖模式，对养殖品种的生物学和养殖特性要求较高，并且需要较高的经济价值和较大的市场潜力作为支撑，需要根据具体的养殖种类或者养殖海域、销售市场等因素进行综合平衡和取舍，选择适合的养殖品种。世界上深远海养殖最成功的产业当属挪威大西洋鲑（三文鱼）养殖产业，大西洋鲑是深远海工业化养殖的典型代表，产业链完整度非常高，饲料配方、繁育和养殖工艺齐全，完全可以满足规模化和商业化生产的需要。挪威利用现代物联网技术，实现了三文鱼的精细养殖，降低了养殖成本、保障了产品品质。2018 年，全球养殖大西洋鲑产量 244.5 万 t，其中挪威养殖产量高达 126.3 万 t（Seaman，2019），占全球产量的 51.7%；挪威出口三文鱼 110 万 t，出口值约为 678 亿克朗（新华网，2019），主要市场分布在欧洲、美国、亚洲、中东及其他地区。挪威重视三文鱼市场推广和销售，善于讲述关于养殖"挪威三文鱼"的故事，并积极开展全球化扩张工作。国外基于产业基础和科技发展，不断开发新兴养殖品种。蓝鳍金枪鱼，经济价值较高，但是产业基础较为薄弱，特别是人工苗种生产和幼鱼转运等生产环节还存在技术瓶颈，最近几年成为有沿海分布的日本、澳大利亚、新西兰、地中海的西班牙和马耳他，以及美国等国家的研究热点，特别是日本蓝鳍金枪鱼的人工苗种产量已经达到 1 万尾左右，而且还开发出同科品种巴鲣的苗种生产和网箱养殖技术，为深远海的养殖发展提供了一个高端海水鱼类新品种。

国内优质海水养殖鱼类品种较多，但产量较低，产品缺口较大。2018 年中国海水鱼类养殖总产量 149.5 万 t，对保障中国海水鱼类的供应和促进沿海经济的发展都发挥了重要的作用。中国的海域从北到南，由渤海、黄海、东海到南海，在水温、水文水质条件、气候变化等方面均存在较大差异，这决定着中国海水鱼类的养殖存在着多样性，根据不同的海域特点，已经开发的海水鱼类养殖品种有 60 种左右。现有的主要海水养殖鱼类包括大菱鲆、牙鲆等冷水性鱼类，以及大黄鱼、鲈鱼、石斑鱼、卵形鲳鲹和军曹鱼等温水性鱼类。中国尽管海水鱼类养殖品种较多，但是海水鱼产量在全国海水养殖总产量中所占比例只有 7%，在鱼、虾、贝、藻四大类海水养殖中，产量最低。海水鱼的年产量与挪威一国的大西洋鲑养殖产量相当，其中养殖产量超过 10 万 t 的品种只有大黄鱼、鲈鱼、石斑鱼和鲆鱼 4 种（农业农村部渔业渔政管理局 等，2019）。目前随着海洋渔业资源保护力度的加大，海水鱼捕捞产量逐步减少，就要靠发展海水鱼类养殖来补充。所以，海水鱼类养殖未来相当一段时间内，可以预见会面临较为广阔的发展的空间和机会。同时，中国虽然已经有较长的海水鱼养殖历史和比较成熟的养殖技术，但是否适合在深远海养殖，养殖技术如何适应深远海的特点，相关的遗传育种、饲料营养与投喂、疾病诊断与防治、养成品的保活保鲜与加工等技术能否满足要求，还需要在不断地探索中去解答。

第四节　发展建议

一、筛选合适的深远海养殖品种

一是选择相关生物学、生态学、行为学、人工繁养殖等方面研究积累较为完善，并且苗种繁育和养殖技术已经实现产业化的品种，比如大西洋鲑、卵形鲳鲹和军曹鱼等，由于现有知识、技术以及经验比较完善，同时拥有熟练工人、配套设施和装备、成型的饲料、成熟的市场和营销渠道等产业发展所必需的关键要素，产业升级换代成本低、见效快，可以为从近海拓展到深远海养殖新兴产业发展提供良好的基础，降低初期投入风险。二是养殖品种要有较高的经济价值。深远海养殖在设施投资和运行成本等方面成本较高，导致单位养殖产品的成本较高，养殖品种经济价值不高，产业就会因没有经济可行性而得不到发展，特别是产业发展初期尤为如此。最近几年，英国和美国等国家对深远海养殖经济可行性的模拟表明，决定经济可行性最敏感的因素就是养殖品种的市场价格。三是要有较大的市场潜力。以往的大西洋鲑和大菱鲆等鱼类养殖产业发展经验表明，随着产业的发展，产品市场价格会接近养殖成本，养殖产量也会在市场供需平衡附近波动，产业发展也进入成熟期。深远海养殖相比传统养殖发展周期长、规模大，如果养殖品种的潜在市场容量较小，养殖产品的市场价格下降较快，会影响产业的初期发展。因此，根据鱼类品种、养殖海域、销售市场等因素进行综合平衡和取舍，选择合适的深远海主养品种至关重要。

二、加强养殖品种生物学和苗种繁育技术

养殖品种的生物学和生态学特性是良种选育和苗种繁育技术的基础，需要加强未来深远海养殖目标品种的遗传特性以及生活史各阶段的发育特点、生理特征、营养需求以及免疫特

征等方面的基础研究，为良种选育和苗种繁育技术研发提供指导。一是在良种选育方面，继续对大西洋鲑鱼、军曹鱼等适应深远海养殖的传统养殖品种进行良种选育，甚至通过基因编辑和转基因等手段，创制新的养殖良种；二是在苗种繁育技术方面，一方面继续提升和优化现有适应深远海养殖品种的苗种繁育技术，如石斑鱼类大型品种鞍带石斑鱼和高端品种东星斑等品种的 SPF 苗种繁育技术，高体鰤和黄条鰤苗种的商业化生产技术，使之实现稳定的工业化生产；另一方面，水产养殖高端品种金枪鱼属鱼类的人工苗种繁育技术，是今后发展的趋势和研究热点，需要加强技术攻关，提前布局。

三、发展深远海工业化养殖系统和装备

近岸养殖方式考虑到生产和建造成本，建设规模一般较小，基本以通过人力能够实现正常生产作业为宜。大型化和规模化的深远海养殖模式是养殖业今后发展的必经之路，深远海养殖远离大陆基地，需要相当大的投入与运行成本，以规模化生产为前提，形成规模经济效益，这就必须建立高度集约化、工业化的生产方式，需要发展集生产物质、生活补给和活鱼运输为一体的多功能大型养殖平台和设施，配套陆基周转基地。同时，由于作业地点远离大陆、高海况，采用人力生产作业不仅难度大、劳动强度高，而且存在巨大的安全隐患，需要大力发展监控、维护和抢险的平台运维技术和装备，支撑深远海养殖系统运行。同时，养殖品种的多样性以及海区深度巨大的差异性决定了中国深远海养殖必须朝多元化发展，需要针对不同养殖品种和工况条件，研发精准化、智能化养殖生产装备，建立对应的养殖技术体系和养殖模式，推进深远海养殖健康发展。

四、完善深远海养殖业配套政策

向深海大洋索要食物资源必然会遇到国际竞争，限制与反限制的情况不可避免。而目前中国深远海养殖业的产业政策仍不明确，缺乏相关研究。一些涉及深远海养殖发展的支撑政策，比如养殖许可、产品检验和旧船改造等并未明确，对产业发展带来实际困难。另外，海域使用管理政策不清晰，扶持工程装备制造与产业融资保险等政策缺乏，导致产业发展缓慢、效益不高，尚未形成产业规模。下一步国家和主管部门应该加快在产业发展、行政审批、金融保险、税收等方面出台鼓励和扶持政策，如与全球海洋新资源开发有关的配额争取与支持；鼓励深蓝渔业装备研发及建造的资金扶持；用于渔业生产平台建设的国际二手船舶的引进管理；深远海养殖海域及相关岛礁使用权审批，陆海联动型产业陆上基地建设用地与码头配套等；设立中央财政专项资金、创新金融产品、促进形成多元化投资格局、给予税收优惠以及简化行政审批流程等。通过突破现有制度、政策限制，加强示范带动和政策引导，加快深远海养殖业发展。

参考文献

丁永良，2006. 海上工业化养鱼 [J]. 现代渔业信息（03）：4-6.
庚云，1990. 西班牙研制巨型海水网箱养殖平台 [J]. 现代渔业信息（11）：34.
国际船舶网，2017. 全球首座！武船交付世界最大"深海渔场" [EB/OL]. 国际船舶网．（2017-06-30）
　［2017-06-30］．http://www.eworldship.com/html/2017/NewShipUnderConstruction_0604/

128721. html.

黄洪亮，赵卫忠，2005. 海洋球型（Ocean Globe）网箱结构与特点介绍 ［J］. 现代渔业信息（07）：23 - 29.

联合国粮食及农业组织，2016. 2016 年世界渔业和水产养殖状况：为全面实现粮食和营养安全做贡献 ［R］.
　　罗马：联合国粮食及农业组织 .

刘碧涛，王艺颖，2018. 深海养殖装备现状及我国发展策略 ［J］. 船舶物资与市场（02）：39 - 44.

刘晃，徐琰斐，缪苗，2019. 基于 SWOT 模型的我国深远海养殖业发展 ［J］. 海洋开发与管理，36（04）：
　　45 - 49.

农业部，2016. 农业部关于加快推进渔业转方式调结构的指导意见 ［EB/OL］.（2016 - 05 - 04）［2016 - 05 -
　　04］. http：//www. moa. gov. cn/govpublic/YYJ/201605/t20160506 ＿ 5120615. htm.

农业农村部渔业渔政管理局，全国水产技术推广总站，中国水产学会，2019. 2019 年中国渔业统计年鉴
　　［M］. 北京：中国农业出版社 .

商业电讯，2013. 移动互联网拉开水产养殖业发展的序幕 ［EB/OL］.（2013 - 10 - 09）［2013 - 10 - 09］. ht-
　　tp：//finance. sina. com. cn/roll/20131009/120016933104. shtml？ from＝wap.

王伟，2020. 全球首艘 10 万吨级养殖工船“国信 1 号”在青启动建造 ［N/OL］.（2020 - 12 - 20）［2020 -
　　12 - 20］. http：//www. dailyqd. com/3g/html/2020 - 12/20/content ＿ 298681. htm.

习近平，2013. 进一步关心海洋认识海洋经略海洋，推动海洋强国建设不断取得新成就 ［EB/OL］.（2013 -
　　07 - 31）［2020 - 02 - 03］. http：//cpc. people. com. cn/n/2013/0731/c64094 - 22399483. html.

新华网，2019. 挪威 2018 年海产品出口创新高 ［EB/OL］.（2019 - 01 - 30）［2019 - 01 - 30］. http：//www.
　　xinhuanet. com/world/2019 - 01/07/c ＿ 1210032415. htm.

Bilen S，2013. Floating Fish Farm Unit（3FU）. Is it an appropriate method fro salmonid production？ ［J］.
　　Marine Science and Technology Bulletin，2（01）：9 - 13.

de Bartolome F，A. Mendez，2005. The tuna offshore unit：concept and operation ［J］. IEEE Journal of Oce-
　　anic Engineering，30（1）：20 - 27.

Halwart M，Soto D，Arthur J R，2010. 网箱养殖：区域评论和全球概览 ［R］. 罗马：联合国粮食及农业
　　组织 .

Lovatelli A，Aguilar - Manjarrez J，Soto D，2013. Expanding Mariculture Farther Offshore ［R］. Rome：
　　Food and Agriculture Organization of the United Nations.

Seaman T，胡路怡译，2019. GSMC：2019 年大西洋鲑产量增长缓慢，市场仍供不应求 ［EB/OL］.（2019 -
　　01 - 22）［2019 - 01 - 22］. http：//www. shuichan. cc/news ＿ view - 378169. html.

Timmons M B，Ebeling J M，2007. The role for recirculating aquaculture systems ［J］. AES News，10（1）：
　　2 - 9.

第五章　绿色捕捞业

作为人类海洋开发史中最古老的产业之一，海洋捕捞业一直是水产品的重要来源。中国是海洋捕捞业大国，海洋捕捞产量绝大部分来自沿海和近岸。但随着近海环境恶化与渔业资源枯竭，近海捕捞业发展已陷入困境，在渔业资源和环境尚未取得根本性好转之前，大力发展绿色捕捞业，参与国际渔业资源开发是中国海洋捕捞业发展的一项重要举措。

第一节　战略地位

一、海洋渔业捕捞是人类优质蛋白和高品质饲料的重要来源

海洋渔业资源作为可再生食物资源，是为人类提供优质蛋白的潜在资源以及为水产养殖提供高品质饲料的重要来源。联合国粮食及农业组织（2018）捕捞渔业数据库显示，2016 年全球捕捞渔业总产量为 9 090 万 t，较前两年有所下降。2016 年世界海洋总渔获量为 7 930 万 t，相比 2015 年的 8 120 万 t，下降了近 200 万 t。2016 年，就海洋渔业捕捞产量而言，中国依然是产量大国，海洋渔业捕捞产量排名全球第一，随后是印度尼西亚、美国和俄罗斯。太平洋是全球渔业资源最丰富的海域。西北太平洋是全球捕捞产量最高的渔区，2016 年的捕捞产量为 2 241 万 t，占全球捕捞总产量的近 1/4。渔船方面，2016 年世界渔船总数估计为 460 万艘，自 2014 年以来没有变化。亚洲渔船数量最多，共计 350 万艘，占全球渔船总数的 75%。海洋渔业主要捕捞品种方面，阿拉斯加鳕（*Theragra chalcogramma*）再次超过秘鲁鳀（*Engraulis ringens*）成为渔获量最高的物种，达到自 1998 年以来的最高水平。但 2017 年初步数据显示秘鲁鳀渔获量显著恢复。鲣（*Katsuwonus pelamis*）渔获量连续七年排名第三。价格更低的中上水层小型鱼类的渔获量较为稳定，年均总渔获量约为 1 500 万 t，这些鱼类在许多发展中国家对于保障粮食安全至关重要，但在其他国家则主要加工成鱼粉和鱼油。南极磷虾（*Euphausia superba*）是目前南极地区捕捞量最大的物种，渔获量自 20 世纪 90 年代中期起持续增加。自 2005 年起，小鳞犬牙南极鱼（*Dissostichus elegi-noides*）渔获量稳定在 1.05 万~1.24 万 t，这体现了南极海洋生物资源养护委员会所实施管理措施的成效。世界海洋水产种群状况整体未有好转。2015 年，世界海洋渔业 33.1% 的种群为过度捕捞，情况堪忧。过度捕捞（捕捞使种群丰度下降至维持最大可持续产量的水平以下）不仅会产生负面生态影响，长期还会减少鱼类产量，从而产生不利社会经济影响。同时，全球千百万人依赖渔业和水产养殖作为收入和生计来源。2016 年，5 960 万人在捕捞渔业和水产养殖初级部门从业，其中，4 030 万人从事捕捞渔业（联合国粮食及农业组织，2018）。

二、绿色捕捞业将成为海洋捕捞业新的增长点

中国是海洋捕捞大国，目前产量居世界首位，2018 年海洋捕捞产量为 1 466.6 万 t，同

比下降 4.73%（农业农村部渔业渔政管理局 等，2019）。随着近海环境恶化与渔业资源枯竭，近海捕捞业发展已陷入困境，远洋捕捞业将成为海洋捕捞业新的增长点。远洋捕捞产品营养丰富，同时远离人类活动区域，具有无污染、绿色健康的优良特性，对保证人们饮食健康和消费升级具有重要意义。从全产业链角度进行审视，海洋捕捞渔业还可带动相关第二、三产业的发展，如渔船装备制造、休闲渔业发展等，对渔业经济全面发展起到积极的联动促进作用。海洋捕捞渔业是维护海洋生态文明的重要途径，人类捕捞活动通常会对海洋生物资源复杂食物网关系产生一定扰动，当这种扰动被控制在一定范围内时，则可以实现获取优质动物蛋白和保护海洋生态平衡的双重功能，从而有助于维护海洋生态文明。渔业是资源依赖型、资源养护型产业，不能竭泽而渔，必须处理好产业发展与资源、环境的关系，探索资源开发利用与生态环境保护并行的路子。国家"十三五"规划（2016—2020 年）中纳入逐渐减少渔获量政策，针对捕捞渔业旨在通过实施许可、控制产出以及减少渔民和渔船数量，限制产能和上岸量。近年来渔获量已经逐年减少，预计到 2020 年渔获量将减少 500 万 t 以上。随着对渔业资源保护和可持续发展意识的增强，中国及时设立海洋伏季休渔制度、长江等重要内陆水域禁渔期制度，启动实施海洋渔业资源总量管理制度，实施人工鱼礁、增殖放流等一系列水生生物资源的养护措施，大力开展以长江为重点的水生生物保护行动，加快推进海洋牧场建设，渔业资源衰退的状况得到了有效遏制。

深蓝色的海洋，蕴藏着丰富的生物资源，中上层小鱼包括很多不同品种的鲭鱼（*Pneumatophorus japonicus*）、鲱鱼（*Clupea harengus*）、沙丁鱼（*Sillago sihama*）和凤尾鱼（*Coilia mystus*），既能供人类消费（特别是在非洲市场上），也用来生产鱼粉和鱼油，鳀鱼和沙丁鱼已经成为鱼粉工业的主要原料，主要用作水产养殖和畜牧生产的饲料成分，中国一直是鱼粉的主要消费市场。目前在多数区域的底栖资源处于充分可持续捕捞状态，还有人类目前探明最大的可再生生物蛋白库资源南极磷虾，以浮游生物为食的低值大宗小型鱼类和头足类资源是尚未开发的动物蛋白饲料资源库，具有极大的开发和利用潜力，将是可持续捕捞渔业发展的重要方向。通过发展负责任的可持续捕捞，既可为人类提供丰富的蛋白资源，满足人类对食用水产品和水产动物蛋白不断增长的需求；也可为鱼粉和鱼油等饲料生产提供充足的原材料，解决水产饲料因养殖产量不断攀升而需求旺盛的问题，是深蓝渔业发展的重要基础。

第二节　业态分析

一、产业发展优势

（一）远洋渔业发展基础较好

公海资源是全人类共同的财富。随着世界走向和平利用海洋资源的时代，我国政府开始把眼光移向外海大洋，全面研究制定开拓海洋渔业新局面的方针、政策、措施。从近海走向公海、走向深蓝，远洋渔业迎来了发展机遇。1985 年，中国水产总公司派出由 13 艘渔船、223 名船员组成的中国历史上第一支远洋渔业船队，开始在西部非洲协议合作国家的海域作业，随后，各支远洋渔业船队陆续向北太平洋、南太平洋、印度洋和大西洋海域进发。1989 年，中国远洋渔业企业和科技工作者，通过产学研相结合，成功开发了日本海渔场，又实现远洋鱿钓业"零的突破"。此后从日本海单一渔场，陆续扩展到西北太平洋、东南太平洋、西南大西洋和印度洋四大公海，走过了光辉历程。中国远洋渔业异军突起，从20世纪80年代初开始持续快速发展，到1994年产量达69万t，成为世界主要远洋渔业国家，到2018年总产量和总产值分别226万t和263亿元。仅用了30多年就走完了一些发达国家一百多年走过的路程，使中国成为世界上重要的远洋渔业国家之一。渔船规模、装备水平、捕捞加工能力、管理水平、科研水平已跻身世界前列。中国远洋渔业科技进步明显，形成了比较完善的捕捞和加工技术体系。自主设计、建造大型专业化远洋渔船能力显著提升。形成了以捕捞技术、资源调查与探捕、渔情海况预报、渔用装备研发、水产品加工等为主要内容的科技支撑体系。建立了远洋渔业数据中心、远洋渔业工程技术中心、远洋渔业学院、远洋渔业国际履约中心等机构，资源评估、研究开发和国际履约能力不断提升，培养了一大批远洋渔业专业人才。远洋渔场渔情速预报技术达到国际先进水平，推动中国远洋渔业快速发展，有力支撑了中国渔业"走出去"战略。2018年，全国远洋渔船达到2 600多艘，远洋渔业企业超过160家。建设了30多个远洋渔业海外基地，在海外建立了100多个代表处、合资企业和后勤补给基地。作业海域涉及42个国家（地区）的管辖海域和太平洋、印度洋、大西洋公海以及南极海域（农民日报，2019）。

（二）拓展外海、发展远洋成为发展方针

21世纪被誉为海洋时代，世界各沿海国家都把开发海洋、发展海洋经济和海洋产业定为基本国策，作为国家发展战略来抓，竞相制定海洋科技开发规划和战略计划等。2001年，国务院批准农业部编制的《全国远洋渔业发展总体规划》，提出在稳定大洋性渔业的同时，加快开发金枪鱼、鱿鱼等大洋性渔业资源；加强公海渔业资源调查和探捕，将单一拖网捕捞改为钓、围为主；着力推广精深加工、超低温冷冻技术，延伸产业链条，并制定南沙渔业开发优惠政策，加快了南沙渔业的发展。党的十八大以后，远洋渔业迎来新的战略机遇。十八大报告明确提出"建设海洋强国"；2013年，国务院常务会议研究海洋渔业发展问题，把海洋渔业提升为战略产业；随后出台《国务院关于促进海洋渔业持续健康发展的若干意见》，提出要"坚定不移地建设海洋强国，以加快转变海洋渔业发展方式为主线，坚持生态优先、养捕结合和控制近海、拓展外海、发展远洋的生产方针，着力加强海洋渔业资源和生态环境保护，不断提升海洋渔业可持续发展能力"。远洋渔业的拓展，还对促进中国和平外交进程发挥了独特作用。特别是在一些国家发生动乱和战争等关键时刻，中国农业发展集团渔业船队发挥了救援抢险的特殊作用。可见，海洋渔业资源可持续开发和利用，以及增强远洋渔业竞争力将是今后一段时期内发展的重点方向。

（三）南极磷虾产业链雏形基本形成

近年来，极地低温海域无污染的南极磷虾逐渐受到广泛关注。积极参与开发南极海洋生物资源是对海洋渔业持续健康发展的新要求。中国自2009/2010渔季就开始南极磷虾渔业开发了，历经10年的艰辛努力，已取得长足进步。2009年底，中国首次派两艘大型远洋渔业拖网船赴南极海域渔场作业，探捕南极磷虾，经过在南极洋区连续奋战23 d，探捕磷虾1 848 t，超额完成了93个站位的综合调查项目，取得了在南极磷虾渔场、生物资源、洋区环境、渔具改进和捕捞方法、磷虾冷冻处理等方面宝贵的第一手现场探捕资料，实现了对南极磷虾的生产性探捕。2013年，中国在南极海洋生物资源开发利用方面取得突破，专业磷

虾捕捞船"福荣海"号实现全年度连续生产，产量达 2.8 万 t。由于看好南极磷虾的市场潜力，上海水产（集团）总公司以 2 艘大型拖网渔船作为"常备力量"，定期从事南极磷虾捕捞生产。2014 年中国南极磷虾捕捞产量跃居世界第三，2015 年再上一台阶位列世界第二。2016 年中国作业渔船发展到 4 艘，占全球取得南极磷虾捕捞许可证的捕捞船的 1/3，世界第一（CCAMLR，2016），由此中国南极磷虾捕捞产量已跻身第二集团，作业渔场由 2 个扩大到 3 个，作业时间由 2 个月延长至 9 个月，实现了主要渔场和作业季节的全覆盖。2018 年全球南极磷虾产量超过 31 万 t。最近 10 年的南极磷虾捕捞量，挪威占了总量的 59%，韩国占 17%，中国占 12%（CCAMLR，2019）。得益于专业性的捕捞加工装备与技术为产业提供了支撑，以及近年来国内已涌现出一批发展较好的捕捞加工企业，中国南极磷虾产业得到较快发展，从捕捞到高附加值产品研发的新资源开发利用产业链雏形正逐步形成。

二、产业发展劣势

（一）海洋渔业资源衰退严重

海洋捕捞产量远超资源可捕量。长期以来，中国海洋捕捞渔业产量严重超过资源可再生能力，渔业资源衰退甚至枯竭的困境日趋严峻。中国近海渔业资源在 20 世纪 60 年代末已经进入全面开发利用阶段，年捕捞产量约 200 万 t，渔获物主要以大型底栖种类和近底层种类为主；到 20 世纪 70 年代，年捕捞产量达到 300 万 t，传统渔业资源急剧衰退，渔获物中传统优势种减少程度明显，随着捕捞技术的革新和渔船装备的机动化，捕捞强度不断增大，远远超过海洋渔业资源可再生能力；自 20 世纪 80 年代起过度捕捞形势不断加剧，虽然采取了相关管理措施和技术措施，但收效并不明显，捕捞强度过大的趋势并未得到遏制，传统渔业资源种类如大黄鱼、带鱼、小黄鱼等资源衰退非常严重，其中大黄鱼几乎绝迹，渔获物主要以黄鲫等中上层鱼类为主，渔业资源结构发生了较大变化；到 20 世纪 90 年代末，渤海、东海、南海主要渔业资源总体状况仍然存在继续衰退趋势（孙吉亭，2003）；到 2010 年左右，东海、渤海近海捕捞主要种类则以带鱼、海鳗、贻鱼、毛虾、梭子蟹等为主，大型食用经济鱼类比例显著下降，资源衰退程度可见一斑，海洋捕捞渔获物中至少 30% 为幼杂鱼，中国海洋捕捞渔获物已经严重低值化；在中国近海最主要的捕捞作业类型——拖网渔船的渔获物中，幼杂鱼大约占到了一半的比例。当前，对幼杂鱼的大规模捕捞进一步加剧了海洋渔业资源的破坏，主要表现为高强度利用多种食用经济鱼类的幼鱼，从而对已经过度开发的经济鱼类资源造成更大的捕捞压力，严重影响了这些鱼类的生殖、繁衍和资源总量的稳定（绿色和平，2017）。

（二）兼捕和丢弃渔获物造成浪费严重

随着海洋捕捞业的无序发展，海洋捕捞作业方式的演化与类型结构严重影响了渔业资源的可持续利用。从《中国渔业统计年鉴》数据来看，拖网、刺网和张网是目前最主要的三种作业手段，产量占海洋捕捞总产量比重超过 80%，其中拖网具有将所扫海域海洋生物一网打尽的"能力"，底拖网更是对海底生态系统造成一定负面影响。这种作业方式除了目标物种外，还会捕到其他鱼及海洋生物。这种意外渔获称为兼捕，如果在船上被丢弃回大海而不是运回岸上，则称为丢弃物。此类兼捕的数量可能比目标物种多几倍。兼捕中很大一部分通常是小型低价值鱼种，但也可能包括商品价值较高鱼种和海龟、鲨鱼、魟鱼等极脆弱物种的幼体。兼捕和丢弃物不仅可能对鱼类种群整体造成巨大经济损失，而且过量兼捕往往对渔民而言是一个问题，因为这会大大降低渔获物分拣的速度，使渔获物质量下降。同时，它还会增加燃油消耗量，从而对捕鱼活动的效益带来风险。这种行为能轻易抵消鱼和渔产品给粮食安全和营养带来的收益，且常常发生在最不应该浪费宝贵的食物和营养来源的国家。据统计，整个渔业产业的食物损失和浪费约占全球捕捞量的35%，其中9%～15%为海上鱼类丢弃物，大部分是拖网捕鱼。损失和浪费存在于从生产到消费的整条价值链上（联合国粮食及农业组织，2018）。

（三）"幽灵渔具"对海洋生态环境造成不利影响

据统计，每年全球多达80万t渔具遗弃和丢失在海洋中（中国海洋报，2019），占海洋垃圾总量的1/10左右。每年有超过10万头的鲸、海豚等动物被其缠绕致死。随着捕捞活动的日趋频繁，幽灵渔具也越来越多，给海洋环境造成极大的困扰，遗弃、丢失或以其他方式抛弃渔具会对海洋生态环境、野生动物、渔业资源和沿海社区都造成不利影响，由尼龙等塑料制成的渔网需要上百年才能被降解，对生态造成了极大的伤害。部分遗弃、丢失或以其他方式抛弃的渔具仍在捕捞目标和非目标品种，缠绕或杀死海洋动物，包括濒危品种。一些接近海底的遗弃、丢失或以其他方式抛弃渔具会对海床和珊瑚礁造成实际损害。海面上的遗弃、丢失或以其他方式抛弃渔具也会给海洋使用者带来巡航和安全危害。一旦被冲到岸上，遗弃、丢失或以其他方式抛弃渔具中无法降解的塑料垃圾会污染沙滩，这些被丢弃在海洋中的渔具需要长达600年的时间才能分解。遗弃、丢失或以其他方式抛弃渔具逐步碎裂后，还会形成微塑料（世界动物保护协会，2017）。遗弃、丢失或以其他方式抛弃渔具的回收和清理对主管部门和捕捞业来说都意味着很高的成本。"幽灵渔具"既危害海洋环境、浪费海洋中的粮食来源，也危害渔民和沿海社区的生计，成为实现零饥饿目标亟待解决的重要问题。国际社会现已形成广泛共识，应将预防措施作为减少遗弃、丢失或以其他方式抛弃渔具的优先重点，同时还要采取措施清除海洋环境中现有的此类渔具，减少其产生的有害影响。

三、产业发展潜力

（一）海洋捕捞渔业发展仍大有可为

首先，中国有着巨大的市场需求。中国有14亿人口，随着新时代人民对美好生活的追求和向往，天然健康、安全优质的海洋产品需求量将越来越大，为远洋渔业提供了巨大的市场发展空间。其次，海洋特别是远洋渔业资源仍有较大潜力。虽然一些沿海资源由于过度捕捞而局部衰退，但海洋整体上仍有大量资源潜力，特别是大量丰富的海洋中上层鱼类资源有待开发利用。据测算，海洋鱼类、藻类等生物资源在合理开发的情况下可满足全球人类的海洋蛋白需求，仅南极磷虾的资源蕴藏量就有10多亿t。远洋渔业不断发展，填补了中国过去长期在公海渔业上的空白，体现了中国在公海渔业的实际存在，主张了中国公海应有的权益，提高了中国作为主权国家在海洋资源管理、分配方面的话语权。过去金枪鱼等大洋性鱼类资源的利用，发展中国家长期被排除在外，通过中国远洋渔业的快速发展，特别是参与公海渔业的开发，在公海的资源占有份额大幅上升，从而打破了公海资源长期被西方少数国家垄断的局面。应该说海洋捕捞渔业的发展是大有可为的。

（二）工业化水产养殖需要捕捞业进行供给

全球人口不断增长，收入水平逐年提高，故水生食物供给与逐步扩大需求之间的缺口必须由水产养殖来填补。水产养殖有潜力填补水生食物供需缺口，但水产养殖的增长也带来对饲料的消耗量增加。2016 年，总产量 12% 的非食品用途鱼类中的绝大部分（约 2 000 万 t）转化为鱼粉和鱼油（74% 或 1 500 万 t），其余部分（500 万 t）主要用作水产养殖、畜牧和毛皮动物饲料的直接投饲饵料、水产养殖（如大规格鱼种）钓饵等。鱼粉和鱼油仍被视为养殖鱼类饲料中营养最丰富、消化率最高的成分，海洋原料组织（IFFO）估计每年鱼油产量中有约 75% 用于水产养殖饲料。水产养殖饲料成分多样，包括多种作物和作物副产品、野生鱼类以及鱼类和畜牧加工副产品。一些副产品（如鱼粉和鱼油）是由营养水平很高的野生鱼类提炼而成；1995—2015 年间，饲料养殖的水产品产量翻了四番，从 1 200 万 t 增至 5 100 万 t，这背后主要的推动力量是对虾、罗非鱼、鲤鱼和大马哈鱼的集约化生产模式，工业化水产养殖饲料的产量翻了六番，从 800 万 t 猛增至 4 800 万 t（联合国粮食及农业组织，2018）。养殖业所需的鱼粉或鲜活杂鱼则部分需要通过海洋捕捞业进行供给，水产养殖业大量饵料的需求随着人们收入水平和对优质生活质量的需求不断提高，以水产动物蛋白为特征的消费需求不断增加，据测算，21 世纪初仅中国海水养殖每年要用捕捞三四百万 t 小杂鱼作饵料（岳冬冬 等，2017）。随着海水养殖产量的增加，对养殖饲料和鲜活饵料的现实需求将越来越旺盛。

（三）南极磷虾开发潜力巨大

南极磷虾作为人类潜在的、巨大的蛋白质储库，是地球上最大的单种生物资源，据评估南极磷虾资源蕴藏量近 1×10^9 t，CCAMLR 规定南极磷虾每年最大可捕获量为 62 万 t，2016 年全球南极磷虾捕捞产量约为 26 万 t，占规定可捕量 42%，具有广阔的开发空间（CCAMLR，2018）。南极磷虾富含高品质蛋白、OMEGA - 3、二十二碳六烯酸 CDHA 及人体必需的全部氨基酸，具有巨大的开发和利用潜力，南极磷虾资源与中国经济发展战略布局和人类对纯天然的优质蛋白需求密切相关。在渔业资源普遍衰退的情况下，南极磷虾资源的开发受到世界各国越来越多的关注。近年来，随着国际科技投入的持续增加和技术的不断进步，世界渔业发达国家已将南极磷虾渔业打造成由高效捕捞技术支撑、高附加值产品拉动、集捕捞与船载精深加工于一体的全新性海洋生物资源开发利用产业，从而激发了世界各国的投入欲望。在"蓝色圈地"和资源抢占日益激烈的国际大环境下，加快中国南极磷虾资源开发步伐，做强、做大南极磷虾产业，对发展中国远洋渔业、培育海洋生物新兴产业、保障粮食安全和争取南极海洋开发权益具有重大意义。中国目前参与南极磷虾捕捞的大型渔船，主要依赖进口国外二手渔船或改造船，多较为老旧，几经转手才被引进国内，比如2015 年初中国开赴南极的"明开"号，船龄已经超过 20 年。2017 年，中国首艘南极磷虾船开工建造，提供了新一代磷虾捕捞解决方案（国际船舶网，2017）。同年，中国南极磷虾捕捞量约为 3.8 万 t，虽然跻身南极磷虾渔业国第二集团，但与挪威年捕捞量相比差距还很大，约为挪威捕捞量的 24%，仅占 CCAMLR 允许最大可捕量的 6%，具有很大的发展潜力。

第三节　国内外发展现状及趋势

一、海洋资源修复和保护迫在眉睫

最近几十年捕捞渔业上岸量稳定在 9 000 万 t 左右，但全球过度捕捞鱼类种群比例继续增加，2015 年超过 33%。联合国粮食及农业组织（2018）数据显示，在生物可持续限度内的鱼类种群比例呈下降趋势，从 1974 年的 90.0% 下降至 2015 年的 66.9%，与此同时，在生物不可持续水平上捕捞的鱼类种群比例从 1974 年的 10% 增加到 2015 年的 33.1%。但是，在生物不可持续水平捕捞种群百分比持续增加并不意味着世界海洋渔业在实现可持续发展目标方面原地踏步。世界形势出现分化，发展中国家产能过剩和种群状况持续恶化，而发达国家渔业管理和种群状况有所改善。发达世界海洋捕捞渔业产量从 1988 年峰值（4 300 万 t）下降至 2015 年的 2 100 万 t，降幅约 50%。相比之下，1950—2013 年，发展中国家鱼品产量持续增加。此外，2012 年发展中国家捕捞努力量（kW 天数）是发达国家的八倍且仍在增加；而发达国家捕捞努力量自 20 世纪 90 年代初持续下降，主要原因是实施了严格的法规和管理措施。自 20 世纪 90 年代末起，发达国家通过在许多管辖区域减少捕捞压力以恢复过度捕捞种群，遏制了总体生产率［单位渔获量（CPUE）］下降趋势。发达国家捕捞限制减少了国内渔业产量，降低了自给水平。为弥补产量下降以满足国内消费者的高需求量，发达国家加大了向发展中国家的鱼和渔产品进口，或在某些情况下与发展中国家签订入渔协定，允许发达国家船队进入发展中国家水域捕捞。由此产生的经济互补性以及发展中国家薄弱的管理和治理能力，拉大了发达国家和发展中国家在可持续性发展方面的差距（联合国粮食及农业组织，2018）。

世界远洋渔业发展趋势，是基于生态系统的渔业资源可持续利用和管理。美国率先提出建造海洋牧场计划，在加利福尼亚建立起海洋牧场，利用自然苗床，培育大型藻类，成效显著。全球范围加强大洋和南极渔业资源渔场的开发和常规调查，增强对渔业资源的掌控能力，开发高效和生态型捕捞技术，以最大限度地降低捕捞作业对濒危种类、栖息地生物与环境的影响，减少非目标鱼的兼捕。近年来，中国越来越重视治理和修复海洋生态环境，科学划定了养殖区、限养区、禁养区，海洋渔业水域生态环境明显好转；严格控制捕捞强度，正式出台海洋渔业资源总量管理制度，史上最严伏季休渔制度，加强海洋牧场建设与管理走高质量发展道路，海洋渔业资源急剧衰退的趋势得到有效遏制，努力推动海洋渔业可持续发展。中国海洋牧场建设起始于 20 世纪 70 年代末，主要以人工鱼礁建设和增殖放流技术为主。进入 21 世纪后，受韩国和日本海洋牧场建设的启发，以及学术界近 30 年对海洋农牧化的呼吁，国内行业部门立足于落实《中国水生生物资源养护行动纲要》要求，以政府行为推进了中国海洋牧场产业的发展（阙华勇 等，2016）。2015 年，农业部组织开展国家级海洋牧场示范区创建活动，推进以海洋牧场建设为主要形式的区域性渔业资源养护、生态环境保护和渔业综合开发。近几年，中国沿海各省市兴建了一批海洋牧场，2018 年底建成海洋牧场 233 个（微观三农，2018），并充分利用了人工鱼礁和增殖放流叠加的增殖效应，虽然重视建设期的投入，但缺乏通过长期监测对环境影响、生态效益、经济效益进行科学定量的评价，海洋牧场的管理维护不到位，产业发展效果不明显，后续的产业创新能力又不足，突出表现在优质产品的高效开发利用、现代仓储物流、现代营销体系、文化体系建设等方面，并未形成有利的产业格局，限制了整个现代海洋牧场建设的科学推进和预期效果。

二、渔船与捕捞装备高速发展

随着科学技术的进步和远洋渔业的发展，海洋渔船逐步向大型化发展，包括甲板工作机械化，驾驶、捕捞、加工、生产自动化，导航助渔电子仪器设备先进齐全。一些海洋渔业发达国大力发展大型、超大型远洋渔船。如荷兰超大型艉滑道拖网渔船，船长达 140 m，鱼舱容积达 11 320 m^3，冻结渔获物达 300 t/d。船长 83.5 m 的围网/中层拖网两用型渔船，用于捕捞并加工鲱鱼，日生产能力逾 200 t，加工剩余物可在船上生产成鱼粉和鱼油，船体设计兼顾了节油性能和良好的适航性能。此外，在超大型金枪鱼围网渔船方面也相继出现新船型，如 90 m 长金枪鱼围网渔船。随着渔船大型化的发展，所使用的网渔具主尺度和网目尺寸也越来越大。为捕捞中上层鱼类资源，渔业发达国家大力发展围网渔船与延绳钓渔船，如挪威建造了长 60 m 以上围网渔船及 45 m 长的延绳钓渔船；冰岛建造 71 m 长的中层拖网渔船及 41 m 长的延绳钓兼拖网渔船。此外，在发展捕捞中、上层鱼类渔船的同时，积极发展中、上层渔业加工业，如金枪鱼的冷冻、加工技术及相应的船上配套设备。科学技术的飞跃发展，推动捕鱼技术步入了高科技时代。在世界海洋捕鱼业中，除了改进传统的渔具渔法来提高捕鱼效率之外，还采用了现代化的捕鱼技术。新装备、新技术不断引进到渔船上应用。装备有全自动鱼类处理系统的捕捞船（船长 83.5 m），鱼能被准确定位；去头吸内脏机精确有效地去除鱼头和鱼尾；鱼片机配有视觉系统，产能为 300 尾/分钟；鱼腹切割设备和刷洗系统。世界渔具各式各样，渔具材料种类也很多。在渔业上广泛使用的合成材料有聚乙烯、尼龙、聚丙烯、聚氯乙烯、聚酯。随着化工业的进步，渔船拖力、网具度和网目尺寸的增大，网材料正向高强度发展，以应捕鱼上的需要。中、小型渔船广泛应用玻璃钢材质。近年各国玻璃钢渔船得到迅速发展，如日本的玻璃钢渔船占日本渔船总量的 70% 以上，并拥有了不少主尺度较大的玻璃钢渔船。为防止渔船报废时的污染，目前也有一些国家开始建造铝合金渔船，这也是渔船材质的新动向（贺波，2012）。

2012 年，中国正式提出海洋强国战略，中国远洋渔船也进入快速发展阶段。2012 年远洋捕捞渔船拥有量为 1 830 艘，2018 年增长至 2 654 艘（农业农村部渔业渔政管理局 等，2019）。十二五期间，中国金枪鱼延绳钓、金枪鱼围网等大型远洋渔船数量迅速增加，渔船更新改造速度也逐渐加快。2014 年初农业部出台《远洋渔船船型标准化工作方案》，联合相关渔业部门率先评定出金枪鱼、鱿鱼、秋刀鱼等 3 类渔船标准船型，远洋渔船标准化工作有了重要进展。渔船船型正在改变以往拖网渔船单一模式，为适应渔场的变化，已开始发展多种作业船型，如围、钓渔船。如中国第一艘现代化玻璃钢远洋金枪鱼延绳钓渔船，船长 30 m，球鼻艏，节能舵机，采用大直径、低转速的高效率螺旋桨，提高了船舶的耐波性。国内最先进的大型远洋金枪鱼围网船也已建造，该船船长约 70 m，设计舱容为 1 200 t，干湿舱装渔获不少于 1 100 t/d，冷冻渔获能力为 300 t（贺波，2012）。适于群众渔业的标准化节能船型逐步推广。从造船材料来看，中国渔船材料仍以钢质和木质为主，目前正在积极地发展玻璃钢渔船，虽具有一定的技术基础，但玻璃钢技术应用到远洋渔船，我们的工艺技术与日本、韩国与中国台湾地区差距很大，国内建造的玻璃钢渔船在国外连续出大事故，基本全部是技术与工艺问题造成的。中国捕捞装备主要是围绕渔船作业方式来匹配的。目前国内渔船的作业主要是：拖网、围网、流网、张网、延绳钓、鱿钓等作业方式。拖网以底拖网为主；围网以中小型围网为主；流网和张网以群众性渔船为主；延绳钓以金枪鱼延绳钓和延绳笼为主；鱿钓主要以远洋作业为主。目前中国大部分作业渔船船龄都较长，配备的捕捞装备和助渔导航等设备都相对落后，拖网作业的捕捞设备绞钢机，虽然已采用液压传动技术，但在控制技术方面和自动化方面的技术水平还相对落后，产品规格也相对较小。一般国内围网渔船的捕捞装备是采用部分机械化设备，许多作业程序还是依靠人力完成，自动化水平相对较低。针对远洋围网高效作业的需要，近两年研制出远洋围网高效捕捞成套装备，包括落地式起网机、动力滑车、并列式双滚筒起网绞机、液压离合器泵站、液压集中操作遥控系统；在国内渔船中首次采用负载敏感调速技术，提高了系统设备操作的协调性和自动化水平。综合各方面的技术都反映中国渔船及捕捞装备的技术水平与渔业发达国家相比都还有很大差距。

三、南极磷虾捕捞向生态化发展

随着船舶与捕捞技术的不断革新，挪威等发达国家南极磷虾捕捞能力大幅提升，产品类型也日趋多元化。生产方式先后有舷侧框架拖网、单船舰滑道网板中层拖网加工船，磷虾捕捞装备逐步体现高效性、生态性和自动化特点。南极磷虾捕捞装备的高效性主要体现在连续式吸捕，无须起网，利用多顶舷侧拖网和围拖网，配套高效吸鱼泵，边拖曳边将捕获的磷虾及时吸捕上船。生态性主要体现在捕捞南极磷虾网具设计的选择性上，在拖网网身部位增加分隔网片和逃逸窗口，使哺乳动物和大型水生动物自然释放，实现高效与生态捕捞的有效结合。目前，日本、韩国在高效捕捞方面采用磷虾吸虾泵高效捕捞技术，在磷虾拖网网具的网形控制方面，除起、放网实现电液控制自动化外，在拖网过程中实现了曳纲平衡控制及网具形状控制，同时结合助渔仪器探测信号实现作业水层的自动调整，捕捞效率很高。挪威是目前捕捞加工效率、效益最好的国家，其建造的SAGA Sea船是目前世界上专业化程度最高、技术最先进的大型磷虾捕捞加工船，捕捞效率较传统拖网高50％以上。水下连续泵吸捕捞技术针对南极磷虾集群性强、虾群延绵范围大的特点，利用吸虾泵和安装于囊网的柔性管道在水下即可将拖网捕获的鲜活磷虾源源不断地输送至船上，从而避免了起、放网的烦琐作业程序，既大大降低了劳动强度、节省了时间、提高了捕捞效能，又保证了磷虾渔获的品质。国外在加强南极磷虾等深远海渔业资源探测调查和开发利用的同时，积极推动船舶工业技术、信息技术在专业南极磷虾捕捞船上的应用，利用电子信息与装备制造技术的发展契机，其海洋渔业装备工程技术基本实现了与船舶工业的同步发展。以挪威专业磷虾捕捞船"Antarctic sea"号为例，其配置了专业化的鱼群探测仪器和基于卫星通信的信息化管理系统。目前，世界各国对南极磷虾等极地渔业资源开发利用日益关注，在加强南极磷虾资源探测调查和开发利用的同时，不断推动南极磷虾渔船专业装备技术的发展，磷虾捕捞船朝大型化、专业化、信息化方向发展。为适应极地环保和生态管理的要求，全力推进综合节能技术、捕捞装备信息化—三位一体探测技术以及连续式高效生态捕捞方式、专业化自动化船载精深加工生产模式也会不断得到应用。通过声学数字化技术、多波束技术研究，进行磷虾远距离和深水资源探测与跟踪。在高效生态捕捞问题方面，利用渔业选择性捕捞和自动化控制技术，实现南极保护性水生动物误捕有效释放以及远距离深水区磷虾连续吸捕（谌志新 等，2019）。

中国南极磷虾资源调查与评估是随着 20 世纪 80 年代南极科考的开展而逐步展开的，中国渔业资源声学评估和极地遥感探测技术研究，相对比较系统，也不断取得了重大成果。但支撑中国极地等深远海渔业资源探测装备技术的研究严重滞后，适应现代远洋捕捞鱼群探测和资源评估的高端声学探测仪器，国内尚处于空白状态。目前，中国南极磷虾资源探测仪器全部依赖国外鱼探仪或分类波束科学鱼探仪。中国开展的南极磷虾探捕工作主要集中在渔场现场调查及探捕，极地生物资源的遥感探测还处于起步阶段。捕捞装备与技术方面，中国研发了 DH－256 型南极磷虾专用拖网网具和浅表层低速磷虾拖网水平扩张网板，经试用，捕捞效果较以往有明显提升，已接近日本渔船的捕捞水平；研发的六片式结构 BAD13B00－TN01 型南极磷虾拖网，平均能耗系数为 0.81（kWh/10^4 m^3），但与挪威等国先进的吸虾泵连续捕捞技术仍有差距。围绕南极磷虾连续捕捞系统，进行潜水式吸虾泵原理研究与结构设计，通过计算流体动力学（CFD）分析方法，开展吸虾泵抽吸能力的分析与计算，并建立了南极磷虾泵模拟实验系统，验证了技术的可行性，但技术研究还需进一步完善，距产品样机市场化还有一定距离（谌志新 等，2019）。由于中国南极磷虾产业起步晚，技术基础和积累少，加之知识产权壁垒，所以中国南极磷虾船以引进国外二手大型拖网船为主，经简单改造而投入磷虾捕捞产业，缺乏专业化的系统技术与装备，产品研发与市场开发落后，船上加工生产的核心技术不能全部掌握，生产工艺落后，捕捞效率和加工能力远低于发达国家。综上所述，经过中国磷虾渔业启动以来近 10 年来的研究，已对南极磷虾产业的基本情况、关键技术点和产业发展趋势有了基本的了解，在若干环节上取得了一定进展，并积累了一些经验，但与国际先进水平相比仍有巨大差距，亟须奋起直追。

第四节 发展建议

一、加快"负责任"捕捞技术与装备创新

新型拖网技术在中国近海和远洋渔业中都发挥着重要作用，随着对海洋生态环境保护意识的不断增强，有必要对拖网技术不断进行改进，避免拖网网具与海洋生态环境的负面接触，提高拖网的选择性，减少非目标渔获物的丢弃。设计建造绿色能源为基础的大型捕捞加工、离岸养殖渔船，提高捕捞、船载加工以及离岸养殖与服务等船只作业过程的燃油效率，降低生产成本，减少温室气体排放。渔用新材料与工艺的发展可促使渔具结构和规模发生根本的变化，推动捕捞业的发展。保护渔场生态、降低捕捞生产的能耗以及确保渔业生产的安全将是渔具材料与工艺研究的必然趋势。制定渔具选择性、渔具渔法准入和标准，研发高强度、低能耗、功能性和适配性等高性能渔用新材料，以及可生物降解的绿色环保型渔用材料，有利于提高渔具性能与作业效率、降低生产能耗并解决因网具丢弃而产生的"幽灵捕捞"，为中国远洋捕捞业向低碳和海洋友好方向发展提供材料和装备方面的技术支撑。

二、完善生态化海洋牧场建设

海洋牧场产业是一项需要长期开发、长期研究的大型综合性产业，需要国家在宏观政策

和保障措施上将其作为一项长期的战略性产业进行扶持，并保持宏观政策的连续性。应做好海洋牧场建设顶层设计，制定中长期海洋牧场发展规划纲要；根据产业链发展需要，设置专项研究经费对产业链关键技术实施科技攻关，及时将产业链技术转化为科研成果或专利，确立中国在该领域的知识产权；加强海洋牧场生态系统结构组成和能流传递等生态修复与资源养护机理机制的研究，从生态系统角度来评价海洋牧场的建设与管理；建立和实施海洋牧场的物权化管理，使从业者共同参与海洋牧场的管理，为海洋牧场的建设、维护建立制度保障，实现海洋牧场的企业化运营，多途径吸引企业运营海洋牧场，探索渔业资源生态修复与产业发展和渔民增收并重的海洋牧场发展道路，因地制宜营造海洋生物栖息地并构建海底景观，开展海洋牧场自动监控系统、休闲渔业平台、海上增养殖设施等配套建设，与旅游结合打造景点，发展休闲渔业（阙华勇 等，2016）。

三、科学规划南极磷虾与极地渔业发展

随着经济全球化步伐的加快，中国资源紧缺的矛盾正逐步凸显，拓展渔业空间，开发新资源，发展远洋渔业已成为中国渔业可持续发展的必由之路。在现今"存在就是权益"的公共资源开发背景下，大力开发极地南极磷虾及极地资源符合了海洋战略具有全局性、长期性和前瞻性等特征，对中国争取南极资源开发长远权益具有重要的战略意义。因此，应结合中国的实际，学习他国的先进经验，针对极地渔业及相关国际渔业管理组织，开展相关研究，制定相应的发展战略，为极地渔业的发展提供支撑。极地渔业的发展涉及面广，因此我们要统筹全局考虑，规划整个渔业行动。通过积极加入极地渔业管理组织，参与讨论极地资源开发与保护策略，提出中国参与极地渔业资源开发利用方案，维护中国的合法权益。围绕制约中国南极磷虾资源规模化开发的关键设备问题，进行捕捞和船载加工一体化设计；通过体制机制创新和科技创新，进一步优化资源配置；加强产学研结合，突破和掌握一批关键核心技术；不断提高极地产业化水平和企业竞争力，加大国内外市场开发力度等，推动中国极地产业的发展。

参考文献

谌志新，王志勇，欧阳杰，2019. 我国南极磷虾捕捞与加工装备科技发展研究 [J]. 中国工程科学，21
  （06）：48-52.

国际船舶网，2017. 我国首艘南极磷虾船建造进行时 [EB/OL]. （2017-07-22）[2017-07-22]. http：//
  www. eworldship. com/html/2017/NewShipUnderConstruction_0722/130301. html.

贺波，2012. 世界渔业捕捞装备技术现状及发展趋势 [J]. 中国水产（05）：43-45.

联合国粮食及农业组织，2018. 2018 世界渔业和水产养殖状况：实现可持续发展目标 [R]. 罗马：联合国
  粮食及农业组织.

绿色和平，2017. 中国海洋幼杂鱼捕捞现状及对中国可持续渔业发展的启示 [R]. 北京：绿色和平组织.

农民日报，2019. 大国渔业的崛起——新中国渔业七十年回眸 [EB/OL]. （2019-12-23）[2019-12-23].
  http：//www. cappma. org/view. php? id=4195.

农业农村部渔业渔政管理局，全国水产技术推广总站，中国水产学会，2019. 2019 年中国渔业统计年鉴
  [M]. 北京：中国农业出版社.

阙华勇，陈勇，张秀梅，等，2016. 现代海洋牧场建设的现状与发展对策 [J]. 中国工程科学，18（03）：

79 -84.

世界动物保护协会，2017. 收缴幽灵渔具，让濒危海洋动物远离痛苦与折磨［EB/OL］.（2021 - 01 - 20）
　　［2017 - 11 - 20］. https：//baijiahao. baidu. com/s? id＝1584547478779963984&wfr＝spider&for＝pc.

孙吉亭，2003. 中国海洋渔业可持续发展研究［D］. 青岛：中国海洋大学.

微观三农，2018. 打造海上"绿水青山""金山银山"——我国海洋牧场建设成效初显［EB/OL］.（2021 -
　　02 - 10）［2018 - 12 - 29］. http：//www. sohu. com/a/285534052 _ 669627.

岳冬冬，王鲁民，朱雪梅，等，2017. 中国海洋捕捞渔业供给侧存在的问题与改革对策［J］. 中国农业科技
　　导报，19（07）：17 - 26.

中国海洋报，2019. 全球每年废弃渔具达 80 万 t［EB/OL］.（2021 - 09 - 15）［2019 - 04 - 12］. http：//
　　www. oceanol. com/guoji/201904/12/c86265. html.

CCAMLR，2016. List of Authorised Vessels［EB/OL］.（2021 - 03 - 16）［2016 - 07 - 16］. https：//
　　www. ccamlr. org/en/compliance/licensed - vessels.

CCAMLR，2018. CCAMLR Statistical Bulletin，Vol. 30［EB/OL］.（2021 - 05 - 09）［2018 - 10 - 30］. ht-
　　tps：//www. ccamlr. org/en/data/statistical - bulletin.

CCAMLR，2019. Krill Fishery Report 2018［EB/OL］.（2022 - 01 - 10）［2019 - 04 - 30］. https：//
　　www. ccamlr. org/en/publications/fishery - reports.

第六章　高值化水产加工业与三产融合

水产品加工不仅是水产业的推动力量，而且是整个水产业发展的引领和牵引力量，是提升渔业价值链、延长产业链的主要领域，是一二三产业融合发展的关键环节。目前中国水产品加工业生产方式仍较粗放，对水产品原材料、工人、资本等外在要素投入依赖性较高，机械化、自动化程度低，成套加工生产线少，仍属于劳动密集型产业，需要加快发展水产智能化精深加工，提升水产品附加值，推动三产融合。

第一节　战略地位

一、水产品加工是中国渔业的重要发展方向

水产品加工包括以鱼、虾、蟹、贝、藻等的可食用部分制成冷冻品、腌制品、干制品、罐头制品和熟食品等的食品加工业和以食用价值较低或不能食用的水产动植物以及食品加工的废弃物等为原料，加工成鱼粉、鱼油、鱼肝油、水解蛋白、鱼胶、藻胶、碘、甲壳质等的非食品加工业。根据联合国粮食及农业组织数据统计，2016 年，1.71 亿 t 鱼类总产量中约88％或超过 1.51 亿 t 直接用于人类消费。该比例在最近数十年大幅增加，20 世纪 60 年代时为 67％。2016 年，占总产量12％的非食品用途鱼类中的绝大部分（约 2 000 万 t）转化为鱼粉和鱼油（74％或 1500 万 t），其余部分（500 万 t）主要用作水产养殖、畜牧和毛皮动物饲料的直接投饲饵料、水产养殖（如鱼种或大规格鱼种）钓饵、制药材料或观赏品（联合国粮食及农业组织，2018）。水产品加工和综合利用是渔业生产的延续，它随着渔业捕捞和水产养殖的发展而发展，并逐步成为中国渔业内部的三大支柱产业之一。水产品加工业的发展对于整个渔业的发展起着桥梁纽带的作用，不仅提高了资源利用的附加值，而且还安置了渔区大量的剩余劳动力，并且带动了一批相关行业如加工机械、包装材料和调味品等的发展，具有明显的经济效益和社会效益。由于传统捕捞渔业已达到最大产量水平，发展水产养殖成为填补水产品供需缺口的重要途径。与此同时，发展水产品加工也是支撑中国渔业发展的重要发展方向。

二、水产品加工业是发展深蓝渔业的重要支撑

随着近海渔业资源的日益枯竭以及国家对环境保护力度的逐渐加大，海洋渔业向深远海延伸将是一种必然趋势，大力发展深远海渔业符合国家战略需求和行业发展需要。远洋捕捞、极地渔业和深远海养殖是获取深远海渔获的主要途径。但是，水产品也高度易腐，几乎比任何其他食物更快地腐烂，很快就不适合食用并可能通过微生物生长、化学变化以及分解内在酶而危及身体健康。因此，水产品的捕捞后处理、加工、保存、包装、存储对策和运输要求特别谨慎，以便保持质量和营养特性，避免浪费和损失。保存和加工技术可减少腐烂发

生的速度，使水产品能在世界范围流通和上市。这类技术包括降温（冷鲜和冷冻）、热处理（罐装、煮沸和熏制）、降低水分（干燥、盐腌和熏制）以及改变存储环境（包装和冷藏）（联合国粮食及农业组织，2016）。深蓝渔业的特点是远洋捕捞和深远海养殖作业都远离陆地，除金枪鱼、南极磷虾等少数种类水产品经一定的加工处理后冷冻保鲜外，大部分的渔获仍然是直接冷冻贮藏后运回陆地进行销售和后续加工，在贮运过程中容易造成损耗大、品质下降、冷冻能耗高等问题。同时，深远海工业化大规模的鱼类养殖产业需要营养物质生产体系的支持，主要包括深海生物资源开发和高效饲料生产，是与深远海养殖协同发展的渔业新产业，需要针对适养品种的生理生长要求，开发高转化、低排放的全价配合饲料，以高效利用海洋低值大宗渔业资源。因此，对水产品进行高值化精深加工，提高水产品原料和副产物的利用率，在渔业资源衰竭和优质蛋白需求增长的情况下更为迫切，水产品加工业是深蓝渔业发展的重要支撑。

人们对美好生活的向往，为海洋水产品产业提出了更高的要求。中国海洋渔业是海洋经济主要产业之一，2017 年中国海洋渔业在主要海洋产业增加值中占比 14.7%（国家海洋局，2018），尤其以海洋生物医药业等新兴产业，成为蓝色经济的重要组成部分。以高品质南极磷虾粉为基础开发磷虾油、磷虾蛋白作为膳食营养补充剂和功能性食品，实现了南极磷虾的高值化综合利用，保健品及医药生物制品更是拉动南极磷虾产业发展的强大驱动力。开发更多适合国内市场销售的新型优质水产品，走差异化发展之路，积极地推动海洋水产品产业的供给侧结构性改革，促进海洋渔业经济产业结构调整与升级转型已势在必行。深蓝渔业以其工业化可持续的生产模式可以成为海洋渔业经济增长的新支柱，通过提升高值化水产品加工业，构建覆盖全产业链的深蓝渔业新型生产模式，既可以充分挖掘海洋在食物供给等方面的资源优势，又能够促进一二三产业融合，提升价值链延长产业链，提高渔业国际竞争力，有力推进海洋经济成为拉动中国国民经济发展的有力引擎（徐琰斐 等，2019）。

第二节　业态分析

一、产业发展优势

（一）产业结构逐步优化

海水加工产品主要包括水产冷冻品、鱼糜制品及干腌制品、藻类加工品、罐制品、水产饲料（鱼粉）、鱼油制品和其他水产加工品。党的十九大明确指出要"深化供给侧结构性改革"。在国家调控之下，行业进入了调整阶段，更加注重发展质量。近年来，中国海洋水产品的加工能力的稳步增长，产业结构由初步加工、粗加工向精深加工、营养健康方向发展转型。近年来，随着中国渔业资源不断束紧、养殖发展空间不断缩小、生产成本不断提高，水产品加工行业改变了盲目追求规模扩张、资源消耗和产量增大的粗放型发展方式，逐步转向依靠科技创新、重视资源环境健康和追求品牌品质的绿色发展方式中来。从海水加工产品结构来看，2017—2018 年，水产冷冻品占中国海水加工产品的比重变动最为明显，2018 年，水产冷冻品比重上升至 70.24%，较 2017 年上升 2.52 个百分点。2018 年，鱼糜制品及干腌制品、藻类加工品、罐制品、水产饲料（鱼粉）、鱼油制品、其他水产加工品的比重分别为14.28%、5.13%、1.65%、3.01%、0.34%、5.35%（农业农村部渔业渔政管理局 等，

2019）。通过优化海洋水产品产业的产品品种、品质结构，缓解海洋水产品供需矛盾，增加绿色优质安全海洋水产品供给，海洋食品产业发展的质量效益和竞争力不断提升，海洋水产品产业向质量效益型转变。

（二）三产融合关键产业

水产品加工业上接水产养殖业，下连水产品物流业和服务业，不仅是水产业的推动力量，而且是整个水产业发展的引领和牵引力量，是提升渔业价值链、延长产业链的主要领域，是实现第一产业和第三产业高效发展的重要关联产业，是一二三产业融合发展的关键环节。根据产业经济学研究，如果第二、三产业的增长速度快于第一产业的增长速度，则表明该产业的产业高度有所提高，在中国第二产业内部以水产品加工业为主导产业，因此水产品加工业的发展水平影响中国渔业产业发展和一二三产业融合的进程。水产品加工业的发展如果与优势水产品生产基地建设和流通市场紧密结合，实行加工带基地、流通促加工，这样深层次、多系列的水产品精深加工，不仅能够加快初级水产品转化，拉动水产养殖业的深度发展，优化水产品区域布局，而且通过提高水产品的综合利用，提升经济附加值，为第三产业的发展提供了具有较好市场前景的营销产品，延伸渔业产业链条，有助于渔业产业结构的优化整合。

（三）水产品加工业规模不断扩大

随着中国渔业产业的长足进展，水产品加工业也取得了突破性的进展。中国水产品加工目前已形成一大批包括鱼糜制品加工、紫菜加工、烤鳗加工、调味制品、罐装和软包装加工、干制品加工、冷冻制品加工和保鲜水产品加工、鱼粉、海藻食品、海藻化工、海鲜保健食品、海洋药物、鱼皮制革及工艺品在内的现代化水产品加工企业，这些企业成为中国水产行业迅速发展以及与国际市场接轨的主要动力和纽带。随着国内消费需求日益旺盛和国际水产品消费市场的拉动，中国水产品加工出口高速发展，加工企业数量快速增加，加工业规模不断扩大。根据农业农村部渔业渔政管理局发布的《中国渔业统计年鉴》数据，中国海洋水产品加工企业数由 1979 年的 52 家快速增加到 2018 年的 9 336 家，加工能力提升至 2 892 万 t/年，拥有冷库 7 957 座。2018 年海水产品总量为 3 301 万 t，其中用于加工的海水产品总量为 2 099 万 t，占比为 63.6%（农业农村部渔业渔政管理局，2019）。随着中国国民经济的发展和科学技术的进步以及国外先进生产设备及加工技术的引进，一批具有活力的水产品加工龙头企业涌现出来，中国水产品加工技术、方法和手段已发生了根本性的改变，水产加工品的技术含量与经济附加值均有了较大的提高。

二、产业发展劣势

（一）国内日常消费仍以鲜活鱼为主

活体、新鲜或冷藏通常是最受欢迎和价格最高的鱼品形式，在直接供人类消费鱼品中占最大比重，2016 年占 45%，其次是冷冻（31%）、制作和防腐（12%）以及加工处理（干制、腌制、卤制和发酵熏制）（12%）。在发达国家，供人类消费的多数鱼品以冷冻、制作或防腐形式零售。在这些国家，冷冻鱼品所占比例从 20 世纪 60 年代的 27%，增加到 20 世纪 80 年代的 43%，2016 年达到 58%。制作和防腐形式鱼品占 26%，加工处理形式的鱼品占 12%。在发展中国家则有很大不同，虽然加工、冷藏、制冰和运输技术的进步，为增加更多样化产品形式的鱼品销售和流通创造了条件，供人类消费的冷冻形式的鱼品（从 20 世纪 60 年代的 3％增加到 20 世纪 80 年代的 8％，并进一步增加到 2016 年的 26％）以及制作或防腐形式的鱼品占产量的比重增加（从 20 世纪 60 年代的 4％增加到 2016 年的 9％），发展中国家仍主要消费捕捞上岸后或水产养殖收获后不久的鲜活鱼品（占 2016 年供人类消费鱼品的 53％）（联合国粮食及农业组织，2018）。以中国为例，中国 2018 年水产品总产量为 6 457 万 t，同期水产品加工品总量为 2 156 万 t，加工水产品比例为 33％（农业农村部渔业渔政管理局 等，2019），总体上水产品加工比例比较低，水产品消费仍以鲜活品为主。

（二）水产品加工机械化装备技术落后

面对人口红利的渐失，未来海洋食品加工模式向自动化、智能化发展也是不可逆转的趋势。目前，水产品加工企业使用的加工装备约 50％处于 20 世纪 80 年代的水平，40％左右处于 20 世纪 90 年代水平，只有不到 10％装备达到或接近世界先进水平（欧阳杰 等，2017），远低于国家对农业综合机械化率中长期发展规划提出的目标要求。尽管近年来中国水产品加工技术与装备水平日益提高，提升了生产效率和质量。然而，与发达国家相比，中国海洋水产品加工装备在创新能力、制造水平以及智能化和规模化等方面存在较大差距，自主创新能力和制造水平相对低。机械制造业水平还比较落后，加工精度不高、导致生产的加工装备精度较低、故障率高，影响了生产的连续性，造成生产效率偏低。长期以来，中国的海洋水产品加工仍以劳动密集型产业为主，机械化水平较低，尤其缺乏智能化、规模化和连续化水平高的精深加工装备与成套装备，冷链流通不完善，高新技术装备长期依赖高价进口和维护。中国专业从事海洋水产品加工专用设备研发的机构少，且由于设计和制作周期较长、研发成本高等原因，企业不愿参与共同研发，导致加工装备远远落后于加工工艺的更新速度，进一步使得企业不得不依赖于外国成熟的高深设备。中国目前参与南极磷虾捕捞的大型渔船，主要依赖进口国外二手渔船或改造船，多较为老旧，几经转手才被引进国内，比如 2015 年初中国开赴南极的"明开"号，船龄已经超过 20 年，船载加工效率、产品品质方面均远低于国际先进水平。

（三）水产品综合利用率有待提高

鱼品加工业的发展产生了越来越多的鱼杂和其他副产品。例如鱼品加工时会有鱼头、内脏、鱼鳞和鱼骨等废弃物，蟹和虾加工会产生大量的虾头和蟹壳、虾壳等。这些鱼杂和其他副产品可能占工业加工中所使用鱼品的 70％。鱼副产品往往作为废料丢弃，或者直接用作水产养殖、畜牧、宠物或毛皮动物生产饲料，或用于鱼贮和肥料，对其中具有高价值的成分尚未充分利用（联合国粮食及农业组织，2018）。近年来，中国海洋水产品加工利用有了长足发展，但是从整体上来讲，中国海洋水产品加工层次较低，品种比较单一。以欧美等发达海洋食品强国为例，其海洋食品深加工比例高达 70％，而中国却仅为 35％（张荣彬 等，2017）。目前，中国海洋食品的主要加工形式为冷冻品、冷冻加工品、鱼糜制品及干腌制品，以上四种形式的制品占水产品加工总量的 80％。其中，仅进行冷冻的初级加工产品占水产品加工总量的 32.5％，而 40％～60％下脚料等低值海洋生物资源（如鱼骨、内脏等），或被废弃或仅作为饲料使用，造成海洋生物资源的严重浪费（张荣彬 等，2017）。初级加工品的加工大量依靠机械脱水、制罐加工、浸渍加工和初步浓缩等传统工艺，对真空冷冻干燥、生物发酵、高纯度制备等新技术应用仍相对较少，比如金枪鱼质量保真与精深加工、南极磷虾精深加工及产业化等与欧美等发达国家和地区相比仍有不小差距。

（四）水产品质量安全问题

食品安全始终是关系中国国民经济发展、社会稳定和国家自立的全局性重大战略问题。近年来，海洋食品产业保持着快速稳定的发展势头，销售区域也从传统的沿海地区逐渐向内地市场扩展，消费群体越来越大。然而，高速增长的背后，海洋食品产业所暴露出的问题也愈发严重。主要问题有：一是渔业生产者的质量安全意识还是比较淡薄，生产条件低下，市场竞争不够规范；二是缺乏完善的法律支撑体系和约束机制；三是渔业投入品的管理和使用比较混乱；四是海洋食品检测体系不够完善；五是渔业环境污染严重（黄家庆，2003）。相对于陆源食品而言，海洋食品的质量安全把控难度较大，主要原因包括：一是海洋环境作为污染物的最终环境归宿，安全危害因子众多，容纳了微生物、生物毒素、药物残留、有机污染物、重金属等大量有毒有害风险因子，造成海洋食品风险来源途径复杂、可控性差；二是海洋生物种类繁多，种属间风险程度不一；三是生产周期和产业链条较长，海洋食品风险管控环节增多。总之，海洋生态环境、水产养殖以及贮藏加工、物流与销售等海洋食品全产业链的诸多环节对海洋食品质量与安全都可能产生重大的影响。

三、产业发展潜力

（一）对优质动物蛋白需求扩大

鱼和鱼产品是营养物及微量营养素的宝贵来源，对多样健康膳食具有根本性的重要意义，因而在保障全球营养和粮食安全方面发挥重要作用。全球人均鱼类食品消费量由 1961 年的 9.0 kg 增至 2015 年的 20.2 kg，年均增长约 1.5%。2016 年和 2017 年初步测算结果表明，人均消费进一步提高，分别达到 20.3 kg 和 20.5 kg 左右（联合国粮食及农业组织，2018）。最近数十年鱼类产品消费量增加且实现商业化的同时，人们日益重视提升食品品质、安全和营养并减少浪费。随着人民生活水平的提高及健康意识的提升，对动物蛋白以及基于 Omega－3 的功能食品的需要将不断增长。中国海洋水体营养丰富，生物种类多样，具有较大的开发潜力。2018 年，中国海洋水产品产量达到 3 301 万 t，占水产品总量的约 51%，相当于中国肉类和禽类年总产量的 30%，是中国食物供应的重要组成部分，为了保障中国食物安全，实现 95% 的自给目标，必须"陆海统筹"解决中国的食物安全问题。海洋水产品营养丰富，是国际公认的优质动物蛋白来源。然而海洋水产品的摄入并不均衡，相比沿海地区，内陆地区的人均消费量差距明显。防腐加工和包装技术可减少变质率，提高原材料利用效率、效果和利润率，使用于食品或非食品用途的鱼类得以从鲜活生物到更复杂制品等一系列产品形式在各地流通和销售，在刺激鱼类消费、保障全球粮食安全方面发挥重要作用。通过开发建立高效的海洋生物资源开发、加工技术体系，不仅能增加海洋水产品的有效供给，还可以满足城乡居民消费水平不断增长和消费模式多样化发展的需求，鱼和鱼产品贸易也能为全球各地各行各业的千百万人创造就业和增加收入。随着中国"海洋牧场""蓝色粮仓"等战略的实施，能够切实满足城乡居民对改善膳食结构、获得优质蛋白的迫切需求，海洋食品产业也必然在保障中国粮食安全中发挥越来越重要的作用。

（二）国内外消费市场潜力巨大

鱼和鱼产品是全球交易量最大的食品，全球大部分国家都报告开展了鱼类贸易。2016

年，全球鱼类产量约有 35％以各种形式进入国际贸易，或供人类消费，或用于其他非食用的用途（联合国粮食及农业组织，2018）。中国早期消费水平较低，水产品大都出口。经过多年的发展，国内水产品消费量有了很大的增长。随着中国水产品总量的迅速上升，"吃鱼难"问题得到了有效缓解。近年来，随着国家经济的发展，人们可支配收入的增加，人们的消费观念也正在发生改变，绿色、健康、营养的水产品正日益受到人们的青睐，水产品供给又面临着新的"质量型、健康型需求"问题，市场对营养价值高、肉质细嫩、口感好、品种更为多样化的健康食品——特种水产品的消费需求将呈现不断上升的趋势，如三文鱼、扇贝、龙虾、海参等海水产品，黄鳝、中华鳖等特种水产品，正越来越受到市场的欢迎。水产品消费在食物消费中的地位逐渐提高，水产品能力提升明显，这种消费方式的转变有利于水产品加工业的发展。近几十年来，鱼和鱼产品国际贸易迅猛发展，后面的大背景是全球化进程纵深发展，贸易自由化和技术进步驱动全球经济大规模转型，随着全球化向前推进，限制货物、服务、资本和劳动力流动的贸易壁垒将广为减少，甚或消除，将进一步促进水产品消费和加工业的发展。中国是鱼类的主要生产国，自 2002 年起便一直是鱼和鱼产品的最大出口国，自 2011 年起，中国成为全球第三大鱼和鱼产品进口国；其中一部分原因是中国大量进口鱼品用于加工和再出口。另外，收入水平提高、消费习惯变化也为非本地生产品种创造了很大的市场空间。2017 年，中国鱼和鱼产品出口额达到 205 亿美元，比 2016 年增长 2％，比 2015 年增长 4％（联合国粮食及农业组织，2018）。

（三）海洋生物资源利用前景广阔

水产品加工业的发展产生了越来越多的鱼杂和其他副产品；这些鱼杂和其他副产品可能占工业加工中所使用鱼品的 70％（Olsen et al.，2014）。过去，鱼副产品往往作为废料丢弃；直接用作水产养殖、畜牧、宠物或毛皮动物生产饲料；或用于鱼贮和肥料。然而，过去20 年鱼副产品的其他用途日益获得关注，因为鱼副产品是重要营养来源，随着加工技术改良，目前可更高效地加以利用。在一些国家，鱼副产品使用已发展成重要产业，且日益重视以可控、安全和卫生方式处置鱼副产品。由于消费者偏好以及鱼副产品收集、运输、储存、处理、加工、使用和处置相关卫生规定，鱼副产品通常仅在进一步加工后上市。鱼副产品可用于一系列用途。头部、骨架、鱼片和鱼皮可以直接用作食品或加工成供人类消费的产品，含肉量极少的小型鱼鱼骨在一些亚洲国家作为小吃食用。副产品也用于生产饲料（不仅是鱼粉和鱼油）、生物柴油和沼气、特殊饮食产品（壳聚糖）、药品（包括油）、天然色素、化妆品和其他工业工艺的成分。内脏等一些副产品，极易腐败，因此需在新鲜时加工。鱼内脏和骨架是潜在附加值产品来源，如用于食品补充剂以及生物医学和营养添加剂食品行业的生物活性肽（M & K，2012）。鱼油是长链多不饱和脂肪酸（PUFA）的最重要来源；人类膳食中的长链多不饱和脂肪酸对维持一系列身体关键机能至关重要。近年来，许多研究人员正在寻找长链多不饱和脂肪酸替代来源，包括大型海洋浮游动物种群，如南极磷虾（*Euphausia superba*），尤其是南极磷虾对人体健康非常有益，蛋白含量很高，具有特殊的磷脂型 Ω-3 多不饱和脂肪酸和虾青素，是非常好的保健品原料来源；其高附加值的特点为商业化开发提供了良好的前提，在营养保健、食品和美容市场潜力巨大。人们也日益关注若干海藻物种的营养价值，因其富含维生素、矿物质和植物蛋白，海藻和其他藻类也用作食物、动物饲料、肥料、药品和化妆品等。

第三节 国内外发展现状及趋势

一、海洋水产品加工发展快速

国外发达国家水产品加工比国内起步要早，水产加工品种类更多，品质更优，产业链更成熟。如挪威三文鱼因其品质优良，营养丰富，深受消费者欢迎，其养殖产量约占世界总养殖产量的40%，在国际市场上有绝对的市场占有率和话语权。围绕三文鱼产业，挪威政府在现代化养殖、育种、新产品开发、加工自动化等方面投入了大量的资源，形成了完整而高效的产业链，促进了挪威三文鱼产业的健康发展；鱼油加工方面，日本及欧美发达国家代表了当今世界最高水平，并形成了较完善的鱼油深加工产业链；鱼糜及制品加工方面，国外20世纪60年代成功开发了冷冻鱼糜，对鱼肉蛋白质的生化研究推向热潮，大大促进了鱼糜加工技术和产业的发展，加快了鱼糜制品向高品质、富营养化发展。

随着社会经济发展和人民生活水平的不断提高，人民对美好生活的向往促使人们膳食结构向高蛋白、低脂、营养健康方向调整，从而促进中国海洋食品产业发展焕发蓬勃生机，并在整个食品产业中占有特殊地位。在改革开放的40年间，中国海洋食品产业科技发生巨大变化，伴随科技进步，中国海洋食品产业从以较低技术水平的加工出口带动型逐步向内涵式发展转型升级并带动了一二三产业融合发展，取得丰硕成果。近年来，中国海洋水产品的加工量和加工率持续稳定增长，用于加工的海洋水产品总量由2010年的1 351万t增加至2018年的2 892万t，海洋水产品加工率由2010年的48.3%增加至2018年的57.9%（农业农村部渔业渔政管理局 等，2019）。中国海洋水产品产业逐渐形成了全国沿海一条线、产业一条链的产业格局。随着中国海洋水产品加工产业规模竞争优势显现，产业布局集聚效应形成，与此同时，中国海洋食品产业结构也在不断调整完善。中国的海洋食品产业主要包括鲜活水产品、水产冷冻品、腌干制品、罐头制品、调味制品、鱼糜制品、鱼油、海藻食品、海洋保健食品等若干个行业门类。自80年代以来，中国海洋食品加工产业较长时间处于初级加工阶段，海洋食品以销售海洋渔业原料为主，包括鲜活产品及冷冻产品。冷冻品、冷冻加工品、鱼糜制品及干腌制品是主要的加工形式，占水产加工总量的80%，其中海洋食品中约50%左右是水产冷冻品。

二、南极磷虾加工向高值化发展

南极磷虾富含Omega-3多元不饱和脂肪酸、蛋白质、虾青素等营养成分，是生产加工高附加值功能食品、药品和高端饲料的重要原料。世界上对于南极磷虾的开发利用始于20世纪70年代，已有超过40年历史。目前从事南极磷虾渔业的国家主要有挪威、韩国、中国、乌克兰、波兰、智利等（陈雪忠 等，2009）。南极磷虾特殊的理化特性决定了磷虾加工产业是一种海陆接力型产业。磷虾壳中氟含量很高，需脱壳处理才能规避食品安全风险；磷虾中消化酶系发达，易自溶，须在捕捞后尽快加工（谈俊晓 等，2017）。国外先进的专业磷虾船除生产小部分冻磷虾外，还在海上直接进行不同程度的加工，主要产品为提取虾油用磷虾粉和饲用磷虾粉，以及少量磷虾磷脂粉、水解蛋白等产品。以海上船载加工初级产品为原料再经陆基精深加工，优质磷虾粉提取磷虾油，脱壳磷虾肉是优质蛋白食品原料可制成多种畅销食品，饲料级磷虾粉用于生产优质水产养殖饲料。随着深加工技术的不断成熟和进步，国际上南极磷虾的开发产品呈现多元化、高附加值化发展的趋势。保健品及医药生物制品的需求是拉动南极磷虾产业发展的强大驱动力，以高品质南极磷虾粉为基础开发磷虾油、磷虾蛋白作为膳食营养补充剂和功能性食品，最大化实现南极磷虾的高值化综合利用。目前世界范围对南极磷虾开发进入高附加值南极磷虾保健品及药品开发阶段，国际上已形成多个知名的磷虾油品牌，如挪威阿克（Aker BioMarine）的 Superba 以及挪威奥林匹克（Olympic）的 RIMFROST 等，磷虾油胶囊或以磷虾油为主要原料的高值保健品已进入全球各大洲市场，挪威阿克公司的南极磷虾油产品已占据世界 70％ 的市场份额（中国质量新闻网，2014）。另外，南极磷虾蛋白制剂产品也已完成开发；磷虾提取物的多种医疗功效也已被发现，相关制品正在研发之中。高附加值磷虾油产品的出现以及成功销售给部分企业带来了可观利润，也给此前一度低迷的磷虾产业带来了希望。国际南极磷虾产业已形成集高效捕捞技术支撑、高附加值产品拉动，集海上捕捞与船载加工结合陆上精深加工于一体的全新型海洋生物资源开发利用产业。

中国于 2009 年末进入南极磷虾渔业。在南极磷虾船载加工方面，国内南极磷虾船载加工装备与生产工艺落后，生产线不成套、不匹配，仅能生产饲用虾粉、冻虾等等低端产品；通过购买日本的上一代二手专业磷虾捕捞加工船实现了由兼做渔业向专业磷虾渔业的升级，其船载加工设备可生产高品质磷虾粉为南极磷虾油的提取生产提供原料，并可生产脱壳虾肉；目前国内也开发出了磷虾脱壳设备。陆基加工方面，中国已有企业以磷虾或饲料级磷虾粉为原料生产水产养殖饲料，但规模尚小；利用脱壳磷虾肉开发的食品已上市，磷虾风味制品和调味料等产品也已开发成功，但食品加工业尚待培育。高值产品研发方面，由于食品安全基础研究不足，氟、砷等指标科学阐释不明，质量标准建设落后，使得磷虾产品作为食品与保健品上市受到限制。中国在磷虾油的提取等高值利用方面也已取得突破，目前已建成的磷虾油生产企业至少已有 6 家，磷虾油也已获批"新食品原料"。但南极磷虾油提取与精制整体加工利用技术水平与国外发达国家相比尚有差距，特别是由于中国保健品标准中有关总砷指标的限制，纯粹以磷虾油为原料的保健品尚无法上市，仅能作为食品原料进行销售，不能升级制成具有更高附加值的保健食品上市。

三、副产物综合利用率不断提升

目前，全世界的水产品总产量虽然已超过 1.5 亿 t，但每年至少有 12％ 的水产品变质，36％ 的低值水产品经加工成为动物饲料等，真正供给人类食用的仅为总产量的一半左右。因此，对水产品进行深度开发，在当今渔业资源日渐衰竭的今天便显得尤为重要和迫切。在水产品加工发达国家，生物技术、膜分离技术、微胶囊技术、超高压技术、无菌包装技术、新型保鲜技术、微波能及微波技术、超微粉碎和真空技术等高新技术在水产品生产中得到了广泛的应用，使水产品原料的利用率不断提高。根据水产加工资源现状，开发多层次、多系列的水产食品，提高产品的档次和质量，来满足不同层次、品味消费者的需求。如日本早在1998 年就实施了"全鱼利用计划"，2002 年开始积极推进实施水产品加工的零排放战略（袁春红 等，2008），形成了低投入、低消耗、低排放和高效率的节约型增长方式。目前，日本的全鱼利用率已达到 97％～98％（张平远，2008）。随着陆地资源的日益减少，开发海洋、向海洋索取资源、开发新药源、新食源和新材料变得日益迫切。各国科学家期待从海洋生物及其代谢产物中开发出不同于陆生生物的具有特异、新颖、多样化化学结构的新物质，用于防治人们的常见病、多发病和疑难病症。鱼虾贝藻等加工副产物中含有各类功能活性因子，是开发海洋天然产物和海洋药物的低廉原料，合理利用水产加工副产物中丰富的活性物质，已经成为当代开发和利用海洋的主旋律。从水产品加工副产物或低值海产品提取制备功能性活性成分已成为提高企业市场竞争力、推动水产品产业健康持续发展的有力保证。

随着养殖水产总量的不断增大和加工需求的增大，水产品加工废弃物给环境带来的压力也日益显著，目前利用这些下脚料虽然也开发生产了一些如胶原蛋白质、鱼粉、鱼油等产品，但受限于技术和成本问题，水产品加工综合利用程度依旧不高，大量下脚料被直接废弃，造成浪费和环境污染。近年来，国内开展了罗非鱼加工副产物综合利用技术研究，开发出罗非鱼加工副产物的高值化利用系列产品，促进了罗非鱼加工产品的多元化发展，提高了罗非鱼资源的利用率，减少环境污染，开拓了罗非鱼加工"零废弃"的途径，全面提升中国罗非鱼产业经济效益；开展了水产品加工副产物与植物蛋白复合发酵制备高品质饲料的技术与装备研究，形成了加工生产线，技术日益成熟；开展了虾头高效利用关键技术研究，设计虾头营养素提取分离方案，建立了微生物发酵虾头的清洁生产工艺，该工艺中微生物以虾废弃物作为唯一碳源和氮源进行发酵转化，利用其生长过程中所产生的蛋白酶脱去虾头的蛋白质来生产甲壳素，目标科学合理，便于工业化大量生产，避免了环境污染；开展了水产加工副产物与植物蛋白复合发酵技术与装备研究，建立了以水产品内脏与大豆蛋白的复合发酵工艺，完成了以水产品加工副产物中的复合内源酶与外加菌种协同作用对植物蛋白-豆粕中的抗营养因子进行半固态发酵工艺的探索，发酵时间缩短至 48 小时以内，研究成果已经在生产企业进行示范与应用。

四、水产品加工装备发展稳步推进

欧美日韩等发达国家在水产品加工装备研究方面起步比较早。经过几十年的发展，目前处于行业领先水平，具有加工精度好，自动化水平高等特点。如德国研制的鲑鱼、鲔鱼等鱼片加工生产线、在加工过程创新性引入光电测量系统，结合计算机控制和鱼体导向装置，整个生产线通过控制系统集中控制，只需要少数几个工人配合即可完成生产。冰岛研发的水力喷射鱼片切割机，以高压水为切割刀，可实现鱼片的快速切割，同时采用 X 射线对鱼片中的鱼刺进行快速检测；瑞典开发的中上层鱼类加工生产线可实现自动化去磷、切头去尾、剖腹、去脏、去鳍等；日本在鱼糜加工设备、大型鱼类切割设备、船载鱼类加工装备等方面处于世界领先水平，在生产线集成方面经验丰富，如鱼类前加工处理生产线、鱼糜及制品加工生产线、远洋捕捞加工船的集成设计等；韩国研制的鱼类自动去骨切片机可进行半解冻的产品去骨切片作业，效率显著提高。虾加工方面，美国率先研制出对虾剥壳加工成套设备；20世纪 70 年代初，国外研制成功南极磷虾捕捞加工船，船上配备南极磷虾冷冻原虾、熟虾、整形虾肉、虾粉等多套加工设备；日本和波兰在船上用滚筒脱壳法对南极磷虾脱壳；德国渔船通过绞碎、脱壳、离心、压榨、速冻、包装冷藏得到南极磷虾肉糜。挪威是目前磷虾开发利用最成功的国家，配置了专业的精深加工成套装备，实现了自动化生产。贝类加工方面，日本研制了一种无水喷雾保活装置，可在厢式运输车内形成低温高湿环境，促进水产品在低温下进入冬眠状态，降低新陈代谢水平，使其在离水条件下长时间维持生存；日本研制的扇贝自动加工设备，通过蒸汽加热使贝壳张开，再利用真空管道将外套膜及周边脏器去除，实现机械化脱壳；美国研制出超高压扇贝加工设备，可使扇贝在很短的时间实现壳肉分离；冰岛研制的船载扇贝加工生产线，可实现扇贝成批量加工，自动化程度较高。藻类加工方面，丹麦成功开发了一种过热蒸汽流化床干燥设备，具有节能、干燥时间短和对环境无污染等优点；日本的紫菜加工设备在全球处于领先地位；头足类加工方面，韩国、日本的加工装备性能处于领先地位，如韩国开发的鱿鱼加工生产线，可实现鱿鱼的脱皮、剖片、切圈和切花等机械化作业（欧阳杰 等，2017）。

中国海洋食品加工仍然以劳动密集型生产方式为主，机械化、自动化程度不够高。近年来，中国逐步形成了以高校、科研院所和企业为主的装备研发和制造团队，在现代化海洋食品加工装备技术上不断突破创新，成果转化效益明显。海洋食品加工自动化装备创新发展主要集中在：大宗海洋食品初加工关键装备研发与生产线构建、海洋食品精深加工关键装备研发、海洋食品加工装备智能化技术研究与应用、海洋食品保鲜与冷链物流装备技术研究与应用、海洋渔获物船载加工关键装备技术研究与系统集成。在保鲜保活方面，通过制冰设备、水处理系统、无水保活系统、冰温保鲜装备等的推广，配套杀菌、水质净化、充氧等设备联合应用，开发保活运输车、船、箱，形成海陆空全方位保鲜储运模式；在前处理方面，通过清洗机、分级机、去头机、去鳞机、去内脏机、去皮机等加工装备的应用及前处理生产线的集成，以减少操作工人数量，提高处理效率和产品安全性，还有利于副产物的集中收集和处理。海洋水产品精深加工装备快速发展，各种精深加工产品的加工逐渐从小作坊式劳动密集型向机械化、自动化、智能化的技术密集型转变，如鱼糜制品油炸、蒸煮设备优化；海参蒸煮、干制、腌渍加工、干制品复水等规模化加工成套设备；开发智能化包装设备，紧密融合海洋水产品加工装备与工艺，不断提高海洋水产品加工装备智能化水平。创新突破鱼类前处理与初加工技术装备，构建机械化生产线；开发了鱼类、虾类、贝类、藻类和海珍品等加工装备，集成海洋食品高值化加工装备系统。海洋食品加工装备的系统化和自动化研发与应用，推进中国海洋食品产业逐步向机械化自动化方向发展，有效降低生产人力成本，降低人工处理时的不可控因素，有效防止加工过程中的二次污染，使得产品质量更稳定，产品更安全，效益更高。

第四节　发展建议

一、强化水产品营养和健康属性

水产品除了能提供包含所有必需氨基酸的易消化、高质量的蛋白质外，还富含必需脂肪酸、不饱和脂肪酸和各类维生素以及矿物质，有益于预防心血管疾病，还能促进胎儿和婴儿脑部和神经系统发育。水产品加工过程中会产生下脚料、废水、废气等加工副产物，会对环境造成一定的破坏，未来的水产品加工，将与资源节约和环境友好相结合，建立健全绿色低碳循环发展的经济体系，促进加工新技术在水产品加工中的应用，提高海洋产品的高附加值、原料利用率和综合收益。随着人类对自身健康的日益关注，许多发达国家营养学的观念已从强调生存、饱腹感、无副作用，转向为利用功能性食品促进和保持营养健康并降低发病危害。新兴健康功能食品备受推崇，以营养功能性海洋食品为代表的健康产业将在世界范围内呈现良好的发展势头，功能性海洋食品行业将向天然、安全、有效的方向发展，未来的水产品加工，应更加注重营养和健康，加工过程中尽可能减少营养物质的流失，防止活性功能因子被破坏。

二、提升水产品加工装备水平

水产品加工装备的现代化程度是衡量一个国家水产品加工业发展水平的重要标志。为保证水产品加工的安全性和营养性，推动海洋食品企业规模化、集成化建设，机械化和自动化的生产条件是必不可少的前提和基础，是水产品加工实现规模化发展、保证产品品质、提高生产效率、应用现代科技的必然趋势。通过加快水产品加工产业科技创新，集成水产品加工技术特点和机械化生产优势，实现水产品加工装备制造业的自动化、信息化、网络化与智能化是中国水产品加工行业快速发展的必经之路。未来的水产品加工将呈机械化快速普及、自动化逐步推进、智能化逐步显现的发展趋势，加工装备将朝专业化、连续化、自动化、节能化方向发展，生产规模和处理量都将有很大的提升，装备研发向多品种、多规格方向发展，以适应市场需求和竞争需要。

三、完善水产品加工质量安全体系

经过多年的发展，我国水产品加工过程质量安全标准与技术法规体系不断完善，初步建立了以国家标准、行业标准为主体，地方标准、企业标准为补充并相互衔接配套的水产品标准体系。海洋水产品质量安全追溯体系、预警机制也已经有了初步进展，但与国际化接轨程度仍不够充分。未来中国应继续加强建立国际视野的标准技术储备，构建全产业链追溯体系的质量安全风险信息平台，加强水产品风险预报预警技术研发，构建基于大数据技术的风险预报预警系统；加强研究自动化系统后的质量安全危害的控制技术，全面优化海洋食品开发利用生态安全屏障体系，提升海洋食品开发利用生态系统质量和稳定性。

参考文献

陈雪忠，徐兆礼，黄洪亮，2009. 南极磷虾资源利用现状与中国的开发策略分析 [J]. 中国水产科学，16（03）：451-458.

国家海洋局，2018. 2017 年中国海洋经济统计公报 [EB/OL].（2018-03-01）[2018-03-01]. http：// www. soa. gov. cn/zwgk/hygb/zghyjjtjgb/2017njjtjgb/201803/t20180301_60483. html.

黄家庆，2003. 我国水产品质量安全管理的现状、问题和对策 [J]. 中国水产（04）：69-71.

联合国粮食及农业组织，2016. 2016 年世界渔业和水产养殖状况：为全面实现粮食和营养安全做贡献 [R]. 罗马：联合国粮食及农业组织.

联合国粮食及农业组织，2018. 2018 世界渔业和水产养殖状况：实现可持续发展目标 [R]. 罗马：联合国粮食及农业组织.

农业农村部渔业渔政管理局，全国水产技术推广总站，中国水产学会，2019. 2019 年中国渔业统计年鉴 [M]. 北京：中国农业出版社.

欧阳杰，沈建，郑晓伟，等，2017. 水产品加工装备研究应用现状与发展趋势 [J]. 渔业现代化，44（05）：73-78.

谈俊晓，赵永强，李来好，等，2017. 南极磷虾综合利用研究进展 ［J］. 广东农业科学，44（03）：143 -150.

徐琰斐，刘晃，2019. 深蓝渔业发展策略研究 ［J］. 渔业现代化，46（03）：1 - 6.

袁春红，赵善贞，于克锋，2008. 日本水产加工业零排放的现状与展望 ［J］. 渔业现代化，3（35）：19 - 22.

张平远，2008. 日本实施"全鱼利用计划"十年成果显著 ［J］. 海洋与渔业，2：4.

张荣彬，唐旭，2017. 中国海洋食品开发利用及其产业发展现状与趋势 ［J］. 食品与机械，33（01）：219 -222.

中国质量新闻网，2014. 挪威阿克公司磷虾油获准进入中国 ［EB/OL］. （2014 - 11 - 27）http：//www. cqn. com. cn/news/zgzlb/diba/976030. html.

Olsen R L，Toppe J，Karunasagar I，2014. Challenges and realistic opportunities in the use of by - products from processing of fish and shellfish ［J］. Trends in Food Science & Technology，36（02）：144 - 151.

Senevirathne M，kim S - K，2012. Utilization of Seafood Processing By - products ［J］. Advances in food and nutrition research，65：495 - 512.

第七章 渔业流通及信息服务业

物流信息网络与信息服务业是面向全球海洋的深蓝渔业的动脉和神经，对应深蓝渔业工业化养殖、绿色捕捞和高值化加工的产业布局，物流及信息服务业将串联各生产单元，形成海陆联动的海上物流大通道和陆上物资与产品配送体系，整体提升深蓝渔业的生产效率与产品价值。

第一节 战略地位

一、信息技术引领新一轮科技革命

当前，信息技术创新日新月异，以数字化、网络化、智能化为特征的信息化浪潮正蓬勃兴起。从信息化发展趋势看，信息社会的到来，为渔业信息化发展提供了前所未有的良好环境。人类社会经历了农业革命、工业革命，正在经历信息革命。当前，以信息技术为代表的新一轮科技革命方兴未艾，以数字化、网络化、智能化为特征的信息化浪潮蓬勃兴起，为渔业信息化发展营造了强大势能。渔业信息化（Fisheries Informatization）是指利用现代信息技术和信息系统为渔业产、供、销及相关的管理和服务提供有效的信息支持，并提高渔业的综合生产力和经营管理效率的信息技术手段和发展过程（杨宁生，2003）。随着信息技术的不断发展，渔业信息化已融入渔业管理、渔业生产、渔业经营、渔业物流等各领域中，成为实现渔业现代化的必不可少的重要条件之一，是渔业迈向现代化进程的重要手段。党的十八大指出，"坚持走中国特色新型工业化、信息化、城镇化、农业现代化道路"，明确了中国在新的发展时期，信息化所具有的引领地位和在渔业现代化建设中不可替代的战略作用。近年来，中国渔业持续较快发展，渔业供给总量充足，但发展不平衡、不协调、不可持续的问题也十分突出，传统管理手段、生产技术已无法满足现代渔业发展需要，迫切要求创新工作理念、工作方式和工作手段。以渔业信息化为引领和支撑，运用信息化的思维理念和技术手段，创新渔业生产、经营、管理和服务方式，能够有力推动渔业供给侧结构性改革，促进渔业转型升级。

二、渔业信息化将推动渔业转型升级

从渔业内部各产业结构角度看，渔业信息化是养殖业信息化、捕捞业信息化、加工业信息化及渔业装备与工程信息化的综合（杨宁生，2005）。利用现代信息技术提升渔业管理的专业化、科学化水平，提升渔业资源养护能力，有利于突破资源和生态环境对渔业产业发展的多重约束，促进绿色发展；利用现代信息技术对渔业生产的各种资源要素和生产过程进行精细化、智能化控制，有利于建立健全水产品质量安全监管体系，提高质量安全保障水平；利用现代信息技术，升级改造渔船渔港安全装备，有利于提升渔业防灾减灾能力，有效预防

商渔船碰撞事故发生，提高"船、港、人"协同规范管理水平；利用现代化信息技术进行全天候、全覆盖渔政执法管理，有利于拓宽渔政执法范围和覆盖面，提升渔政执法效率和监管水平（张显良，2018）。传统渔业的特点是周期长、劳动强度大，生产效率低。因此减轻劳动强度，提高生产效率是渔民多年来的梦想，也是新时期对渔业现代化的必然要求。以深远海工业化养殖业为代表的现代渔业，其核心内容就是养殖的自动化。通过把人工智能系统和相关的生产装备相结合，通过计算机控制实现加水、控温、增氧、投饵、捕捞等自动化管理，减少了人力物力的投入，同时也减少了人为误差造成的损失。

信息化是渔业现代化的制高点。《中华人民共和国国民经济和社会发展第十三个五年规划纲要》提出推进农业信息化建设，加强农业与信息技术融合，发展智慧农业；《国家信息化发展战略纲要》提出培育互联网农业，建立健全智能化、网络化农业生产经营体系，提高农业生产全过程信息管理服务能力。十三五时期，大力发展农业农村信息化，是加快推进农业现代化、全面建成小康社会的迫切需要。党中央国务院对信息化建设高度重视，多次强调没有信息化就没有现代化。十九大报告更是明确指出，要加快推动互联网、大数据、人工智能和实体经济深度融合。随着网络经济空间不断拓展，信息消费快速增长，信息经济潜力巨大，大力推进渔业信息化，推动渔业信息化向更高层次发展，加强信息技术在渔业产业的应用创新，强化"互联网＋监管"提升管理效率并促进大数据深度融合与智能服务，有助于提升渔业生产、经营、加工流通、管理服务水平，加快推进渔业转型升级，提高渔业发展水平和渔政管理水平，让渔业管理者、生产者和消费者享受信息化建设的成果。

第二节　业态分析

一、产业发展优势

（一）有助于深蓝渔业快速发展

深蓝渔业使海洋生物资源利用效率更为高效，产业格局逐步由"以捕为主"向"以养为主"转变，"捕-养-加"联动更加密切，生产平台更为大型化、离岸化并适宜居住，生产手段由机械化向智能化发展，生产网络沿着产业链和全球性水域纵横覆盖，这些特点决定了深蓝渔业必然是"捕-养-加"融合发展。信息化技术在促进"捕-养-加"融合发展方面具有先天的优势。围绕数据库、信息系统、模型、决策支持、专家系统、智能控制、精准渔业、3S、物联网和智能装备等信息技术在深蓝渔业中应用，构建基于产业链的渔业信息化技术主体框架，通过开展养殖环境监测、养殖对象数字化表达、养殖环境智能调控和智能化养殖设施装备等养殖信息化，海洋渔业生态环境与渔场监测、海洋渔船监测管理及船港一体化监测和渔船捕捞装备数字化等捕捞信息化，以及水产品质量可追溯和物流管理等加工信息化的关键技术研究与示范应用，形成"需求驱动、过程监控、效率提升、物流跟踪、信息服务"的深蓝渔业"捕-养-加"融合发展新格局。

（二）有助于深蓝渔业科技创新

以"3S"为核心的空间观测技术和无线传感网络技术应用于深蓝渔业，会监测产生大量有价值的数据，包括生产、科研、资源管理、水面利用和区划管理、气象、渔情预报和鱼群探测、渔船导航和海上生产作业实时指挥等数据，提升渔业相关科研依托平台，改善科研活动方式方法，为推进渔业科技创新提供重要条件和保障。信息化凭借网络平台，通过远距离、大范围信息传输与交流，可以加强国家管理部门、国家与地方科研机构及渔民之间的纵向联系以及各地方科研机构间的横向联系，促使跨学科、大规模的科研合作以及突破时间、空间、物理障碍的资源共享与协作成为可能，从而提高渔业科研效率。通过深蓝渔业工程和信息化技术的有机结合、密切协作有助于实现中国渔业科技从"跟跑"到"领跑"的发展。

（三）有助于深蓝渔业实现科学决策

随着信息化在电子政务中的运用，管理的方式方法也随着改变，与其他行业一样，深蓝渔业作为现代渔业的一个发展阶段，各过程和环节管理模式也应从传统渔业的点状管理向系统化管理转变，打通了数据采集、传输、处理各环节，为管理决策提供技术支撑，加快了信息传递速度，简化了深蓝渔业在"捕、养、加"过程中运作的环节和程序，缩减甚至取消了中间层，不断提高了信息传递的速度和效率，优化管理模式，降低运行成本，极大地提高管理效率。深蓝渔业作为一个系统化工程，渔业捕捞、生产和加工等各环节均可以产生大量直接数据和中间数据，呈现出大数据的 4 V 特性，即容量性、多样性、高速性以及有价值性，建立海洋渔业不同种类的数据资源库，作为科学基础数据库存在，如建立生物资源数据库、环境数据库、市场信息数据库、灾病害数据库、海水及天气数据库、海洋交通数据库、文献专利数据库等，为海洋捕捞、海水养殖和海洋产品加工等领域的决策提供精准的数据支持。

（四）有助于深蓝渔业加速三产融合

现代渔业的发展方向是养和捕产量比例合理、优势品种产量稳步上升、渔业与旅游娱乐业紧密融合，最终目标是产业融合。三产融合也作为深蓝渔业发展的重要目标，信息化可以促使经营水平进一步提高，产业链中各产业相互关联、相互作用形成"关联效应"，且随着产业链的环节增多而放大应用，信息技术促进水产产业链的形成和高效运转。本着对产业链上的产前、产中和产后三个环节起到各自作用和综合联动的协同作用的信息服务为宗旨，以当前成熟的计算机网络技术、数据库技术、系统安全技术、GIS 技术和数据交换等技术为手段，在数据基础上建设渔业产业链信息服务平台，实现水产信息资源的整合与共享，进一步实现对全国水产品生产、加工、运输销售过程和质量安全可追溯监督管理，进行智能化、精准化管理与服务，全面提高渔业信息化服务和管理水平。

二、产业发展劣势

（一）渔业大数据技术体系尚未建立

中国渔业信息化建设仍处于初级阶段，信息收集水平偏低。主要体现在：渔业信息收集具备相当规模，但缺乏统一规划，力量分散，信息收集基本上处于自下而上、局部向总体自发汇聚状态，信息收集效率不高；没有形成统一严密的信息收集标准，不能适应渔业基础信息收集面广量众的实际情况，数据通用性、共享性差；信息收集手段匮乏，不少重要渔业信息收集还依靠传统的人力方式，传感器等先进技术手段应用范围有限，效率不高。总体而言，中国渔业信息化科技基础工作有一定规模和水准，但科学性、合理性有待提升，与发达国家差距较大，须从机制、方法和技术等方面不断完善。渔业生产涉及养殖、捕捞、运输、加工等多个步骤和环节，包含生态环境、生物分子、社会经济、食品安全等多方面，影响范围也越来越大，单一专业领域的信息难以应对这样复杂的局面，需要从渔业生产的整个产业链的高度来掌握各类渔业信息。但是数据相对分散，没有得到集成利用和有效整合，形成了信息孤岛，不利于各相关主体做出科学决策。渔业信息资源质量低。渔业属于第一产业，在生产一线的信息站点非常少，科研院所、职能机构远离基层，而一线基层人才缺乏、仪器设备质量和技术水平都普遍较低，数据的搜集非常困难，相关网站多为重复、过时的信息。渔业信息服务机制有待完善。经常出现养殖户盲目跟风养殖某种水产，造成供大于求的现象。缺乏水产市场的供求预测，总是做事后分析，没有对市场的预警机制。大数据技术的目的就是通过大量的现有数据进行分析和预测，渔业市场的监测亟须通过大数据技术来完善（于喆，2017）。

（二）有效信息提取和应用技术落后

与渔业发达国家相比，中国渔业信息化起步较晚，技术和应用相对落后，针对渔业信息化认识普遍有一定思考，但不够深刻准确，渔业信息化建设主要领域、方法、步骤尚未能形成共识；既懂渔业又懂信息技术的人才匮乏，海量渔业信息无法有效及时分析和提取，造成信息资源浪费；模型、人工智能算法和大数据处理等主流信息技术应用水平滞后，未能形成针对性普适性应用。主要表现在：一是渔业空间规划养殖环境基础信息收集手段落后。作为信息化基础的渔业空间和环境信息采集主要还立足于传统的事后统计思维方式，时效性、精准性不强，对产业提升作用不够显著，急需以信息化思维方式提升产业和生产方式，搭建渔业空间和环境信息采集体系。二是冷链产业缺乏完善的信息化管理手段。中国水产品冷链尚未形成统一的流程模式体系，关键技术薄弱，设施配套不完善，冷链流通体系中大部分环节仍处于较低水平，设施低水平重复建设，运行管理效率低下。水产品冷链的整个过程缺乏完整的信息化预测、智能判别与控制等手段，采用的控制手段较为落后，没有建立全过程的信息化管理系统，没有建立起完善的冷链信息系统，物流技术相对落后，自动化与智能化水平低。三是可追溯产业信息水平有待进一步提升。水产品从养殖，加工至销售整个过程周期长，环节众多，目前水产品的可追溯主要局限在某一环节或者某一过程，全过程的可追溯还未实现。各个环节的可追溯信息模式不一致，缺乏通用的标准，可追溯的信息化研究非常薄弱，全产业链的可追溯难度大。在国内先建立起来的可追溯体系成功案例中所用到的软件及硬件技术成果没有得到规范标准化，现有的追溯体系可扩展性不够理想，不便于整个产业内信息化统一发展。

（三）设施设备精准化、智能化程度亟待提升

作为渔业信息化重要体现的设施设备精准化、智能化发展缓慢，主要体现在：渔业生产集约化程度不高，渔业数字化、智能化装备对工业化生产的支撑不够；渔业生产形式的多样；渔业基础科技相对薄弱，特别是涉及鱼类生理、生化和行为学的研究积累不足，生产精准化程度不高，缺乏智能增氧、精准投喂控制等智能化装备。保活储运装备智能化程度低。虽然中国的水产品保活流通产业发展迅速，但是保活装备发展缓慢，缺乏系统性和整体性。水产品种类繁多，有效的保鲜保活技术开发难度大，专门的适合保活流通的信息化监测手段还十分缺乏，在线监控技术还不完善，缺乏智能化的保活运输装备，且缺乏信息沟通，目前为止还没有具备信息化、智能化的保活流通装备，这严重阻碍了中国水产品保活运输产业的发展。与国外渔业发达国家相比，中国加工装备的整体机械化水平低，只有少数装备具备了一定的自动化水平，涉及智能化、信息化范畴的装备研制缺乏。在南极磷虾加工装备方面，

国内尚未形成完整的装备产业链，冷冻冷藏、虾粉加工等装备大多通过现有陈旧设备的改造，国内已经研发了较为先进的脱壳装备，但也仅仅实现了机械化，自动化、智能化领域还需突破相关技术瓶颈，加大科研投入，才能提升整个装备的信息化水平。国产中高端助渔、通导仪器产品尚处空白，由于受到技术发展水平，尤其是关键器件等一些关键技术发展水平的制约，中国的探鱼声呐技术水平与世界先进水平相比，在多数领域还存在着较大的差距。探测设备的抗干扰方法、鱼类声散射信号特征提取方法、鱼群高分辨率探测及成像技术等多项关键技术还需要进行攻关，高集成和产品化的产品开发等方面都存在较大差距。

（四）渔业船联网与智能渔船发展缓慢

渔业船联网（Fishery Internet of Vessels，FIoV）是以海洋渔业船舶为网络基本节点，以船舶、船载仪器和设备、航道、陆岸设施、浮标、潜标、海洋生物等为信息源，通过船载数据处理和交换设备进行信息处理、预处理、应用和交换，综合利用海上无线通信、卫星通信、沿海无线宽带通信、船舶自组网和水声通信等技术实现船—岸、船—船和船—仪等信息的交换，在岸基数据中心实现节点各类动、静态信息的汇聚、提取、监管与应用，使其具有导航、通信、助渔、渔政管理和信息服务等功能的网络系统，能够实现养殖系统、渔业船舶和物流系统智能化控制与信息化管理，以及优质水产品的可追溯体系，整体提升深蓝渔业的生产效率与产品价值。针对深蓝渔业的远海数据传输需求，需要渔业专用卫星通信系统，船载卫星通信终端，实现卫星系统通信和控制功能。目前渔业船联网专用卫星通信系统还未构建完成，中国自主卫星通信系统和沿岸公众移动网络架设不足，还未建设完成渔业卫星通信地面站并开发网络管理软件，未形成覆盖各类海域的数据多元传输网络，不能有效为船与岸之间的数据传输提供安全、实时、可靠的通信链路。与发达国家相比，渔业船舶信息管理和服务水平还存在较大差距，标准规范体系不健全，各区域由于技术体系和运行机制等不统一，船载终端互不兼容，导致船舶信息采集与共享成本过高。同时，渔业捕捞船舶智能化和装备自动化程度不高，存在渔船船型偏小、造价低，装备落后，老化严重，机电、导航通信设备配置简陋等问题，导致捕捞渔船信息获取平台难以实船构建。渔业捕捞装备自动化程度不足，国内捕捞装备目前尚处于缓慢发展阶段，自动化程序非常低，使用的多是简易的液压绞钢机，产品的故障率仍然很高，整船捕捞装备集中控制应用不足，用声呐、网位仪等先进仪器来高效精准捕捞的渔具渔法缺失，缺少幼鱼保护技术与方法。北斗船载终端作为一种集定位、报警、收发短报文等功能于一身的无线电通导设备，其在渔民出海作业时，可以发挥一定的助渔助航作用。但是，因为终端的设计场景与渔船实际作业状态存在一定差异，不同厂家生产的设备接口不同，各省的监管平台不同，系统之间互不兼容，不能共享有关信息。作为渔船通导高科技产品，对无线电管理人员的专业性和技术性要求较高。目前多数乡镇无线电管理站值班人员缺乏专业技能，对北斗终端在渔船上的使用状况不了解，也没有对实际使用时存在的问题进行仔细研究（李国栋 等，2018）。

三、产业发展潜力

（一）信息化是渔业现代化的发展方向

党的十八大报告提出坚持走中国特色新型工业化、信息化、城镇化、农业现代化的新"四化"发展目标，党的十九大进一步提出，要加快推动互联网、大数据、人工智能和实体经济深度融合，在中高端消费、创新引领、绿色低碳、共享经济、现代供应链、人力资本服务等领域培育新增长点、形成新动能。并将建设网络强国列为"加快建设创新型国家"的重要内容。《中华人民共和国渔业法》和《中华人民共和国渔业法实施细则》等法律法规，《2006—2020 国家信息化发展战略》《全国农业农村信息化发展工程"十三五"规划》，以及《关于积极推进"互联网＋"行动的指导意见》等文件中也明确提出加快推进渔业信息化建设工作，这些论断和要求为当前和今后一个时期渔业信息化建设指明了方向，明确了重点领域，点明了实现途径，是开展信息化建设工作的必然遵循。近年来，根据国家"四化同步"战略总体部署，渔业信息化建设工作取得了一些成绩，信息化在提高渔业行政效率、服务安全生产、提高养殖生产智能化、丰富和改善水平营销模式等方面取得了显著进步和成绩。从信息技术的发展趋势看，渔业信息化将是渔业现代化的重要内容，是实现渔业现代化的一个重要支撑条件，必将在渔业的现代化发展过程中起到关键作用，体现出信息技术对渔业产业整体发展的技术支撑和信息支撑作用。但是，目前在渔业信息化工作体系、基础条件、信息化应用的深度和广度方面还有大量工作要做，离渔业现代化还有很长一段路要走。

（二）信息化是渔业转型升级的重要手段

《中共中央 国务院关于实施乡村振兴战略的意见》中多次提及信息化，提出要推动新型工业化、信息化、城镇化、农业现代化同步发展；开发适应三农特点的信息技术、产品、应用和服务，明确了在中国新的发展时期，信息化所具有的引领地位和在农业现代化建设中不可替代的战略地位。中共中央、国务院印发的《乡村振兴战略规划（2018—2022 年）》指出，推进中国农机装备和农业机械化转型升级，加快高端农机装备，包括畜禽水产养殖等农机装备的生产研发、推广应用，提升渔业船舶装备水平。大力发展数字农业，实施智慧农业工程和"互联网＋"现代农业行动等，进一步为渔业信息化建设指明了道路。"人工智能＋5G"使信息化进入一个新时代，渔业信息化建设有助于我们着眼未来，优先布局，创新应用模式。在补齐一些领域信息化短板的同时，加快探索"AI＋5G"在渔业领域的应用，推进物联网、大数据、3S、智能装备等现代技术与渔业养、捕、加等产业的全面深度融合和应用，使水产养殖过程更透明，海洋捕捞作业更安全，海洋牧场管控更有效，从而实现渔业生产保供给、保质量、保安全、保生态，提升产业竞争力。渔业信息化是提高渔业综合生产力和经营管理效率的有效手段，对当前渔业生产改革转型至关重要，通过加强信息技术和设施装备深度融合，提高对渔业生产的各种资源要素和生产过程进行精细化、智能化和网络化控制，使渔业经济效益、生态效益、社会效益同步提高，推动渔业可持续发展。

（三）信息化是深蓝渔业发展的支撑条件

渔业信息化技术最终是要服务于渔业生产。因此，面向特定目标把渔业信息技术组装集成，形成能在生产实践和管理决策中应用的各种实用渔业信息系统是渔业信息化的一个重要环节。一方面，实用渔业信息系统的应用可以充分发挥渔业信息技术的研究成果，真正体现科学技术是第一生产力的作用；另一方面，在应用中发现的问题还可以对渔业信息技术的研究提出新的要求，促进渔业信息技术的发展。对应深蓝渔业深远海养殖、大洋极地捕捞及海上加工的产业布局，通过信息化技术，物流船队将有效串联各生产单元，将人员、物质和产品安全送达，形成海陆联动的海上物流大通道和陆上物资与产品配送体系。利用渔业船联网等信息化系统，可以开展与养殖水域有关的洋流预报、与深海生物资源分布及变化规律有关的海洋信息、与渔业船舶及设施生产安全有关的灾害性海况等的预测、预报与预警，保障安全生产。在捕捞方面，利用地理信息系统技术，实现渔政船和海洋渔船船位跟踪，提高渔政管理水平和渔船生产作业效率；在养殖方面，发展包括鱼苗投放系统、鱼苗进食系统等的智能养殖系统，包括渔网自清洁系统、死鱼收集系统等自动化保障系统，以及包括自适应升降系统、深海定位系统等高端运营管理系统，有助于促进完成整个养殖生产无人化，并依据市场需求，作出起捕生产决策（岳冬冬 等，2019）。

第三节 国内外发展现状及趋势

一、智能化促进工业化水产养殖快速发展

20世纪80年代末，渔业品种生长模拟模型、水产养殖生产管理专家系统在欧美等渔业发达国家渔业生产过程中得到初步应用并取得了不错的效果。进入21世纪以来综合性信息应用技术得到长足发展，欧美、日本等渔业发达国家先后建设完成包括数据库技术、网络技术、计算机模型库和知识库系统、多媒体技术、实时处理与控制等信息技术相结合的综合性渔业生产管理系统，使渔业产品的生产过程和生产方式大大改进。丹麦、荷兰和挪威等国家针对海上养殖需求，陆续开发出各种集中投喂系统，这些系统集成了一系列传感设备，能够实现投喂过程精准控制和实时监控，相关产品已经得到广泛的推广应用。澳大利亚研究开发了视频系统监测鱼类生长，该软件能够从水下立体视频成像中对养殖对象进行自动识别和测量，从而判断养殖对象的生长特征，以改进生产管理方案。挪威萨尔玛（Salmar）集团建造的全自动深海半潜式"智能渔场"，配备了全球最先进的三文鱼智能养殖系统，可以记录饲料系统和环境传感器数据，还包括450多个养殖分析变量数据。近年来，以色列、日本等国家还相继开发了综合养殖水质、养殖对象等综合性海上养殖自动控制系统，投饵量自动估算系统和投饵控制系统等一系列提高养殖自动化、智能化程度的现代化生产设备，对提高饲料利用率、降低劳动强度、减少水体污染起到重要作用。美国利用渔业大数据已经形成了成熟的水产养殖商业控制系统，挪威AKVA集团开发的养殖管理系统，可以根据不同的养殖品种和饲料营养特征，以及养殖环境等进行特定编程，制订最优的养殖方案，其中投饵环节实现原理为：鱼类运动、摄食、休息等各种信息汇集到中央控制中心，由计算机对养殖鱼类各种行为进行分析处理，再将信息传送到自动投饵设备上，控制投饵时间及投饵量（岳冬冬等，2019）。

中国政府在应用信息化技术进行渔业生产方面进行了大量探索性工作，经过多年努力，实现了对渔业环境信息的实时监测。针对中国渔业统计、水产养殖生产形势分析等需求，农业农村部渔业渔政管理局建设了全国养殖渔情信息采集系统。经过多年发展，已经形成一套以机械设备辅助渔业生产的机械化生产体系，水养殖水质监测、区域环境监测、自动投饵、病害诊断和防治、生产管理等智能装备和技术应运而生，水产养殖初步实现机械化，正向数字化、智能化演进。通过这些机械设备和技术的使用，为中国渔业增产、增收降低劳动力成本提供了重要的技术支撑。但是随着社会的发展以及技术的进步，传统以机械化为主的渔业生产方式已经不能满足当今渔业现代化发展需求，且大部分养殖必需的劳动密集型生产过程还未实现机械化，这对提高渔业劳动生产效率、实现信息渔业的产业发展形成了很大的制

约。基于渔业养殖过程和生产操作的信息应用技术处在起步阶段。20 世纪 90 年代初期，中国开始研发水产专家系统。例如集美大学开发的鱼病诊断专家系统"鱼医生"，北京市水产科学研究院研发的"鲟鱼、罗非鱼智能化鱼病诊断专家系统"等。而针对信息化要求模型系统、决策支持系统相关产品较少，很多技术仍处于研发阶段，尚不能满足生产需要。在数据库建设方面，经过多年的努力，已建成了一些实用数据库和信息系统，其中有的已经推广应用，如中国水产科学院建设维护的渔业科学数据库以及集美大学创建的"渔业科技数据库"等（巩沐歌，2011）。

二、信息服务支撑捕捞渔业可持续发展

随着国际海洋资源的竞争日益激烈，目前世界各国都增强了对远洋船队的现代化建设。在渔船装备的信息化建设方面，西欧、日本等渔业强国都先后建造了以电力推进技术、IBS 综合桥楼以及机舱自动化入级技术为特点的信息化作业渔船，为渔船机电、导航设备信息化数据的获取提供了便利。捕捞装备步向大型化、机械化、自动化、节能化发展，甲板工作机械化，驾驶、捕捞、加工、生产自动化，导航助渔电子仪器设备先进齐全，现代化的捕鱼技术与装备不断升级。国外海洋渔业发达国家北欧、日本等研制开发基于现代化的通信和声学技术开发的探鱼仪、网位仪、无线电和集成 GPS 的示位标等渔船捕捞信息化系统，同时将该信息化系统与捕捞装备，与渔船操控系统相集成，完成海洋渔业选择性精准捕捞系统开发，信息化程度高。欧洲还出现了延绳钓船用的自动延绳钓系统、冰岛 Hampidijan 公司发明的自扩张拖网，又如美国 Seascan 飞行器，长仅 1.2 m，巡航速度可达 49 km，来探测金枪鱼，这对瞄准捕捞极有帮助，大大地提高了捕捞效率。北欧的小型变水层拖网渔船，利用声呐探鱼的有效探测鱼群，基本做到精准瞄准捕捞。高分辨率、高精度助渔、通导仪器在海洋渔业捕捞中得到大量使用（贺波，2012）。进入 21 世纪后，宽频、多波束探测受到越来越多的关注，代表产品是 SIMRAD 最近发布的 SX90 系列探鱼仪，可以实现更精确的海洋生物探测和轨迹跟踪。现代助渔仪器都提供了标准的数据接口，方便和渔船上其他仪器互联，更加清晰直观地反映船、网、鱼三者的关系，助渔仪器的功能、性能、易用性还在不断提升。部分国家已经将渔场渔情分析预报研发到业务化应用阶段，使其提供的渔场渔情要素信息更加多元化，业务化应用更加自动化，信息服务的渔业种类和区域更加多样化等，例如法国空间研究中心所属的 CLS 公司开发的 CATSAT 渔情信息服务软件系统，可为渔船提供全球三大洋海域的表层水温、叶绿素、海流、风场等 10 余种海况信息。欧盟、美国等国家和地区及部分国际渔业组织等通过捕捞渔船渔捞日志数据，及时汇总、反馈配额/限额捕捞管理情况，提高渔业资源管理水平，还开展渔船船位数据挖掘进行渔场判别、分析渔船捕捞行为、高时空精度的单位捕捞努力量的渔获量（catch per unit effort，CPUE）和捕捞强度计算等应用，例如南极海洋生物资源养护委员会（Commission for the Conservation of Antarctic Marine Living Resources，CCAMLR）按网次收集"精细尺度渔获量与捕捞努力量数据"和按月度收集"渔获量与捕捞努力量数据"，则是感知南极相关海域生物资源量和捕捞生产状况信息的直接有效方式（岳冬冬 等，2019）。

十二五以来，中国通过利用国外海洋卫星遥感数据，也开展了海洋遥感技术的大洋渔场监测与渔情预报应用。随着中国自主海洋卫星的发展与业务化应用，中国在渔场渔情服务的

海域范围不断拓展，从北太鱿鱼渔场和大洋金枪鱼渔场，已经拓展到东南太平洋智利竹笈鱼渔场、南极磷虾渔场和西非近岸渔场等。今后将重点发展自主海洋卫星的渔场监测与应用技术，逐步构建具备全球渔场监测能力的渔情信息服务系统。北斗导航卫星也已经在海洋渔船监测中得到初步应用，例如船位监测与感知等领域；由单边带电台、卫星电话建立的船队之间以及船队与陆基之间的联系信息，丰富海洋捕捞渔业信息感知来源与内容，例如渔场判断的人为经验、生产管理的科学方法等（孙蕊 等，2017）；开发了远洋渔捞日志录入系统、渔业信息服务网站，实现了基于移动通信的渔业信息微信推送服务等，也是全面感知海洋捕捞渔业生产、经营、管理、水域环境的实践与应用尝试。生产渔船和企业通过市场信息的及时获取，开展市场效益的实时比较分析，提高远洋水产品运回国内销售量。中国公海作业渔船多数是购买国外旧船或是将近海渔船改造后投入公海使用，渔船的数量虽已初步达到了规模化，但仍面临渔船及其装备落后等现状，尤其渔船庞大的数量和自动化、电气化、信息化控制技术水平低之间的矛盾非常突出（中国信息报社，2010）。国产助渔仪器产业化发展滞后，种类和性能还需不断提升。1985 年 TSS－1000 电子扫描声呐通过验收（陈艮，1986），它是中国第一台自行设计、全部器件立足国内的全方向渔用电子扫描声呐，在中国海洋水声技术领域画下浓重的一笔。到了 20 世纪 80 年代后期相关研究基本处于停滞状态，只有零星的科研投入，国内有一些低端的垂直探鱼仪生产，高端的产品全部依靠进口。国内网位仪的研制工作主要在一些科研院所开展，如哈尔滨工程大学和中船重工 710 研究所，目前尚未形成产品。目前渔船所用产品均为进口，价格昂贵，零部件也容易丢失和损坏，因此网位仪在国内渔船尚未普及。

三、信息技术保障加工和流通安全可靠

部分发达国家和地区已经广泛应用移动互联网、物联网、二维码、无线射频识别（radio frequency identification，RFID）等现代信息技术，实现对水产品加工过程和流通销售各环节的信息感知与追溯。在加工过程中，利用远红外技术、图像识别技术、视频监控系统、RFID 等技术，对不同对象（加工车间、环境、加工品）等进行实时感知，获取环境参数、生物参数、加工装备参数等（岳冬冬 等，2019）；国外一些发达国家已经拥有了较为可靠、先进的鲜活水产品储运装备，可根据水产品保活需要智能调节水质、溶氧等环境参数，并且具有一定的智能化水平，实现了保活过程关键参数的动态监控和智能化调控，保证较高的保活存活率。水产品冷链产业的信息化程度较高，其中美国拥有最为完善和超前的物流理论并且其冷链物流系统具有畅通、高效、节能优势，已经构建了较好的水产品冷链物流网络。荷兰等欧洲国家在水产品冷链方面，信息化的程度比较高，可以通过网络远程进行供应链物流的各项操作，建立了覆盖全冷链物流的冷链监测中心数据平台。日本建立了信息化程度较高的水产品冷链物流。国外水产品冷链产业基本实现了全过程信息跟踪、动态管理。欧盟致力于推进水产品供应链的可追溯产业发展，提出实施水产品追溯标签制，即在水产品的外包装上注明该产品的经销商、进口商、出口商、包装商、生产商以及准确的养殖地和生产加工厂，以便在发生质量安全问题时，可以按照流通过程从销售商一直追溯到产地的各个环节，基本已经实现了流通环节的水产品品质信息追溯。日本，荷兰等水产品加工装备先进国家基本实现了水产品加工装备的全过程自动化，实现了船载冷冻、冷藏的高度自动化运行，

可动态采集各种生产数据，实现集中控制和信息化管理。以南极磷虾为代表的深蓝渔业加工，挪威等国的船载加工设备自动化程度高，配置了专业化精深加工成套装备，信息化管理水平程度高，采用了工业化自动流水线作业生产加工方式，完全实现了冷冻原虾、熟虾、整形虾肉、虾粉、磷虾油等加工生产设备的全自动化运行。

在中国的餐饮文化中，对鲜活鱼类的需求远高于西方国家，水产品保活运输成为发展趋势。国内水产品保活装备从早期的运输箱中加冰发展到后期的保活运输车和运输箱中充氧并配有制冷和循环水装备。在长距离保活运输过程已广泛采用保活运输车和运输箱，形成了较为成熟的保活运输技术，但与绿色低碳、安全高效、标准化、智能化等产业发展需求相比还存在较大的差距，现有的保活运输装备较为简陋，还缺乏实时监测、动态干预等调控措施，缺乏有效的信息化调控手段。目前国内初步实现动态调控的水产品冷链产业，已在水产品冷冻冷藏库建立一些温度智能监测点，可动态调控冷冻冷藏库的温度，冷藏货架的自动化程度较低，大都是传统的冷藏货架。冷藏车具备了自动控温，GPS定位等基本功能。在终端配送环节，一些电商开展了智能配送、智能仓储、智能变色标签等精准速效的递送系统。总体来说，水产品冷链产业在环境调控及实时动态监测控制技术等方面进行了较好的实践，初步解决了监控薄弱，调控能力差等问题，但在冷链物流的信息管理，全过程信息跟踪方面还存在众多薄弱环节，有待加强。国内的南极磷虾捕捞加工起步较晚，在南极磷虾捕捞、处理、加工设备和配套设施方面研究较少，特别是缺乏磷虾船载加工的专业技术及信息化设备，总体来说，中国的南极磷虾产业总体还处于初级阶段，缺乏自动化，信息化的加工装备。中国水产品的养殖总量巨大，但是在现有的企业管理和水产品供应链管理过程中，企业的信息化系统建设进度和程度相对滞后，虽然初步建立了追溯条码，采用可表现显示保鲜期，但是追溯信息量较少，并且未建立行业通用的追溯体系，水产品供应链各个环节的信息无法实时在行业内准确的传递和储存。

第四节　发展建议

一、推进"互联网＋"与渔业深度融合

"互联网＋"就是包括传统行业在内的各行各业通过信息通信技术与互联网平台结合起来形成一个新的领域，创造一种新的生态。渔业与"互联网＋"结合的过程中，物联网、大数据、云计算等技术在渔业中应用，可以大幅提高水产养殖业的生产、管理、服务等环节的效率，促使生产方式从落后向高效转变。标准化、规模化、集约化、精准化养殖是解决传统渔业发展的根本途径，要实现"汗水渔业"向"智慧渔业"转变，需要养殖技术、物联网装备技术和大数据技术的深度融合应用。以深蓝渔业船载加工为例，国内一些新建的远洋渔船已经开始重视自动化和智能的船载加工装备。通过自动化的过程监控手段，提高装备运行的可靠性，实现生产线运行的自动化，提高产品质量和降低生产成本（主要是人工成本）。此外，还应积极引入视觉技术、光机电一体化、机器人技术应用到深蓝渔业加工装备领域，提高深蓝渔业船载加工装备与技术自动化、智能化的水平。随着信息技术的发展，通过建立渔获物捕获、加工和产品信息服务系统，全程追踪产品的信息，提高产品的可追溯性。结合鲜度传感和光学识别等信息技术手段，提高远洋渔业船载加工自动化、智能化的产品品质及等

级的判别能力，实现养殖系统、渔业船舶和物流系统智能化控制与信息化管理，以及优质水产品的可追溯体系，整体提升深蓝渔业的生产效率与产品价值。同时加快推动渔业电子商务创新，统筹推进水产品、渔业生产资料供给和休闲渔业领域电子商务的协同发展。促进生产主体与电商平台对接，引导生产者按照电商产品的标准和特点，生产适销对路的产品，不断推动供给端的商品和服务创新，释放需求端的消费潜力，促进渔业供给侧改革。

二、推动渔业大数据发展

如今传感器已经变得更加普遍和便宜。同时，可以部署这些设备的平台的种类已大大扩展，从而使它们可以更快，更远地捕获数据。无线传感器网络 WSN 是对传感器以及嵌入式计算技术和相关的信息处理技术的综合应用，它脱离了时间以及地点和环境的限制，可以更加自由地进行数据的采集，从而实现对物流对象以及环境的实时监测（朱琴，2017）。如今各种设备的计算能力已大大提高，这使得使用许多复杂算法更易于处理和分析信息数据。物联网（IoT）基于陆地和卫星的移动网络以及智能手机的发展，使渔业如今更容易从船上传输数据从而进行相关分析。例如船只可以使用物联网实时监控和传输有关油耗的数据，然后，在靠近岸边时，通过包括 3G 和 4G 在内的无线移动网络将结果数据发送到岸上，在更远的距离，船只可以依靠卫星网络进行传输。因此，通过传感器、卫星图像、摄像机、无人机和其他技术提高数据可用性；有智能手机和物联网等更好的工具可以用来部署和传达信息，同时通过机器学习和人工智能，拥有了更好的数据存储，以及如今愈发增强的计算能力和其他技术进步，提高了数据输入能力。依靠这些新技术，有助于构建和发展中国渔业大数据应用与服务平台，能够帮助渔业管理者和生产者更好的决策，以实现复杂的，有时甚至相互矛盾的目标，例如可观的盈利能力和可持续性；提供更加有效的监视、控制和监督手段，减少非法捕鱼，提高世界鱼类种群的可持续性，改善全球粮食安全并维持渔业的经济和社会效益（麦肯锡，2020）。

三、发展区块链技术提升质量追溯体系

生产全过程信息化有利于水产品质量的安全追溯，提升中国水产养殖体系的运作速度和质量。区块链是一种共同记账的信息技术，可支持产品或服务相关数据的数字化储存和跟踪，从原始生产阶段一直覆盖到最后实时到达消费者手中。改变的活动被记录为一个信息区块，产生一个价值链上各方都能看到的唯一时间戳字母数字密码。账户可分配信息（以区块的形式），但信息本身不能变更。链上交易记录采用的是无法作弊的总账，账户中可以记录交易相关的全部或部分信息。区块链技术的分布式总账提高了透明度和可追溯性，也加强了交易各方的彼此信任。区块链技术现正在渔业和食品安全部门试行应用，在改善市场可及性方面拥有巨大的潜力。区块链信息很难作弊，这会加强价值链上鱼产品的可追溯性。改进可追溯性还有助于满足买方对合法、负责任来源鱼品的日益增长的需求。区块链分布式记账的信息透明度和安全性还可以增强企业之间的信任，增强消费者信心。消费者可获取整个价值链上的多种信息，如鱼品的捕捞地点和捕捞方式，处理和储存的温度与时间，过境国和加工国，以及在各国停留的时间，以及加工方式。信息获取将激励价值链上各方共同生产更可持续、更高质量、更加安全的鱼品（联合国粮食及农业组织，2019）。

四、提升渔业信息安全能力

按照"主动防御、综合防范"的思路，强化渔业信息安全技术和安全管理相结合，完善网络和信息安全基础设施建设，重点做好完善移动互联网、云计算、大数据环境下信息系统的安全保障体系构架，加强关键数据安全防护和评测，按照国家等级保护和涉密信息系统分级保护的有关要求，推进渔业信息资源的分类分级管理，切实加强关键信息安全防护。严格落实国家网络安全等级保护制度，以渔业船联网相关系统运行安全、数据安全、装备设备安全、国家安全等方面为重点，防范各种非法入侵攻击和信息安全事件。实施渔业船联网信息安全分域隔离，搭建多层次安全防护体系。实施权限认证管理，保障渔业船联网相关设施、云控基础平台及相互间的通信安全。建立可靠的数据信息传输通道，保障相关数据信息在军民网络间传输的安全性。推进智能养殖渔业信息安全等级保护、风险评估等网络安全制度实施，建立健全养殖大数据安全保障体系。明确智能养殖渔业相关数据采集、传输、存储、使用、开放等各环节网络安全的保障范围边界，切实加强商业秘密等信息的保护。增强网络空间安全防护和安全事件识别能力，开展智能养殖渔业数据平台安全监测和预警通报工作。

参考文献

陈艮，1986. TSS－1000 全方向电子扫描声呐研制初见成效［J］. 渔业现代化，40：40.

巩沐歌，2011. 国内外渔业信息化发展现状对比分析［J］. 现代渔业信息，26（12）：20－24.

贺波，2012. 世界渔业捕捞装备技术现状及发展趋势［J］. 中国水产（05）：43－45.

李国栋，陈军，汤涛林，等，2018. 渔业船联网应用场景及需求分析研究［J］. 渔业现代化，45（03）：41－48.

联合国粮食及农业组织，2018. 2018 世界渔业和水产养殖状况：实现可持续发展目标［R］. 罗马：联合国粮食及农业组织.

麦肯锡，2020. 全球渔业超过 4 200 亿美元，大数据、人工智能等助力其实现精准可持续发展［EB/OL］.（2020－02－12）［2021－01－10］. https://new. qq. com/omn/20200212/20200212A04SZ500. html？pc.

孙蕊，林华，谢非，2017. 北斗卫星导航系统在海洋渔业生产中的应用［J］. 渔业现代化，44（6）：94－100.

杨宁生，2003. 论渔业信息化及我国发展的策略［J］. 中国渔业经济，1：15－16.

杨宁生，2005. 现阶段我国渔业信息化存在的问题及今后的发展重点［J］. 中国渔业经济，2：19－21.

于喆，2017. 渔业大数据综述［J］. 安徽农业科学，45（9）：211－213.

岳冬冬，方辉，樊伟，等，2019. 中国智能渔业发展现状与技术需求探析［J］. 渔业信息与战略，34（02）：79－88.

张显良，2018. 深入贯彻十九大精神，加快推进渔业信息化的战略思考［J］. 渔业现代化，45（01）：1－4.

中国信息报社，2010. 把远洋渔业作为一项战略产业加以扶持［EB/OL］.（2010－10－18）［2021－09－20］. http://www. stats. gov. cn/tjzs/tjsj/tjcb/zggqgl/201010/t20101018_37712. html.

朱琴，2017. 水产品冷链物流技术现状及对策研究［J］. 经贸实践，9：148.

第八章 深蓝种业

深蓝种业是深蓝渔业发展的前提和基础。深蓝种业是将现代生物技术与常规育种技术相结合，以培育性能优异的突破性新品种和繁育名贵养殖种类苗种为主要目标，以现代设施装备为支撑，采用现代生产经营管理和示范推广模式，以育繁推一体化为主要特征的深蓝渔业生物良种和健康苗种生产的新兴产业。

第一节 战略地位

一、开发利用深蓝生物遗传资源将推进渔业可持续发展

粮食安全始终是关系中国国民经济发展、社会稳定和国家自立的全局性重大战略问题。渔业作为农业经济发展的重要组成部分，已成为世界各国保障优质蛋白供给和粮食安全的重要基础。面向未来，联合国《2030年可持续发展议程（2015）》指出，到2050年全球人口将达到90多亿，满足人类对优质蛋白源等重要营养物质不断增长的需求将是一项紧迫任务，同时也是一项艰巨挑战，渔业的重要性将日趋凸显，渔业现代化将是保障粮食安全的重要基石。水产品已成为继谷类、牛奶之后食物蛋白的第三大来源，为约31亿人口提供了近20%动物蛋白摄入量；同时，水产脂质是人类膳食结构中高不饱和脂肪酸的重要来源，对提高人类身体素质具有十分重要的意义。海洋渔业生物，尤其是深蓝渔业生物大多富含DHA、EPA等不饱和脂肪酸，能够满足国民对营养均衡方面日益增长的需求。中国已经成为世界第一大水产品生产国和消费国，为进一步夯实渔业在保障国民优质动物蛋白稳定供给方面的作用，从近海走向深蓝势在必行。因此，开发和利用深蓝生物遗传资源，大力发展深蓝种业对于中国渔业的可持续发展起到关键作用，是未来世界面对食物短缺、支撑蓝色蛋白供给、保障食物安全的有效途径。

二、深蓝种业是水产养殖产业转型升级的强大动力

随着生态文明建设的持续推进，生态保护红线制度、国内养殖水域滩涂规划、重点水域禁渔期制度、长江流域重点水域禁捕制度的逐步落实，到2035年，预计淡水捕捞产量会降至100万t左右；在海洋捕捞方面，根据渔业区划调查以及专属经济区和大陆架海洋生物资源补充调查结果，中国海洋渔业资源年可捕量约为800万～1 000万t，随着渔业资源保护意识的逐步增强和海洋渔业资源总量控制制度的逐步落实，中国国内海洋捕捞产量逐步稳定在800万t附近。因此，渔业发展将从外延扩张转变为提质增效，更加注重渔业的规范有序发展。与此同时，深蓝渔业也逐渐走向前台，成为海洋渔业的有力补充。深蓝种业作为深蓝渔业发展的前提和基础，决定着深蓝渔业的发展命运。随着全球经济一体化的不断发展，种业面临更加激烈的竞争，有无优良新品种，决定着中国种业在国际市场上的竞争能力，而竞争

的关键在于技术创新，只有不断技术创新，才能向市场推出新品种，不断提高产品的知识含量和科技含量。水产种质资源是渔业科技原始创新、现代种业和水产养殖业发展的物质基础。对于深蓝渔业来说，加强深蓝渔业生物种质资源保护与合理开发，建立符合中国深蓝渔业发展特色的品种开发和管理的理念，制定重点养殖品种研究发展规划，建立名贵养殖种类苗种规模化繁育技术，实现深蓝种业良种化，才能取得理想的养殖效益与经济效益，同时达到最佳的生态环境保护效果。"发展养殖，种业先行"是养殖业亘古不变的法则。虽然中国在水产种业方面取得了巨大进步，但在深蓝种业方面仍处于起步阶段。因此，以中国丰富的深蓝种质资源为基础，筛选适宜深远海养殖的种类，突破规模化苗种繁育技术，创新育种技术和选育适合深远海养殖模式的优质新品种是解决上述问题的根本办法，是实现"减量增收、提质增效、绿色发展"渔业发展目标的根本途径，是实现中国水产养殖产业转型升级的强大动力，也是适应国际竞争和开拓国际市场的必然选择。

第二节　业态分析

一、产业发展优势

（一）消费需求快速增长，市场有保障

2018 年中国海水鱼类养殖总产量 149.5 万 t，对保障中国海水鱼类的供应和促进沿海经济的发展都发挥了重要的作用，中国尽管海水鱼类养殖品种较多，但是养殖产量都不高，其中养殖产量超过 10 万 t 的品种只有大黄鱼、鲈鱼、石斑鱼和鲆鱼 4 种（农业农村部渔业渔政管理局，2019）。然而，挪威 2018 年的大西洋鲑的养殖产量就有 126 万多 t，与中国的海水鱼类养殖总产量相当。与此同时中国消费者对水产品的消费需求快速增长，据荷兰合作银行公布的针对养殖三文鱼主要市场的需求报告显示，中国的市场规模约 10 万 t，年消费增速达 25%；另据农业农村部发布的《中国农业展望报告（2018—2027）》中预测 2018 年中国水产品消费量将增至 2 815 万 t，2027 年将达 3 136 万 t。由此可见，与快速增长的消费需求相比，目前中国的海水鱼类的养殖产量还难以满足。同时，近海发展空间受限，因此发展深远海养殖具有十分广阔的应用前景（刘晃 等，2019）。

（二）国家高度重视水产种业发展

中国政府高度重视深蓝种业的发展，《国家中长期科学和技术发展规划纲要（2006—2020）》明确要求发展畜牧水产育种，提高农产品质量。2012 年中央 1 号文件《关于加快推进农业科技创新，持续增强农产品供给保障能力的若干意见》，明确提出"着力抓好种业科技创新"，要求"加强种质资源收集、保护、鉴定，创新育种理论方法和技术，创制改良育种材料，加快培育一批突破性新品种"。2013 年中央 1 号文件《关于加快发展现代农业进一步增强农村发展活力的若干意见》也明确提出"推进种业良种工程，加快农作物制种基地和新品种引进示范场建设"，"继续实施种业发展重点科技专项"等要求。国家陆续推出的海洋开发战略不仅为中国现代种业的发展指明了前进的方向，也为种业及其相关产业提供了一个新的历史发展机遇期。国家在十五、十一五、十二五、十三五启动了一系列重大研发计划，如"973 计划""863 计划"、国家重点研发计划等，都把"海水养殖种子工程"作为重要的发展领域。深蓝种业作为海洋农业的新兴战略产业具有广阔的发展前景。

（三）具备相对成熟的水产繁育和育种技术

目前中国已形成相对成熟的水产繁育和育种技术，如亲体培育、人工促熟、苗种孵化等繁育技术以及选择育种、杂交育种、雌核发育等育种技术，并在海水养殖生物育种的核心前沿技术取得重要突破，构建了较为完善、高效的良种培育体系，有效提升了中国海洋生物种质创制能力，促进海水养殖业向良种化方向发展（包振民，2013）。其中，海水动物 BLUP 现代育种技术、高通量 SNP 筛查分型技术、海水鲆鲽鱼类性别控制技术已达到国际领先水平。在海洋生物基因组框架图构建、海水鱼类细胞系建立、海洋生物功能基因研究、重要经济物种遗传连锁图的绘制以及 QTL 定位取得重要进展，为进一步开展分子设计育种奠定了坚实的技术基础。初步建立了海水养殖现代育种技术体系，育成了一批海水新品种和新品系，突破了一批名贵新种类的苗种繁育技术，形成了新的产业增长点。相对成熟的水产繁育和育种技术为深蓝种业的快速发展提供技术支撑。

二、产业发展劣势

（一）深蓝种业处于起步阶段，形成规模化产业尚需时间

中国水产种业主要以国家科技计划投资为主，水产遗传育种的主体多是高等院校、科研院所等，和发达国家数十年支持一个项目不同，中国科研立项计划多以 5 年为一个周期，很少有项目能都获得连续支持，而水产育种自身的特点决定了其周期相对较长，从而导致规模化繁殖和成功推广的例子并不多。此外，发达国家的水产种业大多以龙头企业为主，而国内水产却完全不同，中国目前注册的水产苗种企业有 11 000 多家（农业农村部渔业渔政管理局 等，2019），却很难找出几家上规模的种苗企业，种业企业规模不大且几乎没有科技创新投入，水产现在还是在拼成本的时代，还没有进入到品牌时代。在苗种上很多的养殖户根本不关心品牌，企业基本也不太关心品牌，导致水产种业缺乏有序的发展环境。对于深蓝种业来说更是如此，目前国家科技计划的投入也是近几年开始逐渐增多，以深蓝种业为主的企业更是凤毛麟角。因此，深蓝种业的规模化发展尚需时间。

（二）深蓝种业基础研究薄弱，尚不能支撑产业的快速发展

尽管中国在海洋生物学基础理论和技术研发方面取得了创新成果，提升了中国在海洋生物学乃至生命科学领域的国际影响力，但与深蓝种业发展需求融合度低，存在上下游脱节问题。例如，发表于 *Nature* 的《牡蛎基因组结构和潮间带适应机制》、发表于 *Nature Genetics* 的《半滑舌鳎基因组及其性别决定机制研究》等皆是中国在海洋生物领域取得的原创成果（陈松林，2017）。但是，针对深远海重要养殖对象生态和生物学特征、种群遗传背景和结构、应激源生理响应过程和机制以及深远海环境的适应机制等方面研究尚未开展，难以满足深蓝种业发展技术需求，对产业发展提供的科技支撑和保障力度不足。

（三）深蓝种业技术存在短板，制约了产业发展

尽管水产种业技术已经相对成熟，但是对于深蓝渔业生物来说，仍然存在短板和不足。在苗种繁育技术方面，亲鱼人工催产技术、苗种的周年培育技术、人工苗种的畸形率控制技术、人工配合饲料的研发技术等亟待实现；在表型性状鉴定技术方面，深蓝渔业生物的生长、品质、抗病、抗逆、饲料转化率、机械化加工等性状高通量精准测量和鉴定技术尚不完善，尤其是在深远海养殖环境下的表型组技术严重缺乏；在基因型鉴定技术方面，不同深蓝

种质的生境特征、生产性能等均有所不同，需要建立适宜的基因型高通量鉴定技术；在新种质创制技术方面，亟须推动生物技术、信息技术、智能技术不断向深蓝生物种业聚集，实现育种效率的快速提升。

三、产业发展潜力

（一）深蓝种业将成为推动海洋农业健康可持续发展的关键要素

农以种为先，种业是推动养殖业发展最活跃、最重要的引领性要素，是农业领域科技创新的前沿和主战场。作为大农业中的一环，水产业也是如此。海洋农业的发展历程表明，每一次产业大发展都和种苗产业的重大突破密切相关。国内外的经验表明，优良品种是推动养殖业产品产量和质量大幅提升的主要因素之一。随着水产养殖业的发展，滩涂近海被大量占用，养殖区域从城市周边撤出，加上人工等成本的急速提高，资源环境约束的加剧，海水养殖业通过扩大生产规模来提高产量的发展空间越来越小。因此，保障养殖产量稳定供给亟须转变养殖业发展方式，加快海洋农业产业结构调整升级。其中，大力发展深蓝种业，完善良种繁育机制，选育和推广生长快、饲料转化率高、繁殖力强的深蓝渔业优良品种，推进深远海养殖业快速发展，将成为推动海洋农业健康可持续发展的关键要素。

（二）深蓝种业势必成为水产种业发展历程中成长最为迅速的新兴产业

随着世界种业工程科技的快速发展，水产种业将走向以"生物技术＋信息化＋智能化"为特点的工程科技发展道路，并且不断向纵深、向全球扩张，推动水产种业研发、生产、经营和管理发生深刻的变革。在这场变革洪流中，得益于新技术、新思路的融合，深蓝种业由于其可极大拓展发展空间，生产方式绿色可持续等优点，势必吸引政府和企业的投资，加速以深蓝种质资源库为基础的表型性状高通量鉴定、基因资源规模化发掘、重要经济性状相关基因的精细功能解析等基础研究以及以基因编辑、全基因组选择、配子胚胎高效操作等为代表的育种技术研究，从而推动相关人才、资本、种质等资源经过市场竞争不断流向大型专业化育种公司，形成完整的深蓝种业产业链条，推动深蓝种业快速发展。

第三节　国内外发展现状及趋势

一、深远海适宜养殖品种筛选及苗种繁育技术不断发展

深蓝种业的核心是适宜深远海的养殖品种选择与改良。从产业发展规律、经济可行性和市场角度看，深远海养殖是一种高投入和高风险的养殖，对养殖品种的生物学和养殖特性要求较高，并且需要较高的经济价值和较大的市场潜力，需要根据具体的养殖种类或者养殖海域、销售市场等因素进行综合平衡和取舍，选择适合的养殖品种。世界上深远海养殖最成功的产业当属挪威大西洋鲑（三文鱼）养殖产业，大西洋鲑是深远海工业化养殖的典型代表，产业链完整度非常高，饲料配方、繁育和养殖工艺齐全，完全可以满足规模化和商业化生产的需要。挪威利用现代物联网技术，实现了三文鱼的精细养殖，降低了养殖成本、保障了产品品质。2018 年，全球养殖大西洋鲑产量 244.5 万 t，其中挪威养殖产量高达 126.3 万 t，占全球产量的 51.7％；挪威出口三文鱼 110 万 t，出口值约为 678 亿克朗，主要市场分布在欧洲、美国、亚洲、中东及其他地区。挪威重视三文鱼市场推广和销售，善于讲述关于养殖

"挪威三文鱼"的故事，并积极开展全球化扩张工作。国外基于产业基础和科技发展，不断开发新兴养殖品种，诸如蓝鳍金枪鱼、鰤鱼等。自 20 世纪 90 年代以来，蓝鳍金枪鱼因经济价值高而备受关注。1996 年，在克罗地亚和亚得里亚海周围的地中海水域开始了北大西洋蓝鳍金枪鱼的养殖，主要是采捕小金枪鱼或当年苗种在海上网箱养殖几年。在 2003—2006 年间，"蓝鳍金枪鱼驯化-人工繁殖的可行性研究"（REPRODOTT -欧盟第五届框架计划）启动，开展了受精卵人工孵化和幼体饲养研究以及生物学和营养特征研究。在 2011—2014 年期间，欧洲委员会资助项目的最后阶段以"金枪鱼驯化转化为创新商业应用（TRANS-DOTT）"的形式进行，该应用旨在扩大受精卵的生产和初孵仔鱼成为幼鱼，然后可以转移到网箱中养成。应该说，在过去的一些年中，在开发蓝鳍金枪鱼的工厂化封闭式循环养殖生产技术方面取得了实质性进展。可繁殖产卵的亲鱼群体已经建立，并且苗种培育的基本工艺也已基本建立（Benetti et al.，2016）。然而，由于亲鱼产卵、仔鱼和幼鱼培育、商品鱼养成方面的许多技术难题仍存在（Van Beijnin，2017），因此实现蓝鳍金枪鱼苗种商业化生产还面临着很多挑战。目前，日本、新西兰、澳大利亚等国家在鰤鱼亲鱼促熟产卵、仔鱼苗种培育、网箱养殖以及人工配合饲料等方面取得了重要进展，但在规模化人工繁育、养殖成活率等方面仍面临较大问题。

国内优质海水养殖鱼类品种较多，但产量较低，产品缺口较大。2018 年中国海水鱼类养殖总产量 149.5 万 t（农业农村部渔业渔政管理局 等，2019），对保障中国海水鱼类的供应和促进沿海经济的发展都发挥了重要的作用。中国的海域从北到南，由渤海、黄海、东海到南海，在水温、水文水质条件、气候变化等方面均存在较大差异，这决定着中国海水鱼类的养殖存在着多样性，根据不同的海域特点，已经开发的海水鱼类养殖品种 60 种左右。现有的主要海水养殖鱼类包括大菱鲆、牙鲆等冷水性鱼类，大黄鱼、鲈鱼、石斑鱼、卵形鲳鲹和军曹鱼等温水性鱼类。中国尽管海水鱼类养殖品种较多，但是海水鱼产量在全国海水养殖总产量中所占比例只有 7%，在鱼、虾、贝、藻四大类海水养殖中，产量最低。海水鱼的年产量与挪威一国的大西洋鲑养殖产量相当，其中养殖产量超过 10 万 t 的品种只有大黄鱼、鲈鱼、石斑鱼和鲆鱼 4 种（农业农村部渔业渔政管理局 等，2019）。目前随着海洋渔业资源保护力度的加大，海水鱼捕捞产量逐步减少，因此需要依靠发展海水鱼类养殖来补充。所以，海水鱼类养殖未来相当一段时间内，可以预见会面临发展的空间和机会。同时，中国虽然已经有较长的海水鱼养殖历史和比较成熟的养殖技术，但是否适合在深远海养殖，养殖技术如何适应深远海的特点，相关的遗传育种、饲料营养与投饲、疾病诊断与防治、养成品的保活保鲜与加工等技术能否满足要求，还需要在不断地探索中去解答。目前，在卵形鲳鲹、黄条鰤等鱼类方面已经开展了相关的探索研究。2019 年，中国卵形鲳鲹养殖产量估计已突破15 万t，整个产业产值近 100 亿元，已成为中国华南沿海重要的海水养殖鱼类之一，其中广东省、广西壮族自治区、海南省和福建省南部沿海为主产区。卵形鲳鲹苗种工厂化规模繁育技术、抗风浪网箱健康养殖技术、病害综合防治技术和精深加工工艺等均取得了突破，保障了卵形鲳鲹养殖业的健康可持续发展。目前，正在探索卵形鲳鲹的深远海养殖模式。在黄条鰤方面，国内攻克了黄条鰤野生鱼驯化、亲鱼"海陆接力培育"、人工综合调控亲鱼性腺发育成熟、自然产卵等技术难关，获得了批量受精卵，采用工厂化育苗方法，摸清了早期发育规律、饵料系列、苗种中间培育等关键技术，培育出平均全长 13.6 cm、平均体重 28.4 g

的黄条鰤大规格苗种数万尾，取得了人工繁育的重大突破，为深远海养殖的产业化开发奠定了基础。

二、深蓝渔业生物种业科技水平逐渐提升

种业是农业的芯片，科技创新是种业发展的关键。随着国际动物育种走过 100 多年的历史，种业工程科技技术取得显著突破，种业企业不断发展壮大，以美国、加拿大、澳大利亚等为主的世界农业发达国家在全球种业竞争中处于优势地位。水产种业工程科技发展虽然相对较晚，但由于水产养殖能够提供更为优质的动物蛋白，美国、日本、挪威、澳大利亚等世界农业发达国家均十分重视水产种业的发展，并取得了显著成就。相对传统水产种业来说，深蓝种业目前还是一个新兴的战略产业，刚刚起步，初现端倪，但已显露出巨大的潜力。国际上在深蓝种质资源开发与保护方面，与传统水产种质资源深入融合，按类别建库保存，形成了较为完整的水产生物种质资源研究和管理体系。以美国为例，水产种质资源非原生境保护机构包括国家鱼苗场 70 个、健康中心 9 个及技术中心 7 个。近年来，随着测序技术的迅速发展，国外先后完成了大西洋鳕鱼、大西洋鲑鱼、虹鳟、金枪鱼、大菱鲆等 10 余种深远海养殖鱼类的基因组图谱。依托基因组图谱，批量发掘了抗病、抗逆、性别、生长等重要经济性状相关基因，解析了 AMH、GSDF、IGF、MHC 等重要基因的功能及其调控机制。在育种技术方面，依托传统的选择育种和杂交育种，整合基因工程、细胞工程等现代生物技术，建立了分子标记辅助、BLUP 遗传评估、干细胞移植与"借腹怀胎"、基因组编辑、基因组选择等新一代育种技术。其中挪威 Theo Meuwissen 教授建立的全基因组选择育种技术已在大西洋鲑鱼、虹鳟等深远海养殖鱼类中实现应用。尤其在大西洋鲑鱼中，采用 GBLUP、BayesC 和 Bayesian Lasso 等算法对鲑鱼立克次氏体抗性开展基因组选择研究，结果表明基因组选择能够加快抗鲑鱼立克次氏体综合征优良苗种的筛选。2004 年，日本东京海洋大学首次将供体虹鳟的生殖干细胞移植到了宿主大马哈鱼的仔鱼体内，成功建立了一个鱼类生殖细胞移植技术系统，并形象地称这一技术为"借腹生子"或代孕亲鱼技术，开启了鱼类生殖细胞移植研究的序幕。该技术在缩短鱼类性成熟周期，鱼类性控育种、濒危物种的保护和基因资源的保存方面等方面都具有巨大的应用前景。利用上述育种技术，世界主要养殖国家纷纷开展了不同深远海养殖物种的育种计划，其中挪威培育的大西洋鲑良种已成为该国经济支柱之一，约占全球养殖产量的 30% 以上；2017 年，美国食品药品监督管理局（Food and Drug Administration），批准了世界上第一条转基因鲑鱼上市销售，转基因鲑鱼大小是一般鲑鱼的 2 倍，并且生长周期大幅缩短，普通鲑鱼需要 32～36 个月时间才能长大到上市销售的大小，但这种转基因的鲑鱼，只需要 16～18 个月。日本利用分子标记辅助育种技术，筛选了牙鲆抗淋巴囊肿病标记，培育出具有高抗病能力的牙鲆新种质。由此可见，国外在深蓝渔业生物种质资源、育种技术和优良种质创制方面具有较强的科技实力和研究基础。

中国海洋生物种业的市场巨大，仅海珍品苗种的市场潜在价值就超过 500 亿元。尤其是深蓝种业这个广阔的市场尚处于初级开发阶段。十五以来，中国水产遗传育种研究领域新技术、新方法不断涌现，育种成果开始批量显现。在水产种质资源开发与保护方面，中国已建成 31 个遗传育种中心、84 家国家级水产原良种场、820 家地方级水产原良种场和 35 家遗传资源保存分中心，初步形成了水产良种体系。在深蓝渔业生物种质方面，中国新近建立了国

家海洋水产种质资源库，由中国水产科学研究院黄海水产研究所牵头，联合国内 6 家相关优势单位共建，致力于打造 1 个主库，3 个分库，4 个特色库和 3 个中心的海洋水产种质资源收集保藏新格局。其中包括岛礁生物、深海生物、远洋与极地生物等深蓝生物种质收集与保藏为主体的特色库。在深蓝生物基因资源发掘方面，自 2010 年起，中国相继破译了半滑舌鳎、大黄鱼、石斑鱼、牙鲆、大菱鲆、卵形鲳鲹等鱼类的全基因组序列，奠定了中国在深远海生物基因组研究的国际领先地位。在育种技术方面，中国的水产育种正在从选择育种、杂交育种、倍性操控等传统的育种技术，向现代分子育种技术迅速发展。尤其是全基因组育种技术和基因组编辑育种技术不断完善，突破了水产生物全基因选择育种实际应用的技术瓶颈，建成国际上第一个水产生物的全基因组选择育种平台，使水产动物全基因组选择育种走在国际前列。截至目前，全国原良种审定委员会审定水产新品种数量达到 215 个。目前上述技术以及积累的传统育种经验正逐渐应用到潜在的深远海养殖鱼类。在卵形鲳鲹中，系统弄清了卵形鲳鲹养殖群体与野生群体的遗传多样性和种群结构，全面评估了不同群体生长、抗逆和抗病性状情况，培育了生长速度快和抗逆力强的选育群体，获得了性状优良的子代苗种。同时利用现代分子生物学技术构建了卵形鲳鲹高密度遗传连锁图谱，精确定位了生长和性别相关 QTL 位点和功能基因，解析了与生长、抗逆抗病、不饱和脂肪酸合成相关功能的调控机制，初步开展了卵形鲳鲹优异性状新品种全基因组选择育种工作。在鲆鲽鱼类中，聚焦性别、耐高温、耐低盐等重要经济性状，在基因资源发掘、遗传基础与调控机制解析方面取得重要创新成果。筛选到大菱鲆耐高温性状 QTL，有效富集耐高温性状共享 QTL 优势基因型的分子育种策略；从个体-细胞-分子机制三个层次，系统揭示了大菱鲆 14-3-3 蛋白在低盐胁迫下的渗透调节功能；建立了海水鲆鲽鱼类基因组编辑技术，证明 dmrt1 基因为半滑舌鳎的性别决定基因；分析了温度、盐度以及肠道菌群与鲆鲽鱼类性状形成的表观调控关系，为深入解析鲆鲽鱼类的深远海适应性奠定理论基础（Cui Z et al.，2017；刘晓菲 等，2019）。总之，海水养殖生物细胞工程和分子育种前沿技术实现跨越式发展，有效提升了中国海洋生物种质创新的能力，支撑了中国鱼、虾、贝、藻、参等养殖业的健康发展，同时为深蓝种业的快速发展奠定了理论和技术基础。

第四节　发展建议

一、筛选合适的深远海养殖品种

一是选择相关生物学、生态学、行为学、人工繁养殖等方面研究积累较为完善，并且苗种繁育和养殖技术已经实现产业化的品种，比如大西洋鲑、卵形鲳鲹、黄条鰤、石斑鱼、鲆鲽类、军曹鱼等。由于现有知识、技术以及经验比较完善，同时拥有熟练工人、配套设施和装备、成型的饲料、成熟的市场和营销渠道等产业发展所必需的关键要素，产业升级换代成本低、见效快，可以为从近海拓展到深远海养殖新兴产业发展提供良好的基础，降低初期投入风险。二是养殖品种要有较高的经济价值。深远海养殖在设施投资和运行成本等方面成本较高，导致单位养殖产品的成本较高，养殖品种经济价值不高，产业就会因没有经济可行性而得不到发展，特别是产业发展初期尤为如此。最近几年，英国和美国等国家对深远海养殖经济可行性的模拟表明，决定经济可行性最敏感的因素就是养殖品种的市场价格。三是要有较大的市场潜力。以往的大西洋鲑和大菱鲆等鱼类养殖产业发展经验表明，随着产业的发展，产品市场价格会接近养殖成本，养殖产量也会在市场供需平衡附近波动，产业发展也进入成熟期。深远海养殖相比传统养殖发展周期长、规模大，如果养殖品种的潜在市场容量较小，养殖产品的市场价格下降较快，会影响产业的初期发展。因此，根据鱼类品种、养殖海域、销售市场等因素进行综合平衡和取舍，选择合适的深远海主养品种至关重要。

二、加强养殖品种生物学和苗种繁育技术研究

养殖品种的生物学和生态学特性是良种选育和苗种繁育技术的基础，需要加强未来深远海养殖目标品种的遗传特性以及生活史各阶段的发育特点、生理特征、营养需求以及免疫特征等方面的基础研究，为良种选育和苗种繁育技术研发提供指导和奠定基础。一是在良种选育方面，继续对大西洋鲑鱼、军曹鱼等适应深远海养殖的传统养殖品种进行良种选育，甚至通过基因编辑和转基因等手段，创制新的养殖良种。二是在苗种繁育技术方面，一方面继续提升和优化现有适应深远海养殖品种的苗种繁育技术，如石斑鱼类大型品种鞍带石斑鱼和高端品种东星斑等品种的 SPF 苗种繁育技术，高体鰤和黄条鰤苗种的商业化生产技术，使之实现稳定的工业化生产；另一方面，水产养殖高端品种金枪鱼属鱼类的人工苗种繁育技术，是今后发展的趋势和研究热点，需要提前布局，加强技术攻关。

三、加强养殖品种环境适应性机制及育种技术研究

聚焦深远海渔业生物的环境适应机制，开展重要深蓝渔业生物种质资源的收集、保存与表型性状精准测定研究，建立低成本、高通量的遗传资源发掘技术，分析重要深蓝渔业生物种质的基因组结构特征，阐明其种群遗传多样性及优异性状遗传规律；研究深蓝渔业主要养殖对象经济性状的遗传基础，发掘生长、抗逆等重要性状相关分子，分析主要养殖生物性状关键基因的功能及调控机制；研究主要养殖生物陆基、网箱、围栏等不同养殖模式下的生理、生态及遗传适应性，揭示其适宜深远海养殖的遗传机理，为深远海养殖提供理论和技术基础。此外，应加快研究和发展深远海养殖生物的遗传操纵关键技术，探寻高效、快速的育种新技术和新方法，特别是一些颠覆性（超常规）育种技术。通过各种技术的集成与整合，对生物体从基因（分子）到整体（系统）不同层次进行设计和操作，在实验室对育种程序中的各种因素进行模拟、筛选和优化，提出最佳的亲本选配和后代选择策略，实现从传统的"经验育种"到定向、高效的"精确育种"的转化，以大幅度提高育种效率。

四、建立适合中国国情的深蓝种业产业化模式

纵观国际深蓝种业的发展，更多显示了其基础性、战略性和公益性的特性，各国政府均投入了大量的资助，特别是对其基础科研和基础设施的部分，并不是完全放给市场和企业，体现了官产学研结合的特点。中国深蓝种业发展方向需基于中国国情和世界深蓝种业发展趋势。中国深蓝种业刚刚起步，整体自主创新能力不足，尚处于摸索阶段，以企业为主体的商业化育种体系尚未形成，国际竞争能力不强。中国深蓝种业要想在国际竞争中占有一席之地，就必须走规模化、产业化的发展道路，即坚持政府引导与市场导向相结合，强化产学研紧密结合，以重点企业为龙头，以品种为突破口，育、繁、推、营为载体形成产业体系，做

到结构优化、布局合理、质量提高、服务完善、实力增强、管理规范。促进种子科研、生产、加工、经营、管理等各环节的协调联动有机结合有序发展，从而全面提升中国深蓝种业在国际上的竞争力。

参考文献

包振民，2013. 我国水产生物种质创新的新途径、新技术 [C]//第 162 场中国工程院科技论坛水产种业技术创新与养殖业可持续发展论文集. 威海：中国工程院：27-34.

陈松林，2017. 鱼类基因组学及基因组育种技术 [M]. 北京：科学出版社.

刘晃，徐琰斐，缪苗，2019. 基于 SWOT 模型的我国深远海养殖业发展 [J]. 海洋开发与管理，36（04）：45-49.

刘晓菲，马爱军，黄智慧，等，2019. 大菱鲆高温胁迫应答主效 QTL 候选基因的表达特性分析 [J]. 水产学报，43（06）：1407-1415.

农业农村部渔业渔政管理局，全国水产技术推广总站，中国水产学会，2019. 2019 年中国渔业统计年鉴 [M]. 北京：中国农业出版社.

Benetti D D，Partridge G J，Stieglitz J，2016. Overview on Status and Technological Advances in Tuna Aquaculture Around the World [M]//Benetti D D，Partridge G J，Buentello A. Advances in Tuna Aquaculture. Amsterdam：Elsevier Inc.

Cui Z，Liu Y，Wang W，et al，2017. Genome editing reveals dmrt1 as an essential male sex-determining gene in Chinese tongue sole（*Cynoglossus semilaevis*）[J]. Scientific Reports，7：42213.

Van Beijnin，2017. The closed cycle aquaculture of Atlantic Bluefin Tuna in Europe：current status，market perceptions and future potential [R]. Version 1.6：June 16，2017.

第九章　挪威大西洋鲑产业

根据联合国粮食及农业组织统计数据显示，2005—2016 年间全球大西洋鲑鱼（*Salmo salar*）（俗称三文鱼）总产量以平均 6.4％的速度快速增长，2016 年达到 224.77 万 t，居所有水产养殖品种第 9 位；然而其总产值位居第一，达到了 143.88 亿美元（联合国粮食及农业组织，2018）。而其市场需求同样在以每年 6％的速度增长，基本与养殖增产持平。产量与产值的双增长预示着全球对大西洋鲑鱼产品的需求保持着强劲的态势。荷兰合作银行分析师 Gorjan Nikolik 对 2017—2028 年大西洋鲑鱼产业给予积极的预期："保守地估计，大西洋鲑鱼全球需求量每年将会以 4.4％的速度增长，到 2028 年将额外增加 140 万 t！"（Nikolik，2018）。挪威是目前国际上毋庸置疑的大西洋鲑鱼第一大主产国，根据 Norwegian directorate of fisheries 统计结果显示，2016 年挪威大西洋鲑鱼产量 123.4 万 t，占到了全球产量的 54.9％，市值 69.88 亿美元（按 1 美元 8.63 挪威克朗折算）。由于整个产业链覆盖了远洋捕捞、营养与饲料、苗种繁育、成鱼养殖、海上服务、营销、物流、屠宰加工、增值产品等一系列行业，其盈利能力也远高于世界其他产地。2018 年挪威海产局统计数据显示，挪威海产品出口金额创下纪录，达到 114.7 亿美元（按 1 美元 8.63 挪威克朗折算）（Norwegian Seafood Council，2019），仅次于石油和天然气行业，增速已经远超挪威 GDP 的增长，开始被人戏称为"新石油行业"。相比于中国，渔业统计年鉴显示，2018 年全国海水产品总产量已经达到 3 301 万 t，但是出口额仅 223.26 亿美元，产业结构的不合理性可见一斑。从土地利用效率层面，中国海水鱼类养殖面积 9.0 万 hm^2，产量 149.51 万 t（农业农村部渔业渔政管理局 等，2019）；而挪威方面，全国共 986 个养殖场，每个养殖场拥有 10～16 个深水网箱，总养殖水面不超过 5 000 hm^2。两者间的技术差距亦极其显著。2017 年党的十九大报告中提出：实施乡村振兴战略，深入推进农业供给侧结构性改革。在《全国渔业发展第十三个五年规划》中强调，渔业发展目标应以控制过剩的产能、调整养殖品种结构和养殖布局为目标。挪威大西洋鲑鱼产业的改革和发展之路对中国渔业供给侧结构性改革有重要的参考和借鉴意义。

第一节　产业发展历程和现状

一、历史衍变

挪威大西洋鲑鱼养殖业起步于 20 世纪 60 年代，当时养殖生产几乎不受任何条件的制约，直到 1973 年挪威政府开始实施许可证制度。当时整个产业相对弱小，养殖企业不需要为许可证支付费用（Marøy，2011），但是每家企业仅允许拥有 1 张许可证。进入 20 世纪 80 年代，随着产业的快速发展，病害、价格和国际竞争等问题开始逐渐显现，导致挪威整个国家销售体制的崩溃，银行倒闭，同时过低的价格也招致了美国和欧盟的倾销指控。20 世纪 90 年代开始，挪威政府为了应对倾销指控，实施饲料配额制度来限制大西洋鲑鱼产量，并取消了每家企业 1 张许可证的限制。但是，大西洋鲑鱼产量仍然快速增长，销售成本进一步降低。2002 年的时候，大西洋鲑鱼价格降到了不足 20 NOK（挪威克朗）/kg，并再次遭到了欧盟的倾销指控。在 2002—2003 年新一轮许可证申请中，养殖企业第一次需要为许可证支付费用。当时每张许可证的价格为 500 万 NOK（Fiskeridepartementet，2003）。2004 年开始，最大许可生物量制度（maximum allowed biomass，缩写为 MAB）替代了饲料配额制度，每张许可证允许生产的大西洋鲑鱼总量为 780 t（Fiskeridepartementet，2004）。由于缺乏对于可持续发展的要求，当时的政策制度仍然为社会所诟病。2017 年的时候，新的环境信号灯规则（the traffic light criterion）得以实施（Fiskeridepartementet，2017）。根据该规则，挪威沿海被划分为 13 个大西洋鲑鱼主产区，其中 8 个区域被评价为绿色，3 个区域为黄色，2 个区域为红色。绿色区域表明大西洋鲑鱼逃逸和海虱风险较低，产量可在最大许可生物量的基础上增加 6%；相反，红色区域必须减产 6%。

目前，挪威政府颁发的大西洋鲑鱼许可证共有四种，分别用于育苗、养殖、亲本和技术研发。如图 9-1 所示，从 1994 年到 2018 年，养殖技术研发许可证数量从 29 个增加到 100 个，增幅最大；成鱼养殖许可证从 811 个增加到 1 041 个；亲本养殖许可证从 42 个增加到 44 个。然而，育苗许可证数量从 349 个下降到 217 个，可以认为随着养殖技术水平的提升，成活率得到有效保证，苗种需求量因而降低。

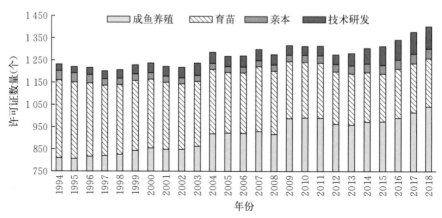

图 9-1 1994—2018 年挪威大西洋鲑鱼许可证数量

（数据来源：Norwegian directorate of fisheries）

二、产业现状

（一）养殖条件

三文鱼养殖的一个关键条件是温度范围要在 0～20 ℃之间。对三文鱼来说，最佳的温度范围是 8～14 ℃。三文鱼养殖还需要特定的洋流，使水流能够穿过养殖场。但是，洋流必须在某个水平之下，才能使鱼在养殖场内自由活动。这种条件通常在群岛保护的水域里才能满足，这样一来就排除掉了很多海岸线。除此之外，还需要某些生态参数，才能达到高效生产。在适合三文鱼养殖区域里，生态条件有很多不同之处，某些其他区域内没有这种条件。第三，还需要允许养殖三文鱼和管理该行业的政治意愿。进行三文鱼养殖的所有区域都已经采用了许可证制度。过去几年里，陆基的三文鱼养殖（全周期）已经吸引了越来越多的投资者。这种新的生产技术在未来会不断成熟起来，改变未来的行业状态。

（二）养殖场分布

挪威国土面积 32.4 万 km²，海岸线全长 10.1 万 km（包括峡湾和岛屿）。大西洋鲑鱼海上养殖场从南到北几乎覆盖了挪威整个西海岸。图 9-2 显示了 2006 至 2018 年挪威大西洋鲑鱼海上养殖场的数量变化情况。从中可以看出，2008 年以后大西洋鲑鱼养殖场数量基本在 1 000 个以下，而且整体呈减少趋势，但是产量却并未降低。其中，设施和装备的投入以及技术水平的提升起到了主要的作用。2018 年的养殖场数量相比 2017 年时又有一个较大的增长。

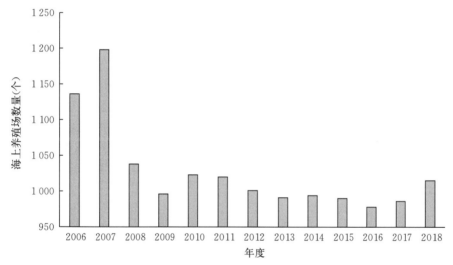

图 9-2　2006—2018 年挪威大西洋鲑鱼海上养殖场数量

（数据来源：Norwegian directorate of fisheries）

（三）产值和产量

挪威全国屠宰大西洋鲑鱼的总销售量在 1998 年仅 36 万 t，至 2012 年稳定增长到 123 万 t，而后 5 年时间内基本都维持在这一水平（图 9-3）。尽管销售量迅速增长，挪威大西洋鲑鱼的市场价值并没有出现萎缩，2018 年全国屠宰大西洋鲑鱼的产量达到 128.20 万 t，价值已经达到了 645.11 亿 NOK。挪威工业（Norsk Industri）预测，随着海虱治理、防逃逸、排泄物循环利用等新技术的研发和革新，2020 年挪威大西洋鲑鱼产值将会达到 2 000 亿 NOK，2050 年将会进一步达到 3 000 亿 NOK（Federation Of Norwegian Industries，2019）。

（四）主导企业和从业人员

挪威国内目前有超过 120 家水产养殖企业，年产大西洋鲑鱼近 130 万 t，其中绝大部分

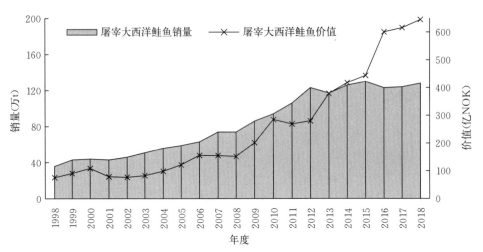

图 9-3　1998—2018 年挪威屠宰大西洋鲑鱼销售量和产值

（数据来源：Norwegian directorate of fisheries）

是由 SalMar、Cermaq、Marine Harvest、Leroy 等十大上市集团企业完成的。2008 年开始，挪威十大企业的大西洋鲑鱼销售量就已经达到了全国销售量的 63.9%，其后一直维持在不到 70% 的水平（图 9-4）。图 9-5 所示了 1994—2018 年挪威国内从事大西洋鲑鱼苗种培育和成鱼养殖的人员数量。2005 年的时候由于产业环境和政策调整的原因，大西洋鲑鱼养殖人数跌至最低，仅 3 054 人。在随后的十几年时间内，到 2018 年从业人数增长到 7 901 人，增长了 1.80 倍。除此之外，还有约 4 万余人专门从事大西洋鲑鱼生产配套、加工、销售和科研等服务工作。

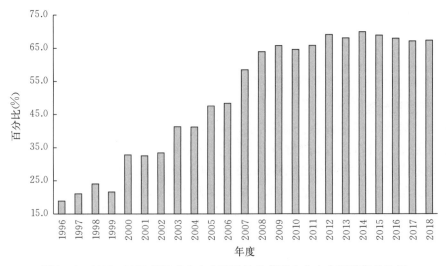

图 9-4　1996—2018 年挪威十大大西洋鲑鱼养殖企业占全国销售量比例

（数据来源：Norwegian directorate of fisheries）

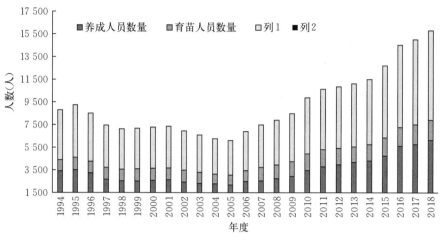

图 9-5　1994—2018 年挪威大西洋鲑鱼育苗和养成从业人员数量

（数据来源：Norwegian directorate of fisheries）

三、养殖模式

三文鱼养殖的生产周期约为 3 年。在第一年里，鱼卵受精，小鱼在温控的淡水环境中发育到 100～150 g 左右。随后将小鱼运输到海水笼中，在 12～24 个月里发育到 4～5 kg 左右。小鱼的发育速度很大程度上取决于海水的温度，温度随时间和地域的不同而变化。当小鱼达到可捕获的大小，会运输到加工厂，进行屠宰和去内脏。大多数三文鱼都装在箱子里放在冰块上出售。

整个淡水生产周期大约需要 10～16 个月，海水生产周期大约需要 12～24 个月，因此整个平均周期为 3 年左右。在智利，这个周期稍短一点，因为那里的海水温度更适宜，波动较小。到秋天，亲鱼产卵，在 11 月到次年 3 月期间嵌入卵子。生产商可以用光照控制来加速幼鲑的发育，这样最多可以加快 6 个月的进程。在挪威，二龄鲑每年两次放入海水中。一年中的任何时间都可以捕捞，虽然最佳的捕捞时间是一年的最后一个季度，因为这个时期的发育是最好的。夏天可以捕捞到新的一代鱼，这时候，大小三文鱼之间的体重差别比一年中的其他时候都要大。在捕捞过一个地方之后，这个地方要等到 2～6 个月之后才会有新的一批小鱼放入海水中。二龄鲑每两年可以放入同一个地方。

挪威的大西洋鲑鱼是陆海接力工业化养殖生产的典型代表。从亲本产卵到规格苗种培育阶段主要采用循环水方式在陆基工厂化养殖车间内完成。以 Leroy 集团 Belsvik 繁育基地为例，占地面积 11 000 m²。根据大西洋鲑鱼苗种培育不同阶段，基地内部建有 5 种不同类型的循环水繁育系统 11 套，出苗时期最高养殖密度可以达到 85 kg/m³ 以上，日换水率不超过 2%。由于车间内部自动化程度较高，日常仅有 7 名工作人员，即可实现年产 80 g 大西洋鲑鱼苗 5 批次，共 1 400 万尾。另外，一些小型的养殖企业则更多地采用流水方式来进行大西洋鲑鱼苗种生产。以 Njordsalmon 公司为例，在海边建有 6 个大型室外养殖池，总水体量 6 000 m³，可年产 1 000 t 大西洋鲑鱼苗种。养殖取水口位于深度 75 m 以下的海水，经过气体吹脱、筛滤和紫外消毒杀菌处理后流入养殖池，换水率 70 min/次。排放水同样经过筛滤和消毒杀菌后重新排入大海。

通过陆基工厂化培育出的规格苗种将会通过活鱼船转运至海上养殖场利用深水网箱进行养成。海上养殖场一般布置 6～10 只网箱，直径 50～200 m，深度 20～50 m，收鱼期养殖密度最高可达 25 kg/m³ 左右。经过 14～24 个月，养殖的大西洋鲑鱼即可达到 4～5 kg 商品规格出售。大型的海上养殖场配备浮式海上管理平台，可通过远程操控实现对水域环境、鱼类行为的实时监控和日常投饲、维护等生产管理工作。同时，商业化运营的工作船可以为网箱提供渔网清洗、成鱼起捕、活鱼转运等服务。挪威渔业部规定，海上养殖场最大面积为 12 000 m²，养鱼密度不超过 30 kg/m³；养殖场间距应大于 1 km，养殖场和育苗场间距应大于 3 km，养殖场在同一海域只能连续养两年，然后空闲一段时间（陈洪大，2005）。这样就可以使大部分病原体死掉，减少病害传播，保护了环境。

四、面临的挑战

近 20 年来，挪威养殖大西洋鲑鱼死亡、逃逸、淘汰和清洁鱼使用数量如图 9-6 所示。从中可以看出，挪威养殖大西洋鲑鱼死亡数量以平均每年大于 7% 的数量增长，到 2018 年才有所下降；淘汰和逃逸的数量并未显著增加，但是清洁鱼的使用数量从 2008—2018 年增加超过 20 倍。挪威工业和技术研究基金会（SINTEF）研究认为，挪威大西洋鲑鱼产业面临的五大新要求包括：更高的操作要求、管理要求、养殖大西洋鲑鱼的福利要求、防逃逸要求和安全生产的要求；并且将自动化远程操作、智能决策、离岸养殖设施、离岸辅助工作船、风险管控、鱼类行为和福利等六大领域列为今后主要的研究方向（Bjelland，2018）。

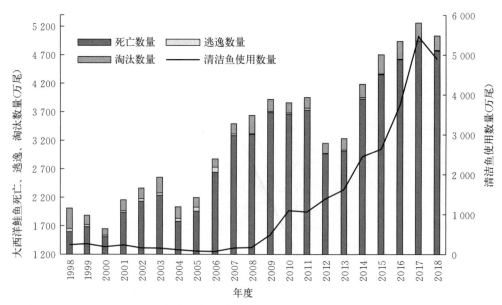

图 9-6 1998—2018 年挪威养殖大西洋鲑鱼死亡、逃逸、淘汰数量以及清洁鱼使用数量

（数据来源：Norwegian directorate of fisheries）

第二节　产业发展特点与趋势

一、发展特点

（一）产业透明化程度高

每个三文鱼养殖场必须根据政府要求按周、月、年的频率向政府及时提供各项生产信息，主要包括：每周上报寄生虫（海虱）发病情况、对海域环境影响和企业生产技术标准；每月上报养殖量/生物量、新投入鱼苗、收获情况以及饲料消耗情况；每年或者在投入新的生产周期前，上报底栖监测影响（由第三方公司评估）、生产技术标准、生产计划等；如果发现大量病害、死亡或逃跑的迹象，则需要立即汇报。同时，挪威政府建立了公开网站（www. barentswatch. no），用于收集、处理、共享关于挪威海岸和海域的各类信息，对三文鱼产业来说，可以查询并追溯到挪威三文鱼养殖的各类信息，包括海虱发病、海虱处理、其他鱼病、许可证等信息。这些信息无偿对公众、政府、研究机构、贸易企业公开，推动他们相互之间更紧密的合作，促进产业发展。

（二）资源效率型生产

为了提高资源利用率，必须以最高效的方式生产动物蛋白质。蛋白质资源效率被表达为"蛋白质保留"，它衡量了每单位饲料蛋白质喂养给动物时会产生多少动物食物蛋白质。三文鱼的蛋白质存留率为 28%，其效率仅低于鸡肉，而远高于猪肉和牛肉（表 9-1）。

表 9-1　大西洋鲑养殖与鸡、猪、牛养殖的饲料转化率对比情况

	大西洋鲑	鸡	猪	牛
蛋白质存留率（Protein retention,%）	28	37	21	13
能量留存率（Calorie retention,%）	25	27	16	7
可食用率（%）	73	74	72	58
饲料系数（FCR）	1.3	1.9	3.9	8.0
每喂食 100 kg 饲料所能生产可食用肉的质量（kg）	56.5	38.9	18.7	7.1

数据来源：Fry et al.，2017。

能量留存率是通过将能量根据饲养的总能量分为可食用部分来衡量的。相比牛肉和猪肉，鸡肉和大西洋鲑的能量留存率都比较高。三文鱼能够高效地将蛋白质和能量转化为肌肉和体重的主要原因是它们是变温动物，因此，它们不需要利用能量来温暖身体。它们也不需要利用能量，像陆地动物一样站立。

可食用率的计算要用可食用肉除以总体重。大西洋鲑的可食用肉占比 73%，而其他蛋白质来源的浪费率或不可食用肉比例更高。饲料转化率衡量的是不同动物蛋白质的生产能力。简单来说，它能告诉我们，如果想要将动物体重增加 1 kg，需要多少千克的饲料。大西洋三文鱼的饲料具有很高的蛋白质和能量，与陆地动物的蛋白质生产相比，其饲料转化率、蛋白质存留率、能量留存率都比较高。每喂食 100 kg 饲料所产生的可食用肉为 56.6 kg，结合了饲料转化率和可食用率，三文鱼每喂食 1 kg 产生的可食用肉数量是最高的，也就是最为有效的动物蛋白生产方式（MOWI，2019）。

（三）环境友好型生产

除了对资源利用效率高，养殖鱼也是一种气候友好型的蛋白质来源。它将成为一种重要的解决方案，可以向世界提供极其重要的蛋白质，同时又减少对环境的负面影响。相比其他蛋白质来源，三文鱼的生产对环境影响更小。

在对比养殖三文鱼和传统肉类生产对环境的影响时，我们发现，养殖三文鱼的碳足迹为 $7.9\ kg\ CO_2/kg$ 可食用肉，与鸡肉的 $6.2\ kg\ CO_2/kg$ 可食用肉差不多，远低于猪肉的 $12.2\ kg\ CO_2/kg$ 可食用肉，以及牛肉的 $39.0\ kg\ CO_2/kg$ 可食用肉（表 9-2）。虽然淡水是可再生的，但它也是一种有限的自然资源，而人类活动会对周围环境造成严重破坏。在挪威，养殖每千克大西洋鲑仅仅需要 2 000 L 淡水，比其他蛋白质来源需求低很多（MOWI，2019）。

表 9-2　大西洋鲑养殖与鸡、猪、牛养殖的资源消耗对比情况表

	大西洋鲑	鸡	猪	牛
碳足迹 $kgCO_2/kg$ 可食用肉	7.9	6.2	12.2	39.0
水消耗 L/kg 可食用肉	2 000	4 300	6 000	15 400

数据来源：SINTEF，2020；Mekonnen et al.，2010；Auchterlonie et al.，2013。

（四）全球化贸易程度高

过去 10 年，挪威水产养殖业经历了巨大发展，挪威海产品出口额增长了 156%，总收入增长超过 200%。2018 年，挪威出口了 110 万 t 水产养殖品，价值 710 亿挪威克朗，同比 2017 年出口量增加了 5%，出口额增加了 34 亿挪威克朗，增幅为 5%。2018 年，三文鱼、鳕鱼、绿青鳕和帝王蟹的出口额创下历史新高。目前，挪威渔业产业正逐渐形成一种新趋势，即挪威的海产品往往先进口到另一个国家加工，然后再分销到其最终消费市场。挪威海鲜的典型中转或加工市场是波兰、丹麦和荷兰。欧盟市场对挪威三文鱼需求的增加明显，去年挪威对欧盟三文鱼出口占比超过 73%，高于 2017 年的 71%。这其中波兰是 2018 年最大的增长市场，出口额从 11 亿挪威克朗增长到 88 亿挪威克朗。值得注意的是，每个生产产地一直都重点开发临近市场。由于三文鱼主要以鲜鱼的方式出售，因此运输的时间和成本推动了这一趋势。由于所有生产产地到亚洲的运输成本差不多，所以亚洲市场一直是共享的。运输冷冻三文鱼更加简单，但这种类型的交易量正在下降（Eirik et al.，2017）。

二、发展趋势

（一）传统开放式网箱养殖向封闭型方向发展

为了解决近岸海域海虱寄生虫病害以及养殖大西洋鲑鱼逃逸的问题，挪威各大养殖企业和制造商都在积极研发新型封闭式养殖设施来替代传统养殖网箱。Marine Harvest 集团与 Hauge Aqua 公司合作设计提出了一种"蛋"形大西洋鲑鱼养殖设施 Egg。整个设施完全封闭，90% 在水面以下，直径 33 m，高 44 m，有效养殖水体 20 000 m^3，可养殖 1 000 t 大西洋鲑鱼（Hjul，2016）。Marine Harvest 集团计划 2019 年将 Egg 投入试运行（Guerrero，2018）。Ecomerden 公司一直致力于封闭式网箱的研制，其专利技术 Ecocage 可通过抽取深层海水解决海虱寄生虫的威胁，通过水流旋转将粪便和残饵进行集中收集。Sulefisk 养殖公司在过去的两年中对该专利技术进行了试用，结果发现大西洋鲑鱼养殖 65 周即可养至商品规格，比正常收获大西洋鲑鱼的时间缩减了 18%；而且由于网箱内部条件良好，避免了海虱的滋生，网箱中大西洋鲑鱼的存活率从 81% 上升到了 98%（Ramsden，2017）。

（二）近岸养殖向深远海方向发展

陆域和近岸养殖面积始终是有限的，而且极易对环境造成恶劣影响。挪威政府积极鼓励各大企业开展离岸深远海养殖设施与技术方面的研发和探索。Salmar 集团从 2012 年开始离岸养殖设施 Ocean Farm 1 的可行性研究和研发工作。该设施整体为一座钢制框架结构的半潜式平台，直径 110 m，高 67 m，能够抵御 12 级台风，可以在距离海面下 8～43 m 的吃水范围内自由控制漂浮状态；有效养殖水体 24.5 万 m^3，可养殖 150 万尾大西洋鲑鱼（Salmar，2019）。Ocean Farm 1 已于 2018 年投入试运行，停泊在离挪威海岸 5 km 处，是目前为止规模最大的海上养殖设施。Salmar 已经计划建造 Ocean Farm 2，直径 130 m，可抗 31 m 风浪，可养殖 300 万尾大西洋鲑鱼。另外，Nordlaks 集团也设计了一种船形半潜式养殖平台 Havfarm 1，总长 385 m，型宽 59.5 m，型深 65 m，包含 6 座深水网箱，可养殖超过 1 万 t 大西洋鲑鱼，目前正在施工建造中（Baker，2018）。

第三节　借鉴与启示

一、开发针对不同养殖品种的市场发展策略

对于供大于求或结构性过剩的品种，应以减产增收为主，着重在提高品质上下功夫。同时，通过政策制度和标准规范的建立强调环境保护要求。而对有着较大市场潜力或市场紧缺的品种，则应加速遗传选育和种质资源保护工作；同时，通过建立高标准原良场、扩大养殖面积来增加养殖总量；通过建立市场准入条件和规范化管理要求来实现产业的可持续和健康发展。以大西洋鲑鱼为例，中国年产量不超过 2 000 t，消费市场几乎全部依赖进口。2011 年总消费量 2.9 万 t，2016 年 8 万 t，2017 年 10 万 t，在 6 年之间消费量翻了 3 倍，但仍然仅占全球总量的 3%，预计 2025 年中国大西洋鲑鱼的消费量将会达到 24 万 t（沈基文，2018）。根据前文所述内容，大西洋鲑鱼在今后 30 年时间内都会是全球主要水产鱼类养殖品种，可作为今后产业重点发展方向之一。

二、引进水产苗种工业化繁育技术体系

水产苗种是水产养殖生产的源头输入品，是养殖生产链的最开端，苗种生产不规范，商品鱼就更没有规范化可言。其次，相对于成鱼，鱼苗更加的娇贵和脆弱，更需要得到精心的看护。相对于挪威的工业化苗种繁育体系，国内苗种产业的规范化、现代化程度要低得多。繁育场一般只具备简易的厂房、鱼池、充气设备、进排水设施等生产所需要的最基本条件。生产系统主要依赖于水源的水质条件，少有对水质进行测控的设备与措施。孵化设施多为简易水泥池和育种池塘，受地理、水文和气象条件的限制和影响比较大，由于生产用水的水质不稳定，导致生产条件波动，影响鱼卵受精率、孵化率和苗种成活率。生产作业主要依靠劳力，机械化程度低。在社会劳动力成本不断增加的趋势下，问题日益突出。因此，引进先进的工业化繁育体系相信能够对中国整个水产养殖行业进一步的规模化和健康发展起到一个比较良好的推动作用。

三、建立陆海统筹的养殖新模式

中国是世界第一渔业生产大国，渔业总产量占到世界总产量的近40%。随着人口数量的增加和生活水平的提高，中国对水产品的需求将会越来越大，据估计到2030年，将要有2 000万t水产品的缺口需要弥补（唐启升，2014）。在世界海洋渔业捕捞产量增长不大甚至萎缩的情况下，水产品的供应将主要依赖水产养殖业的发展。中国拥有近300万km²的海洋国土面积，除占比较小的近海外，基本未被用于水产养殖。远离大陆的深远海水域拥有优质的水源、适宜的区域性或洋流性水温，以及远离陆源性污染与病害，一旦具备安全可靠的设施装备以及海上物流保障系统，发展深远海规模化水产养殖具有极好的条件与长远的意义。从目前来说，全球各国在离岸养殖设施方面的研究更多地还处于设想阶段，系统性的研究与重点领域的研发工作有待深入，一些关键性、基础性研究亟待开展。中国更应该以建立陆海统筹养殖新模式为目标，进一步加强海上养殖设施与工程、工艺与规范、装备和产品等方面的技术攻关，为产业升级转型提供技术支撑。

参考文献

陈洪大，2005. 挪威渔业发展状况的考察报告 [J]. 现代渔业信息（10）：24-26.

联合国粮食及农业组织，2018. 2018世界渔业和水产养殖状况：实现可持续发展目标 [R]. 罗马：联合国粮食及农业组织.

农业农村部渔业渔政管理局，全国水产技术推广总站，中国水产学会，2019. 2019年中国渔业统计年鉴 [M]. 北京：中国农业出版社.

沈基文，2018. 共同见证，属于中国的大西洋鲑鱼时代！全球大西洋鲑鱼顶尖业者昨日重磅集结上海！[EB/OL]. （2018-12-18）[2022-01-02]. http：//www. fishfirst. cn/article-104982-1. html.

唐启升，2014. 我国水产养殖业绿色可持续发展战略与任务 [J]. 中国渔业经济，32（01）：6-14.

Auchterlonie N，Ellis T，Jeffery K，et al，2013. Scottish Aquaculture's Utilisation of Environmental Resources [R]. A study commissioned by the Scottish Aquaculture Research Forum. Lowestoft：Centre for Environment，Fisheries & Aquaculture Science.

Baker J，2018. Havfarm：a new salmon fishing revolution in Norway [EB/OL]. 2018-12-18 [2019-02-10]. https：//www. ship-technology. com/features/havfarm-fish-farm-vessel/.

Bjelland H，2018. CURRENT CHALLENGES AND FUTURE OPPORTUNITIES FOR EXPOSED SALMON FARMING IN NORWAY [EB/OL]. （2018-01-23）https：//www. arcticfrontiers. com/wp-content/uploads/downloads/2018/Arctic%20Frontiers%20Science/Presentations/23%20January%202018/Aquaculture%20in%20the%20High%20North%20in%20times%20of%20change/1500%20Bjelland_Hans. pdf.

Eirik M，Merete S，Kjetil H，et al，2017. The Norwegian aquaculture analysis 2017 [Z/OL]. [2019-02-10]. https：//www. ey. com/Publication/vwLUAssets/EY_-_The_Norwegian_Aquaculture_Analysis_2017/MYMFILE/EY-Norwegian-Aquaculture-Analysis-2017. pdf.

Federation of Norwegian industries，2019. Roadmap for the aquaculture industry [EB/OL]. [2019-02-10]. https：//www. norskindustri. no/siteassets/dokumenter/rapporter-og-brosjyrer/veikart-for-havbruk-snaringen—kortversjon_eng. pdf.

Fiskeridepartementet，2003. Forskrift om tildeling av konsesjoner for matfiskoppdrett av laks og ørret i sjøvann. [EB/OL]. (2003 - 10 - 17)[2003 - 10 - 17]. https: //lovdata. no/dokument/LTI/forskrift/2003 - 10 - 17 - 1245.

Fiskeridepartementet，2004. Forskrift om drift av akvakulturanlegg（akvakulturdriftsforskriften）. [EB/OL]. (2004 - 12 - 22)[2004 - 12 - 22]. https: //lovdata. no/dokument/LTI/forskrift/2004 - 12 - 22 - 1785.

Fiskeridepartementet，2017. Forskrift om produksjonsområder for akvakultur av matfisk i sjø av laks，ørret og regnbueørret（produksjonsområdeforskriften）[EB/OL]. [2017 - 01 - 16]. https: //lovdata. no/dokument/SF/forskrift/2017 - 01 - 16 - 61? q＝produksjonsomr％C3％A5de.

Fry J P，Mailloux N A，Love D C，et al，2017. Feed conversion efficiency in aquaculture: do we measure it correctly? [J]. Environmental research letters，13 (02): 24017.

Guerrero E，2018. Marine Harvest ready to hatch Egg by 2019 [EB/OL]. (2018 - 03 - 19)[2019 - 02 - 10]. https: //www. fishfarmingexpert. com/article/marine - harvest - ready - to - hatch - egg - by - 2019/.

Hjul J，2016. Go ahead for Marine Harvest 'egg' [EB/OL]. (2016 - 11 - 29)[2019 - 02 - 10]. https: //www. fishupdate. com/ go - ahead - for - marine - harvest - egg/.

Marøy C，2011. Konsolidering av norsk oppdrettsnæring: en analyse av fremtidsutsiktene for små lakseoppdrettsselskaper i Norge. [EB/OL]. (2019 - 02 - 10) [2019 - 02 - 10]. http: //hdl. handle. net/11250/168983.

Mekonnen M M，Hoekstra A Y，2010. The green，blue and grey water footprint of farm animals and animal products [R]. Value of Water Research Report Series No. 48. Delft: UNESCO - IHE Institute for Water Education.

MOWI，2019. Salmon Farming Industry Handbook 2019 [EB/OL]. (2019 - 07 - 19)[2019 - 07 - 09]. https: //mowi. com/wp - content/uploads/2019/06/Salmon - Industry - Handbook - 2019. pdf.

Nikolik G，2018. The salmon farming industry，a bankers perspective [EB/OL]. (2018 - 04 - 24)[2019 - 02 - 10]. https: //www. multiexportfoods. com/sitio/images/site/presentaciones/Rabobank _ Gorjan _ Nikolik _ 2018. pdf.

Norwegian seafood council，2019. Norwegian seafood exports total NOK 99 billion in 2018 [EB/OL]. (2019 - 01 - 07)[2019 - 02 - 10]. https: //en. seafood. no/news - and - media/news - archive/norwegian - seafood - exports - total - nok - 99 - billion - in - 2018/.

Ramsden N. AquaNor 2017: The semi - closed cage that shaves NOK 5/kg off costs [EB/OL]. (2017 - 08 - 15)[2019 - 02 - 10]. https: //www. undercurrentnews. com/2017/08/15/aquanor - 2017 - three - firms - up -for - innovation - award/.

Salmar，2019. OFFSHORE FISH FARMING [EB/OL]. (2019 - 02 - 10) [2019 - 02 - 10]. https: //www. salmar. no/en/offshore - fish - farming - a - new - era/.

SINTEF，2020. Greenhouse gas emissions of Norwegian seafood products in 2017 [EB/OL]. (2020 - 06 - 04)[2021 - 02 - 10]. https: //www. sintef. no/contentassets/25338e561f1a4270a59ce25bcbc926a2/report - carbon - footprint - norwegian - seafood - products - 2017 _ final _ 040620. pdf/.

第十章　日本金枪鱼产业

金枪鱼隶属鲈形目（Perciformes），鲭亚目（Scombroidei），鲭科（Scombridae），广泛分布于太平洋、大西洋、印度洋的热带、亚热带及温带水域，从渔业利用的角度可以将金枪鱼分为黄鳍金枪鱼、大眼金枪鱼、蓝鳍金枪鱼、长鳍金枪鱼、鲣鱼和马苏金枪鱼等（徐慧文，2014）。金枪鱼以营养价值高而享誉国际市场，并有"海洋黄金"之称，其肉质柔嫩、鲜美，蛋白质含量很高，是国际营养协会推荐的绿色无污染健康美食（段振华，2013）。欧盟和美国是罐装金枪鱼两个最大的消费市场，而日本则是金枪鱼寿司和生鱼片的主要消费市场，其蓝鳍金枪鱼的消费量约占全球总量的 75% 左右，但持续增长的消费需求导致全球金枪鱼资源面临巨大压力，为保护金枪鱼资源，保障金枪鱼渔业的可持续发展，国际上多个金枪鱼区域渔业管理组织制定了配额捕捞制度（彭士明，2019）。同时，为了更为有效地推动金枪鱼产业的健康可持续发展，一些国家如日本、西班牙等国早在 20 世纪就率先发起了金枪鱼人工养殖及繁育技术的研究，以期满足全世界日益增长的消费需求。

第一节　产业发展历程和现状

一、产业发展历程

（一）捕捞

日本是世界上主要的金枪鱼生产国和消费国。根据联合国粮食及农业组织（FAO）及日本水产厅的统计数据，全球金枪鱼的捕捞总量由 1950 年的不到 44 万 t 持续增长至 2003 年的峰值近 486.3 万 t，总捕捞量增长了 10 倍以上，2004 年以后捕捞量变化不大，基本维持在 490 万 t 左右，主要的捕捞种类是鲣鱼和黄鳍金枪鱼。日本的有数据记载的金枪鱼捕捞作业起于 1952 年，其从战后的区域限制中解放出来后，就开始跨越世界各大洋进行捕捞，且早年捕捞量一直占世界金枪鱼捕获量的 50% 以上（Miyake et al.，2010）。日本的金枪鱼捕捞量在 1978 年达到 75 万 t，占当年世界该项捕捞总量的 48%，并一直持续到 80 年代。90 年代后开始缓慢下降，由 1991 年的 75.6 万 t 下降至 2010 年的 49.8 万 t，下降了 34%。2016 年日本的金枪鱼捕捞量为 36.1 万 t，占比世界总产量仅为 7%，被印度尼西亚及菲律宾等新兴金枪鱼捕捞国家赶超。现阶段，日本的主要捕捞金枪鱼方式为延绳钓、拖曳绳钩和围网作业等。在 20 世纪 80 年代，日本有 1 000 多条延绳钓金枪鱼渔船，但受到高昂的劳动力成本和石油价格的影响，到 2010 年，只剩下 200 只左右。

随着全球对金枪鱼类的消费需求增大，促使捕捞过度，资源量迅速衰退，以蓝鳍金枪鱼为代表的珍贵种类资源几近枯竭，其世界捕捞量于 1964 年达到峰值 12 万 t，20 世纪 80 年代初期开始一路下降，到 2016 年，日本的蓝鳍金枪鱼捕捞量仅为 0.9 万 t。因此，为了金枪鱼渔业资源的可持续利用，2015 年始对金枪鱼捕捞业施行了捕捞配额分配制，2017 年引入可根据资源恢复预期灵活增减捕捞配额的机制（冷传慧，2015）。日本的蓝鳍金枪鱼捕捞业也受到严重冲击，其太平洋蓝鳍金枪鱼小型鱼（不满 30 kg）配额为 4 007 t，太平洋蓝鳍金枪鱼大型鱼（超过 30 kg）配额为 4 882 t。自 2017 年起，日本一直寻求太平洋蓝鳍金枪鱼大型鱼和小型鱼分别增加 20% 和 10% 的捕捞配合，但因美国反对未获通过，仅在 2020 年获得中国台湾地区移交的 300 t 配额（观察者网，2019）。

（二）养殖

日本主要养殖品种为太平洋蓝鳍金枪鱼。早在 20 世纪 70 年代，在日益增长的消费规模及巨大的经济利益的双重刺激下，日本就已启动太平洋蓝鳍金枪鱼的养殖项目（Miyashita，2002），养殖作业方式是通过捕捞小型野生金枪鱼幼鱼进行蓄养，通常采用定置网和曳绳钓等方式捕获金枪鱼仔鱼，但存在捕获量少，鱼体损伤大等问题，导致幼鱼成活率低于 30%（Buentello et al.，2016）。到 1980 年，近畿大学对曳绳钓做了改进，鱼钩的倒钩改为可拆卸式，对鱼体的损伤更小，随后又将暂养及转运环节进行优化，使得捕获的金枪鱼存活率提升到了 80%，并在当年采用养殖网箱成功地捕获到的仔鱼养殖到了成年阶段（Kumai，2012）。日本金枪鱼大规模商业化养殖的时间与世界其他国家（地区）大致相同，始于 20 世纪 90 年代，并于 1993 年首次商业性收获 900 t（Tada，2010）。在 1993—2010 年间，日本金枪鱼的养殖年产量大致在 2 000~7 000 t 之间，2011—2016 年间，年养殖产量有了较大提升，年产在 9 000~15 000 t 之间（Buentello et al.，2016）。据 2018 年最新统计，金枪鱼养殖总产量约 18 000 t。日本的金枪鱼养殖如今已成为一个年产值达 2.5 亿美元的产业。

（三）人工繁育

伴随着人工养殖野生金枪鱼苗产业的快速发展，对以捕捞野生金枪鱼资源来维持需求增速的批评越来越多，捕捞过程的不合法、不报告及不规范严重破坏了野生种群的合理管理，甚至将导致野生金枪鱼种群的灭绝（Masuma，2011）。因此，日本从 20 世纪 70 年代同步开展了太平洋蓝鳍金枪鱼的人工繁殖技术研究，尤其在亲鱼管理及幼鱼培育方面，日本联邦政府、各地方政府以及大学等研究机构均给予了极大支持，也使日本自 1970 后就一直在世界范围内处于领导地位（Anonymous，1992）。1979 年，日本近畿大学在大岛站的网箱中，将 1974 年的捕获的野生太平洋蓝鳍金枪鱼饲养 5 年后实现了自然产卵，并收集了受精卵，这是世界上首次报道在人工饲养条件下产卵及收集（Kumai，2012）。近畿大学又在 1980 年和 1982 年分别成功地完成太平洋蓝鳍金枪鱼自然产卵，但由于当时缺乏足够的技术与设备支持，这几批鱼卵孵化的鱼苗成活率极低，最长成活率仅为 57 天，鱼的长度为 98 毫米。而后在 1994—1998 年间，大岛站有 4 年实现了太平洋蓝鳍金枪鱼自然产卵与孵化，但技术的不成熟及对鱼苗死亡机理掌握不透彻（Masuma，2011；Tsuda et al.，2012），使幼鱼存活率仅为 0.4%。2002 年，日本使 17 尾 6 龄和 35 尾 7 龄在人工饲养环境下产卵、孵化并长大的太平洋蓝鳍金枪鱼开始产卵，并孵化出仔鱼约 80 万尾，这标志着日本实现了太平洋蓝鳍金枪鱼的全生命周期养殖，也是世界范围内首次实现太平洋蓝鳍金枪鱼的全人工繁育（Sawada et al.，2005）。2007 年，在全人工养殖太平洋蓝鳍金枪鱼的基础上，成功培育获得了第二代苗种，且人工繁育技术不断完善，育苗成活率较之前明显提升，但也仅达到 1% 左右（Buentello et al.，2016）。2012 年以后，随着位于长崎的太平洋蓝鳍金枪鱼陆基亲鱼培育系统的建设并投入使用，日本全人工养殖的金枪鱼幼鱼的市场供应量也在逐年增加，2017年日本全人工养殖太平洋蓝鳍金枪鱼产量首次突破 1 000 t，2018 年则达到 1 147 t。但不可否认的是，由于全人工培育金枪鱼的养殖成活率比较低，日本太平洋蓝鳍金枪鱼年度养殖总产量依然主要来源于野生金枪鱼幼鱼的养殖。如今，日本正在进行遗传选种以改善养殖太平洋蓝鳍金枪鱼的生产特性。

二、产业现状

（一）产量与贸易

在捕捞产量方面，一方面受到全球金枪鱼主要渔场资源量严重衰退的影响，使得日本的金枪鱼的捕捞配额一直维持在较低水平，虽然仍位居世界前列，但难以满足国内的产业需求。另一方面，在高昂的劳动力成本和石油价格的不断上升的影响下，日本油补政策空白导致国内捕捞渔船数量急剧下降的影响，捕捞产量甚至难以达到捕捞配额。在多方面因素的制约下，日本的金枪鱼捕捞量已由 1978 年的 75 万 t 下降到 2016 年的 36.1 万 t，跌幅超 50%。据日本水产厅统计，2016 年日本金枪鱼捕捞量为 36.1 万 t，仅占比世界总产量的 7.3%，被印度尼西亚赶超。在总捕捞量中，鲣鱼产量为 20.3 万 t，金枪鱼类为 15.8 万 t，其中太平洋蓝鳍金枪鱼 0.7 万 t，大西洋蓝鳍金枪鱼 0.2 万 t。

在养殖产量方面，截至目前，全人工繁育成活率仍然极低，太平洋蓝鳍金枪鱼从初孵仔鱼直至发育变态为幼鱼这个过程中，其成活率在 0.1% 左右，黄鳍金枪鱼人工育苗的成活率也不过只有 3%～5%。较低的育苗成活率，远远不足以满足金枪鱼养殖产业发展的需求。受上述因素影响，日本目前的金枪鱼养殖仍主要是依靠捕捞天然种苗而后驯化育肥的分阶段养殖模式。2012 年，日本初次公布了其蓝鳍金枪鱼养殖情况的相关数据，并规定以后每个日历年均需如实公开。2011 年度，日本蓝鳍金枪鱼共 949 个养殖网箱，种苗存养数 67.6 万尾，其中，天然种苗 53.5 万尾（79.1%），人工种苗 14.1 万尾（20.9%），养殖蓝鳍金枪鱼上市 19 万尾，参与蓝鳍金枪鱼苗收集的渔船数量为 2 300 艘。到 2018 年，蓝鳍金枪鱼养殖网箱共 1 549 个，鱼苗数量为 78.9 万，其中，天然幼苗数量为 41 万尾（52%），人工种苗 37.9 万尾（48%），上市蓝鳍金枪鱼 27.3 万条（来源于天然幼苗 25.2 万尾，人工幼苗 2.1 万尾），总重量为 1.76 万 t，参与蓝鳍金枪鱼苗收集的渔船数量为 1 100 艘。2011—2018 年的日本人工养殖太平洋蓝鳍金枪鱼的种苗、养成的变化情况详见图 10-1 和图 10-2。

在贸易方面，日本是最主要的金枪鱼进口国与消费国之一，日本人有金枪鱼刺身的消费习惯，是最大买家，金枪鱼生鱼片是日本餐馆的必备食物，消费超过 30 万 t/年。21 世纪头十年，日本每年的金枪鱼消费量约为 45 万 t，是世界上最大的金枪鱼市场。日本主要进口冰鲜和冷冻黄鳍金枪鱼、大眼金枪鱼和鲣鱼，其总进口量于 2002 年达 37.1 万 t，占世界总进口量的 15%，为世界第二大金枪鱼进口国。2003 年后，受经济影响，进口量显著减少，2009 年仅 22.6 万 t，占世界总进口量的 7.2%，但仍居世界第二。而后，日本金枪鱼进口量基本小范围波动，到 2017 年，金枪鱼进口量为 24.4 万 t，其中蓝鳍金枪鱼的进口量为 2.17 万 t，主要从中国台湾进口。日本近年来金枪鱼的出口也逐渐增加，据日本财务省贸易统计，冰鲜蓝鳍金枪鱼主要出口中国（包含香港地区）、美国、泰国、韩国等。2006 年

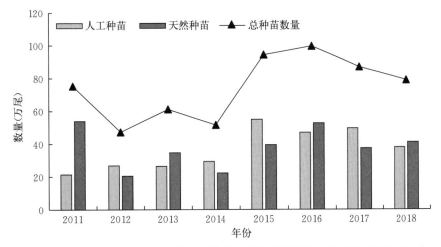

图 10-1　2011—2018 年日本人工养殖太平洋蓝鳍金枪鱼种苗数量及组成

（数据来源：日本水产厅）

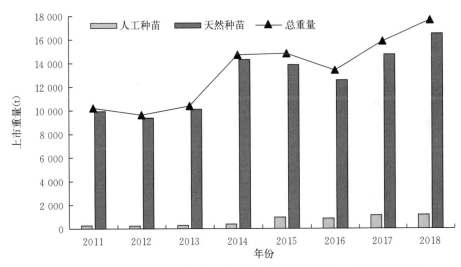

图 10-2　2011—2018 年日本人工养殖太平洋蓝鳍金枪鱼上市重量及组成

（数据来源：日本水产厅）

以后，冰鲜蓝鳍金枪鱼对美出口激增。冷冻蓝鳍金枪鱼主要出口中国香港和中国台湾、韩国、美国、新加坡、俄罗斯。冷冻金枪鱼鱼片主要出口中国香港和中国台湾、韩国、美国、新加坡、越南、泰国。

（二）养殖场分布

由于太平洋蓝鳍金枪鱼对溶氧量要求较高，容易受江河流出的低盐分浑浊水和赤潮的影响，因此养殖海域必须不能有径流和底部沉积搅动而引起混浊，如泥浆塞满鱼鳃会引起鱼大量死亡。养殖海区最好选择有外洋水流入、水温适宜为（15～28 ℃）、透明度高、溶氧量高（不低于 8 mg/L）、水流速慢（2 cm/s）、盐度变化小且离河口远的海区（邱卫华，2019）。

受上述因素影响，日本的太平洋蓝鳍金枪鱼养殖的适宜海区主要集中在日本南部，该地区具有适宜的水温，通常最低温度不低于 13 ℃，养殖区域开阔，具有良好的水体交换能力以及充足的溶氧，如纪伊半岛大岛地区（水深 20 m，水温 14～30 ℃）和对马尾崎海区（水深25～50 m，水温 13～30 ℃）。

日本的金枪鱼养殖主要集中南部的 14 个都道府县，如鹿儿岛县、大分县、长崎县、三重县、高知县和爱媛县等地。2012 年，日本初次公布了其蓝鳍金枪鱼养殖情况的相关数据，并规定以后每个日历年均需如实公开。据日本水产厅统计，2011 年度，日本蓝鳍金枪鱼养殖经营体有 83 个，有 137 个养殖场，共 949 个养殖网箱。到 2018 年，日本蓝鳍金枪鱼养殖经营体上升到 95 个，养殖场增加到 189 个，共 1 549 个养殖网箱。2011 年—2018 年日本太平洋蓝鳍金枪鱼养殖场及网箱的变化情况详见图 10 - 3。其中经营体数量前三位分别是长崎县（40 个）、爱媛县（17 个）和和歌山县（6 个），养殖场数量前三位则分别是长崎县（82 个）、爱媛县（36 个）和鹿儿岛县（18 个）。

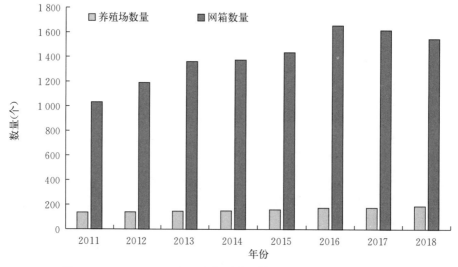

图 10 - 3 2011—2018 年日本太平洋蓝鳍金枪鱼养殖场及网箱数量
（数据来源：日本水产厅）

（三）管理机构与政策

日本政府农林水产省水产厅是日本国最高渔业行政管理机构，其主要职能有：对全国范围内实施渔业的管理、制定渔业政策、渔业经费和税金、水产品流通加工、渔业保险互助、海洋生物资源保护管理、渔业行政指导和监督、参与渔业相关的国际协定、国际渔业合作、渔业试验研究、渔业增养殖业技术、渔场的保护、渔港渔区海岸设施的建设和管理以及海洋灾害的防治等。水产厅内设有 4 个部，分别为渔政部、资源管理部、增殖推进部、渔港渔场整备部和 5 个直属单位，分别为全国性广域渔业调整委员会、渔业调查船队、渔业取缔船队、水产大学和水产综合研究中心（谢学东，2008）。2019 年，日本水产厅又新设立一个部门，主管农林水产品的出口（人民网，2019）。2001 年 4 月，日本成立了水产综合研究机构（Fisheries Research Agency，FRA），前身是日本海上养殖协会（Japan Sea Farming Association），是国家野生渔业和水产养殖研发机构。该中心是具有独立自主决定权的行政法人机构，由水产厅所属的国立水产研究机构重组形成，包括：日本北海道区水产研究所、东北区水产研究所、中央水产研究所、日本海区水产研究所、远洋水产研究所、濑户内海区水产与环境研究所、西海区水产研究所、养殖研究所和水产工学研究所等。中心总部设在横滨市金泽区。FRA 的主要任务是开展有关渔业海洋学、渔业资源、水产增养殖、渔业工程、渔场环境养护、水产品加工、渔业经济等方面的综合研究，并推广研究成果（中国农业网，2003）。

日本在发展渔业生产中，十分重视渔业管理。1901 年颁布了《日本渔业法》和《日本渔业法施行法》，1902 年颁布了《日本渔业法施行规则》，1904 年颁布了《水产资源保护法施行令》等渔业法规。为了使捕捞强度与渔业资源的再生能力相适应，对渔船建造、渔场安排、渔船数量、作业时间、渔获物等都制定了严格的许可制度，对符合条件的发放许可证书后方可作业。在金枪鱼的政策管理方面，世界上共有 5 个金枪鱼区域渔业管理机构（Tunas Regional Fisheries Management Organization，RFMO），分别是中西部太平洋金枪鱼委员会（WCPFC）、大西洋金枪鱼委员会（ICCAT）、印度洋金枪鱼委员会（IOTC）、美洲热带金枪鱼委员会（IATTC）和南方蓝鳍金枪鱼管理委员会（CCSBT），主要根据不同鱼类的资源状况等实施各种资源管理措施，日本全部加入了上述 5 个管理机构，但对日本来说较为重要的是管理其专属经济区的 WCPFC 和 ICCAT。在这种背景下，在国际方面日本通过在科学种群评估的基础上采取有效的养护和管理措施，并建立可靠的监测系统来确保 RFMO 成员国遵守《公约》和其他区域渔业管理组织在防止过度捕捞方面继续发挥领导作用。同时，日本保证不从不符合 RFMO 规则捕获的鱼类中进口任何渔业产品。在国内方面，日本加强对本国渔业的渔业管理，规范养殖许可证制度，并致力于开发和完善蓝鳍金枪鱼的养殖技术，保证市场供给，以免影响野生鱼类资源，确保鱼类资源的可持续利用。

第二节　产业发展特点与趋势

一、产业发展特点

日本的金枪鱼渔业发展历史悠久，且根据其地理位置及国民消费习惯具备显著的区域性产业发展特点，日本金枪鱼产业发展以时间为轴线演变，并随着技术的发展逐渐转型。

（一）捕捞模式

在捕捞方面，日本的金枪鱼主要捕捞方式为以延绳钓为代表的深水层作业和以拖曳绳钩、围网作业及流刺网作业等为代表的表层水域作业。早在第二次世界大战前，日本的沿海钓饵渔船和延绳钓渔业就已经建立，但大规模发展于战后，特征是远洋延绳钓渔业迅速增长，在延绳钓渔业发展期间，渔获物主要作为罐头原料直接出口。20 世纪 70 年代中期，延绳钓船队改变目标，从热带地区以供应罐头原料为主转型为在沿海地区以国内鱼糜市场为主。在 70 年代中后期，日本在中西部热带太平洋开始大规模发展围网作业模式，同期表层渔业作业的渔获量开始超过延绳钓渔业。渔获物也随着国内消费市场增长及消费模式变化发生转变，从罐头原料转变为鱼糜和生鱼片为主。现阶段，日本仍是最大的金枪鱼生鱼片消费市场，对蓝鳍金枪鱼等高品质品种的需求量日益上升，在严格控制捕捞产量的今天，其在蓝鳍金枪鱼及南方蓝鳍金枪鱼等名贵种类的捕捞配额中占有绝对优势（冷传慧，2015），但仍难以满足要求日益增长的贸易与消费需求。

（二）养殖模式

在养殖方面，日本以太平洋蓝鳍金枪鱼作为主要的养殖对象，其养殖模式主要分为三种方式：第一种是短期蓄养，主要是捕捞 20～60 kg 的野生小金枪鱼，经过 6～7 个月的人工饲养，让金枪鱼迅速长大的养殖方法，这种蓄养方式起源于 1991 年前后，目前日本的京都府伊根、岛根县隐岐主要采用这种方法（搜狐网，2019）；第二种是野生鱼苗育肥，即将从海洋捕捞到的野生蓝鳍金枪鱼幼鱼放到人工环境中进行喂养育肥，这种方式是现阶段日本主要的金枪鱼养殖方法，在除日本之外的其他国家应用也较为广泛，如澳大利亚和西班牙等；第三种是全生命周期人工养殖，即从亲鱼产卵、鱼卵孵化、鱼苗养成到育肥上市的全流程，这一技术始于日本，正趋向成熟。

人工育肥野生蓝鳍金枪鱼幼鱼的养殖模式目前仍在日本占据主流，该模式主要分为三个独立阶段：天然种苗捕捞（拖网或围网）、幼鱼驯化育成和商品鱼养殖。采用分阶段养殖模式主要是增加风险抵抗能力，且每个阶段的养殖周期相对较短，资金回收时间可大幅缩短，降低生产成本，使养殖蓝鳍金枪鱼具备良好市场价格竞争力。不同于其他国家，日本野生金枪鱼幼鱼的捕获规格一般为 100～2 000 g/尾，年均捕获野生金枪鱼幼鱼的数量在 2 万～5 万尾，该养殖模式主要集中在日本南部，该海域具有适宜的养殖条件（Japanese Fisheries Agency，2015），用于养殖的网箱通常深度为 10～15 m，形状多为圆形（直径 20～30 m）或者方形（边长 40～80 m），日常投喂主要采用人工手动投饵或者机械设备自动投喂，饵料主要以冰鲜或冷冻的饵料鱼（竹荚鱼、鲐鱼等）为主。近几年，随着金枪鱼人工配合饲料技术日臻成熟，加之环境因素以及饵料鱼供应的季节性等问题，在金枪鱼养殖过程中，配合饲料已有替代鲜饵饲料的趋势（Buentello et al.，2016）。在该养殖模式下，受饲料成本的影响，金枪鱼的养殖周期一般为 2～3 年，上市规格通常在 30～70 kg/尾（Japanese Fisheries Agency，2015）。

全生命周期人工养殖金枪鱼一直以来都是日本的研究重点及方向，其基本流程是从人工亲鱼采卵后，孵化成幼鱼，而后一直在人工养殖环境中培育至成鱼的全过程，通常受精卵孵化产出仔鱼后约 15 d 长成稚鱼，养殖 1 年后长至约 4 kg，2 年后在充分保证饲料的前提下迅速成长至 20 kg，第 3 年就能够达到 30～40 kg/尾的规格上市。但受限于技术，从初孵仔鱼直至发育变态为幼鱼这个过程中，成活率极低，仅维持在 0.1% 左右，还远未达到种苗规模化生产的程度，产量也因此一直维持在较低水平（Buentello et al.，2016）。近年来，以近畿大学为代表的研究机构及以最大的水产企业 Maruha Nichiro 公司和日本水产公司 Nissui 为代表的企业仍投入了大量的精力与资金开展全人工养殖金枪鱼的研究，致力于金枪鱼养殖的日本组织之间也有了更大的合作，并取得了一定的成果。据预测，2020 年日本 Maruha Nichiro 公司全养殖金枪鱼产量将达到 4 000 t，Nissui 公司产量可达 1 000 t，总计 5 000 t 的全养殖金枪鱼将在销往日本和世界各国，但对于日本每年约 4 万 t 的需求量来说，全养殖金枪鱼将不足其市场份额的 10%（第一食品网，2017）。目前，日本正在进行遗传选种以改善养殖太平洋蓝鳍金枪鱼的生产特性，以期取得更高的产量与品质，从而减少对野生渔业的压力，最终使金枪鱼养殖成为日本一个更可持续的产业。

（三）消费模式

与其他国家的金枪鱼市场以罐头为主的单一消费模式相比，日本金枪鱼市场和消费形态的多样性较高，主要包括金枪鱼罐头、生鱼片和鲣鱼干。其中生鱼片的消费占总消费量的65％以上，与国际上以金枪鱼罐头为主的消费形式截然不同，这与日本的消费习惯有关，日本的寿司和生鱼片是传统食物，尤其以蓝鳍金枪鱼的生鱼片最受欢迎，日本人不光在餐厅食用金枪鱼寿司和生鱼片，家居消费也占很大比重（石井元，2012）。此外，作为日本独有的传统食品的鲣鱼干消费的比例也很高，占比约为18％。但随着全世界经济的变化及金枪鱼产量的控制，过去10年日本的金枪鱼市场市值总体上约减少了16％，这其中生鱼片消费量减少了11％，鲣鱼干消费减少32％，金枪鱼罐头消费减少了7％左右（川本太郎，2018）。

二、存在问题

随着金枪鱼类的市场消费需求越来越大，捕捞过度、资源量迅速衰退、市场价格持续走高等问题对日本产生了严重的影响。尤其是在经济利益的刺激下，以印度尼西亚和菲律宾为代表的东南亚国家投入了大量的精力在野生金枪鱼的捕捞作业上，天然的地理优势使他们的金枪鱼捕捞量很快就超越日本，再加上国际上对金枪鱼捕捞业施行了捕捞配额分配制，日本的金枪鱼捕捞产量受到严重冲击。受金枪鱼产业发展需求及上述问题的影响，日本从20世纪70年代开始了蓝鳍金枪鱼的人工养殖技术研究，并于80年代开始了金枪鱼类的养殖业，但发展至今日本的蓝鳍金枪鱼养殖及产业化方面仍存在着很多问题：一是蓝鳍金枪鱼的全生命周期人工养殖技术尚未成熟，现阶段苗种培育成活率仅为0.1％左右，苗种供应的不稳定使金枪鱼养殖离真正意义上的产业化尚有距离；二是饲料问题，目前主要采用人工或机械投喂冰鲜饵料的方式，人工配合饲料也有使用，但饲料配方及加工成本的问题尚未完全解决，为避免中后期的饲料成本增加导致养殖蓝鳍金枪鱼价格上涨，一般通过将上市规格通常在30～70 kg/尾来控制养殖成本；三是鱼病及养殖环境等问题，现阶段蓝鳍金枪鱼的仔鱼、稚鱼阶段的培育水体的水化因子与种苗存活和成长、贯穿整个养殖周期的多种鱼病的发生等问题，都需要做进一步的研究；四是产业竞争问题，2018年日本有各种金枪鱼养殖户95家，共189个养殖场，市场竞争越来越激烈，而且受捕捞和进口金枪鱼的挤压，养殖金枪鱼在价格优势不明显的情况下，消费者更喜欢野生种类（冷传慧，2015；Buentello et al.，2016）。

三、产业发展趋势

全生命周期人工养殖金枪鱼。日本主流的金枪鱼蓄养模式导致野生金枪鱼苗需求量急剧增大，过度捕捞致使世界范围内金枪鱼资源量不断衰减，世界自然保护联盟依据濒临灭绝的风险性，将太平洋蓝鳍金枪鱼评定为"易危"等级，大西洋蓝鳍金枪鱼评定为"濒危"等级，南方蓝鳍金枪鱼评定为"极危"等级（彭士明，2019）。野生金枪鱼资源量的持续衰减，加之国际上设置了配额捕捞限制等因素，决定了以捕捞野生金枪鱼苗为基础的金枪鱼蓄养模式不具备可持续发展能力，增大全人工养殖金枪鱼的规模甚至全面取代现有蓄养模式势在必行。现阶段，日本更加强调技术的研发力度，确保产、学、研相结合，研究自然环境下金枪鱼亲鱼产卵行为与外界条件的关系及幼鱼死亡率高等问题（Masuma，2011），全面推进用人工种苗取代天然种苗。

全封闭循环水模式养殖蓝鳍金枪鱼。全封闭循环水模式是指用循环水养殖系统对蓝鳍金枪鱼从孵化一直到成鱼阶段进行养殖,其通过对养殖环境进行调控从而更好地模拟自然条件下金枪鱼的生存环境,最终提高生产效率及加强渔业管理。日本近畿大学渔业实验室、水产研究机构(FRA)金枪鱼养殖研究中心的天美实验室和 Seikai 国家渔业研究所从 21 世纪初期就致力于全封闭循环水模式养殖蓝鳍金枪鱼,这些研究机构在可控的养殖环境中取得了更多的金枪鱼鱼卵并孵化养殖至成鱼阶段,后期通过活鱼运输手段将成鱼转运到海区网箱中或大型陆基养殖池培育至商品鱼阶段(Masuma,2011;Masuma,2008)。例如,2011 年位于日本长崎县的 Seikai 国家渔业研究所启动建设全封闭陆基金枪鱼养殖基地(Fisheries Research Agency,2011),该设施占地 4 500 m²,于 2011 年开始建设,耗资 2 120 万美元。该建设项目包括两个容积分别为 1 880 m³(直径 20 m,深 6 m)的产卵池,使用最先进的再循环系统,可以控制水温在 13~30 ℃之间,并使用 LED 照明来模拟自然光照条件,计划每年生产 10 万尾 3 月龄太平洋蓝鳍金枪鱼。

第三节　借鉴与启示

一、中国金枪鱼产业发展状况

中国作为渔业大国,水产品产量已连续 28 年稳居世界首位。但在金枪鱼产业方面,受中国缺乏金枪鱼渔业文化氛围和生食海鲜的饮食习惯的影响,导致国内无论从金枪鱼的产量、产值及消费方面还是从基础科学研究方面,均未形成一定的体量和体系。

在捕捞方面,中国的金枪鱼捕捞作业开始于 20 世纪 80 年代末,尽管太平洋蓝鳍金枪鱼、黄鳍金枪鱼以及大眼金枪鱼等在中国相关海域均有分布,但受限于经济实力及技术水平,当时仅有 7 艘延绳钓作业渔船投入生产,作业于太平洋海域,而后分别于 1993 年开始在大西洋海域作业和 1995 年开始在印度洋海域作业(孙颖,2007)。根据 FAO 及中国渔业统计年鉴等权威统计数据,中国金枪鱼渔获量自 1988 年以来开始有数据记载,而后随着技术进步,捕捞产量呈现出明显的上升趋势,在 2003 年达到 4.9 万 t 以后,直至 2015 年,年度渔获量始终在 3.5 万 t 到 5 万 t 之间波动变化。2016 年后金枪鱼海洋捕捞产量突破 5 万 t,2018 年产量达到 5.5 万 t,大眼金枪鱼所占的比重最大,2007—2018 年中国金枪鱼捕捞产量变化情况详见图 10-4。中国在太平洋海域捕获的金枪鱼总产量最高,中国台湾地区在各个海域捕获主要金枪鱼类的比重远大于大陆,大陆地区的金枪鱼捕捞产量主要集中在广东省、浙江省和福建省等地(农业农村部渔业渔政管理局 等,2019)。现阶段,受国际上对金枪鱼捕捞配额的控制,区域渔业管理组织对公海金枪鱼渔业管理措施日趋严格,而中国加入国际金枪鱼管理组织较晚,被分配捕捞份额相对较低,争取捕捞配额及发展金枪鱼的现代化捕捞技术将是重点。

在养殖方面,受多种因素影响,国内对开展金枪鱼养殖的重视程度不足,导致中国至今尚无金枪鱼养殖产业。在金枪鱼的研究上,各环节的基础性研究几乎处于空白,仅在个别科研项目的课题中有涉及,并无大量科研力量及相关企业参与,研究方向主要集中在东太平洋与北太平洋金枪鱼群体的种群资源分布及繁衍状况(朱伟俊,2016;王修国,2010),研究成果用于进行资源评估。在金枪鱼的养殖尝试上,2015 年底中国钧威海洋科技有限公司在

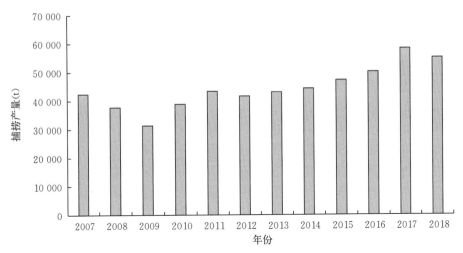

图 10-4　2007—2018 年中国金枪鱼捕捞产量

（数据来源：中国渔业统计年鉴）

浙江苍南海域的大型全智能深海网箱养殖项目落地（苍南新闻网，2015），计划投资 3 000 万元用于引进挪威 KAVA 集团的海洋网箱、工作艇、投饵船等养殖设备以及相关的技术人才，开展蓝鳍金枪鱼的养殖，但截止至今，尚无养殖成果对外公布。近些年来，随着中国深蓝渔业的战略布局以及深远海养殖产业的逐步推进，大量高附加值的深远海养殖品种短缺的问题凸显，未来国内对开展金枪鱼养殖研发的科技投入力度必将越来越大。

在市场贸易方面，因全球的金枪鱼消费主要集中于日本、美国和欧洲等地，中国的金枪鱼贸易主要依赖出口，尤其是对日本及美国市场的依赖程度很高。近些年来，随着日本金枪鱼养殖业的逐步发展及周边国家金枪鱼捕捞量的增多，依赖出口的金枪鱼产业类型压力越来越大，加上日本的超低温金枪鱼市场不景气和美国金枪鱼罐头价格竞争的加剧，也使得中国金枪鱼出口利润呈明显下降趋势。此外，国际之间的贸易竞争，来自以美国、日本为代表的海外各国的技术性贸易壁垒，对中国的水产品出口关税及品种提出了越来越高的要求，这也在一定程度上影响了水产品的贸易量。在消费方面，消费习惯及文化影响也导致金枪鱼的国内消费市场不景气，制约了国内金枪鱼产业的发展，从而在一定程度上削弱了中国金枪鱼产业竞争力。

二、借鉴与启示

（一）争取捕捞配额，大力发展金枪鱼养殖

目前，中国金枪鱼产量主要来源于捕捞，在捕捞方式上较为单一，多为围网和延绳钓，且中国的超低温延绳钓渔船数量极少，其他形式捕捞渔船上的冷冻冷藏技术均较为落后，严重影响了中国的金枪鱼捕捞量。更重要的一点是，因加入国际金枪鱼管理组织较晚，根据国际金枪鱼组织的相关规定，中国每年度获得的分洋区、分品种金枪鱼捕捞配额相对较低，金枪鱼总许可捕捞量受到了很大的限制，与中国渔业大国的地位严重不符。因此，利用国际影响力，并加大金枪鱼的现代化捕捞技术投入，争取获得很多的捕捞配额。

但不可否认的是，随着金枪鱼渔业资源总量在全球范围持续衰退，捕捞力度严重超过其承载力、繁殖速度减缓、海洋环境变化显著等突出问题，证明依靠捕捞来发展中国金枪鱼产业不具备可持续性。针对上述问题，结合日本金枪鱼产业的发展历程，我们必须走全人工养殖金枪鱼的产业发展道路。中国海域辽阔，发展近岸海域的金枪鱼圈养式养殖业，从客观条件上更容易匹配借鉴日本金枪鱼育肥模式及全人工养殖模式。

（二）加强技术引进，鼓励国内科技投入

进入 21 世纪以来，中国深远海渔业特别是养殖产业得到了很大程度上的发展，尤其自十一五以来，中国深蓝渔业的战略布局逐步推进以及深远海养殖产业有了更明确的目标，发展适宜深远海养殖的高性价比养殖品种是解决产业发展瓶颈的关键问题。金枪鱼作为已在国外成功开发的高经济附加值的深远海养殖品种，着手开展金枪鱼繁育及养殖技术研究，发展金枪鱼养殖产业，对弥补中国深远海养殖品种短缺十分必要。但由于现阶段中国在金枪鱼全人工养殖领域的研究几乎是空白的，从基础性研究做起将会是一件耗时耗力的工程，因此，结合现实情况，充分利用国际上已取得的相关科技成果，通过技术引进及国际合作的方式共同开展金枪鱼产业化研发，建立适合中国国情的金枪鱼产业发展模式，快速提升中国在金枪鱼养殖领域科技水平和能力建设。如中国水产科学研究院黄海水产研究所在 2010 年左右，与日本生命科学株式会社鹿儿岛金枪鱼养殖基地就引进日本金枪鱼人工育苗和养殖技术达成合作意向，共同在中国南方海域进行金枪鱼育苗及养殖的试验研究，此举充分利用日本在金枪鱼人工养殖方面的经验发展中国金枪鱼养殖产业。

此外，在国家倡导发展海洋经济、改革渔业供给的大背景下，以高经济附加值的金枪鱼为开发对象，充分结合深远海养殖装备的发展，通过加大科技投入力度，逐步推进中国本土金枪鱼品种的人工养殖及繁育研究工作，走出具有中国特色的渔业现代化之路。

（三）推动市场开拓，开展国内消费引导

由于中国的金枪鱼养殖产业尚不存在，紧靠捕捞产量难以满足出口以及国内的消费需求。但近年来，除中国台湾地区仍以出口为主导，大陆地区已开始进口日本金枪鱼来满足国内的高端消费市场，虽然规模有限，但贸易市场的进出口形式的转变为日本金枪鱼养殖业的进入中国提供了条件，同时也刺激中国金枪鱼养殖技术的研究和养殖产业建设。

在市场消费上，北上广等一线城市遍布以三文鱼和金枪鱼等生鱼片为特色的日本料理店，这一方面证明了随着中国经济的快速发展国民生活水平得到一定的提高，另一方面也说明国内市场慢慢接受了日本金枪鱼饮食文化的普及和渗透。国内早在 2003 年就由日本的综合商社双日株式会社与大连獐子岛渔业集团股份有限公司共同出资成立了大连翔祥食品有限公司，引进日本冷冻技术和加工技术，面向国内市场从事超低温金枪鱼的加工和销售。以市场需求带动产业发展，以消费引导产业方向，是从另一角度带动中国金枪鱼产业发展的道路，中国尚需努力开拓国内消费市场，增加市场规模及影响力，争取在国际市场上获得更大的话语权。

参考文献

苍南新闻网，2015. 挪威大型深海网箱养殖项目正式落地实施 蓝鳍金枪鱼有望在苍养殖 ［EB/OL］. （2015 - 12）［2021 - 10 - 21］. http：//www.cnxw.com.cn/system/2015/12/30/012230493.shtml.

川本太郎, 2018. 日本のまぐろ市場と消費動向 [J]. 経済研究 (Daito Bunka economic review) (31): 45-52.

第一食品网, 2017. 日本实现全养殖蓝鳍金枪鱼 [EB/OL]. (2017-12-28) [2021-11-12]. https://www.cafs.ac.cn/info/1053/28339.htm.

段振华, 王素华, 2013. 金枪鱼的加工利用技术研究进展 [J]. 肉类研究 (08): 35-38.

观察者网, 2019. 日本要求扩大金枪鱼捕捞被拒, 但获台湾地区移交配额 [EB/OL]. (2019-09-07) [2021-09-16]. https://www.guancha.cn/internation/2019_09_07_516945.shtml.

冷传慧, 雷建维, 张云霞, 2015. 日本金枪鱼产业状况及对我国金枪鱼产业影响分析 [J]. 中国水产 (07): 19-22.

农业农村部渔业渔政管理局, 全国水产技术推广总站, 中国水产学会, 2019. 2019年中国渔业统计年鉴 [M]. 北京: 中国农业出版社.

彭士明, 王鲁民, 王永进, 等, 2019. 全球金枪鱼人工养殖及繁育研究进展 [J]. 水产研究, 6 (03): 118-125.

邱卫华, 李励年, 2019. 日本金枪鱼养殖现状 [J]. 现代渔业信息, 23 (05): 19-22.

人民网, 2019. 日本农林水产省设立新部门 管理农林水产品的出口 [EB/OL]. (2019-06-06) [2022-01-20]. http://japan.people.com.cn/n1/2019/0606/c35421-31123822.html.

石井元, 2012. 養殖マグロの現状と刺身マグロの需給 [J]. 水産振興, 46 (10): 1-46.

搜狐网, 2019. 蓝鳍金枪鱼距离规模化全人工养殖更近一步 [EB/OL]. (2019-04-28) [2021-11-14]. https://www.sohu.com/a/310743489_421212.

孙颖, 2007. 中国金枪鱼贸易现状和发展趋势研究 [D]. 北京: 对外经济贸易大学.

王修国, 2010. 东太平洋大眼金枪鱼、黄鳍金枪鱼生殖特征研究 [D]. 上海: 上海海洋大学.

谢学东, 2008. 日本渔业管理的启示 [J]. 水产科技 (01): 36-41.

徐慧文, 谢晶, 2014. 金枪鱼保鲜方法及其鲜度评价指标研究进展 [J]. 食品科学 (07): 258-263.

中国农业网, 2003. 日本水产综合研究中心简介 [EB/OL]. (2003-03-01) [2022-02-11]. http://www.zgny.com.cn/ifm/consultation/2003-03-01/45328.shtml.

朱伟俊, 2016. 北太平洋长鳍金枪鱼繁殖生物学研究 [D]. 上海: 上海海洋大学.

Anonymous, 1992. Research on aquaculture and marine ranching project [M]//Agriculture, Forestry and Fisheries Research Council, Mariculture—marine ranching projects. Kouseishakouseikaku, Tokyo: 2-59.

Buentello, A, Seoka, M, Kato, K, et al, 2016. Tuna Farming in Japan and Mexico [M]//Benetti, D D, Partridge, G J, Buentello, A, Advances in Tuna Aquaculture. Cambridge: Academic Press: 189-215.

FRA, 2011. Fisheries Research Agency. homepage. http://www.fra.affrc.go.jp/english/eindex.html.

Japanese Fisheries Agency, 2015. Marino-Forum 21 General Incorporated Association [EB/OL]. (2015-11-17) [2021-12-03]. http://www.yousyokugyojyou.net/index4.htm.

Kumai, H, 2012. History, current status and perspective of bluefin tuna aquaculture. In: Kumai, H, Miyashita, S, Sakamoto, S, et al., Full Life-Cycle Aquaculture of the Pacific Bluefin Tuna. Tokyo: Agriculture and Forestry Statistics Publishing Inc.: 1-12.

Masuma S, Takebe T, Sakakura Y, 2011. A review of the broodstock management and larviculture of the Pacific northern bluefin tuna in Japan [J]. Aquaculture (315): 2-8.

Masuma, S, 2008. Development of techniques of stock enhancement for Pacific bluefin tuna *Thunnus orientalis* by the Fisheries Research Agency (formerly, Japan Sea Farming Association). J. Fish. Technol. 1, 21-36.

Miyake M P, Guillotreau P, Sun C H, et al, 2010. Recent developments in the tuna industry [R]. Rome: Food and Agriculture Organization of the United Nations.

Miyashita S, 2002. Studies on the Seedling Production of the Pacific Bluefin Tuna Thunnus thynnus orientalis. Bull. Fish. Lab. Kinki University, 8, 1 - 171.

Sawada, Y, Okada, T, Miyashita, S, et al, 2005. Completion of the Pacific Bluefin Tuna Thunnus orientalis (Tem - mincket Schlegel) Life Cycle. Aquaculture Research, 36: 413 - 421.

Tada, M, 2010. Challenges and Opportunities for the Full Cycle Farmed Tuna in Japan [C]//Miyashita, S, Takii, K, Sakamoto, W et al, Joint International Symposium of Kinki University and Setouchi Town on the 40th Anniversary of Pacific Bluefin Tuna Aquaculture, Setouchi Town: Kinki University Press: 40 - 44.

Tsuda Y, Sakamoto W, Yamamoto, S et al, 2010. Effect of environmental fluctuations on mortality of juvenile Pacific bluefin tuna, Thunnus orientalis, in closed lifecycle aquaculture [J]. Aquaculture (330 - 333): 142 - 147.

第十一章　中国大黄鱼产业

大黄鱼（*Larimichthys crocea*）是石首鱼科、黄鱼属鱼类，分布于西北太平洋区，包括中国、日本、韩国、越南沿海，在中国广泛分布于北起黄海南部，经东海、台湾海峡，南至南海雷州半岛以东（田明诚，1962；朱振乐，2000）。大黄鱼属暖温性集群洄游鱼类，常栖息于水深 60 m 以内的近海中下层，该鱼生殖季节有春、秋两季，生殖期时，鱼群分批从外海越冬区向近海作生殖洄游，至河口附近或岛屿、内湾的近岸浅水域产卵。大黄鱼作为名贵经济鱼类，是中国近海主要的经济鱼类之一，其出口量在海水鱼类中位列第一。中国也是全球大黄鱼最大的捕捞养殖生产国，曾居中国海洋 4 大主捕对象之首，江苏的吕泗洋、浙江舟山的岱衢洋、福建的官井洋都曾是中国主要的产卵群体的大黄鱼渔场。大黄鱼长期来深受消费者青睐，但随着捕捞强度和捕捞力量的日益加大，致使渔业资源遭到严重破坏，从 20 世纪 80 年代后期开始，大黄鱼资源严重衰败，近乎销声匿迹，资源破坏严重（沈世杰，1993；刘家富，2008）。

随着社会关注度的增加及科技创新资源的不断投入，现阶段在中国东部沿海区域已形成了相对成熟的大黄鱼养殖产业体系，大黄鱼已成为全国最大规模的海水网箱养殖鱼类和中国 8 大优势出口养殖水产品之一，也是福建省乃至中国独具特色和国内市场最畅销的海水鱼类（张彩兰，2002），市场遍及沿海到西部的许多大中城市，以及韩国、新加坡、美国、欧盟等国家和港、澳、台地区。大黄鱼养殖产业的发展也带动了网具渔具织造、饲料生产、技术劳务、水产品加工、内外贸易、交通运输、旅游休闲等其他相关行业的发展（刘家富，2011；韩承义，2011；岳冬冬，2019）。

第一节　产业发展历程和现状

一、产业发展历程

（一）捕捞

中国是全球大黄鱼最大的捕捞作业国，捕捞大黄鱼的作业方式众多，其中围网类、张网类是主要的作业形式，此外还有流刺网类、钓业以及机轮拖网等，但产量占比相对较少。除此之外，20 世纪 50 年代末 60 年代初，浙江南部和福建近海兴起敲罟作业方式。大黄鱼的捕捞力量，20 世纪 50 年代中期之前以木帆船为主；1957 年以后，机帆船对网渔业兴起，并发展成为捕捞大黄鱼的主要工具；1980 年以后随着大黄鱼资源的衰退，沿岸近海产卵场大黄鱼鱼汛消失，机帆船和机轮拖网只偶尔有所捕获（徐开达，2007）。

在捕捞产量中，20 世纪 60 年代大黄鱼年龄组成多达 24～29 个年龄组，但由于过度捕捞导致大黄鱼年龄组成不断减少，70 年代已减少到 14～15 个年龄组。60 年代大黄鱼渔业以剩余群体为主捕对象，但是 70 年代后期则以补充群体作为主捕对象，中国舟山渔场大黄鱼资源枯竭的主要原因是捕捞强度过大，超过其资源再生能力（赵盛龙，2002；张其永，2017）。以东海区捕捞大黄鱼为例，20 世纪 50—60 年代，东海区大黄鱼生产作业范围一般限于吕泗渔场、浙江岱衢洋、大目洋、猫头洋及福建沿岸产卵场，产量为 5 万～19.6 万 t；70 年代左右，随着渔船功率的增大，助渔设备和捕捞技术的改善，捕捞产量持续增加，渔民大量围捕江外和舟外大黄鱼越冬场，集中拦捕进入所有产卵场的大黄鱼生殖群体，促使 1974 年大黄鱼产量竟然高达 19.7 万 t，打破历史纪录。但由于捕捞强度过大，大黄鱼补充资源遭到严重破坏；80 年代往后，尽管捕捞力量逐年递增，但大黄鱼年产量仍呈下降趋势，1988—1993 年年均产量降至 0.26 万 t，1995 年回升至 2.36 万 t，以后又逐年下降，2002 年仅为 0.55 万 t。从 1977 年起，官井洋、猫头洋、大目洋均不能形成鱼汛，20 世纪 80 年代中期岱衢洋、大戢洋和吕泗渔场也形不成鱼汛，大黄鱼剩余群体已经消亡殆尽，提早性成熟的补充群体也寥寥无几，大黄鱼产卵场惨遭人为严重破坏，因而导致大黄鱼资源至今仍然处于衰退枯竭状态，该物种已趋向濒危（徐开达，2007；罗秉征，1992；罗秉征，1993；郑元甲，2013）。

（二）繁育与养殖

中国的大规模大黄鱼养殖产业始于 20 世纪 80 年代，从 1985 年初获大黄鱼海上人工授精、室内育苗成功，到目前的具有产业技术体系支撑的大黄鱼产业，历经了 27 年计 5 个阶段的发展历程（刘家富，2011；张彩兰，2002）。

第一阶段为 1985 年，福建省在中国唯一的大黄鱼内湾性产卵场-官井洋设立了"官井洋大黄鱼繁育保护区"，科研人员利用为数不多的大黄鱼野生资源开展了人工育苗与养殖技术，最终突破了大黄鱼的天然产卵场人工授精和室内育苗技术，首创了野生大黄鱼的保活、驯养技术，初获大黄鱼网箱与池塘培育鱼种成功（刘家富，韩承义，2011）。

第二阶段是在"七五"期间，通过不断摸索和创新，突破了大黄鱼的人工培育亲鱼、催产与自然产卵技术，成功开发海区桡足类在内的一系列大黄鱼人工育苗饵料，突破了百万尾育苗水平，建立了一套全人工批量育苗核心技术。

第三阶段是规模化养殖技术研究阶段，即"八五"期间突破了大黄鱼人工养殖关键技术，掌握了以加快生长速度为主要内容的网箱与池塘规模化养殖模式，首创了与规模化养殖相适应的生殖调控与早春、秋季等人工繁育技术和桡足类作为大黄鱼规模化育苗饵料的开发技术，使大黄鱼商品鱼的养殖周期由 3 年缩至 1.5～2 年左右，养殖大黄鱼价格达到 200 多元/kg，促进了大黄鱼养殖产业的形成。

第四阶段是养殖产业化形成期，发生在"九五"期间，随着大黄鱼养殖产量及价格的不断提高，市场需求的增大及社会资金的大量涌入，以原宁德地区水产技术推广站养殖试验场为主要养殖基地的大黄鱼养殖产业迅速发展起来，大黄鱼养殖产业化过程中所涉及的原良种繁育、饲料投喂、病害防治、网箱与池塘规模化、集约化养殖等方面同步得到飞速发展。至 2000 年，宁德全市大黄鱼育苗及养殖场所超 370 个，年产大黄鱼苗种 11 亿尾，养殖网箱达 25.8 万个，产量 2.92 万 t（张彩兰，2001；农业部渔业局，2001；福建省科学技术厅，2004），同时向福州、莆田等地及邻近的广东、浙江和江苏辐射，大黄鱼成为中国独有的养殖鱼类，极大地带动了中国海水鱼网箱养殖业的发展，海水鱼类养殖的第四次浪潮正在形成。

第五阶段为十五期间至今，大黄鱼养殖产业相对成熟，除了在大黄鱼的种质保持、遗传育种及抗病功能基因等技术研究取得新突破外，主要对已取得的成果进行集成创新，同时饲料、加工、贸易、养殖设施与网具制作、物流运输等配套产业也应运而生，形成了较为完整的产业链，构建了大黄鱼养殖产业技术支撑体系。

二、产业现状

（一）产量与贸易

在捕捞产量方面，受 20 世纪过度捕捞而造成的资源衰竭的影响，大黄鱼野生种群数量一致处于低谷状态。随着国家一列禁捕及保护政策的实施，大黄鱼资源得到有效恢复。至 2011 年，大黄鱼的捕捞量达到 6.5 万 t，恢复到 20 世纪 80 年代初期水平，大黄鱼资源量显著提升。随后每年大黄鱼捕获量稳中有升，2013 年捕获量为 9.1 万 t，2015 年更是突破 10.5 万 t，较 2011 年的捕获量接近翻倍。2016—2019 年捕获量相对平稳，在 6.9 万～7.9 万 t 波动。图 11-1 显示了 2011—2018 年大黄鱼海洋捕捞产量及其变化情况。

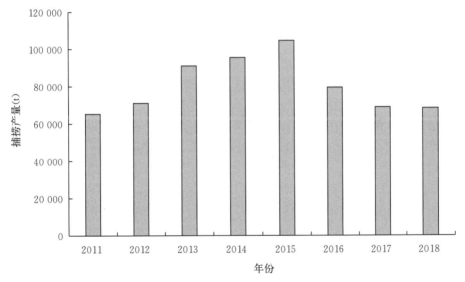

图 11-1　2011—2018 年中国大黄鱼捕捞产量
（数据来源：中国渔业统计年鉴）

在养殖产量方面，大黄鱼是中国最大养殖规模的海水鱼种类，人工养殖主要集中在福建，浙江和广东也有少量养殖，其中福建省宁德市是中国大黄鱼产业的发源地和规模最大的养殖基地。据全国渔业年鉴统计，2011 年大黄鱼海水养殖总产量为 8 万 t，比当年捕捞产量多出 1.5 万 t，2012—2017 年以每年超 10％的增幅提高养殖产量。至 2018 年，大黄鱼海水养殖总产量达到 19.8 万 t，与 2017 年相比增幅高达 11.24％，其中福建、广东和浙江三省养殖产量分别为 16.5 万 t、1.4 万 t 和 1.9 万 t，占比分别为 83.3％、5.1％和 9.6％。图 11-2 给出了 2011 年至 2018 年大黄鱼总产量及主要养殖地区产量变化情况。

在贸易方面，福建省宁德市成为中国大黄鱼的产销中心，大黄鱼销售以内销为主，其中国内市场约 80％，出口约 20％。国内大黄鱼产品主要为冰鲜、原鱼冷冻、"三去"冷冻及盐

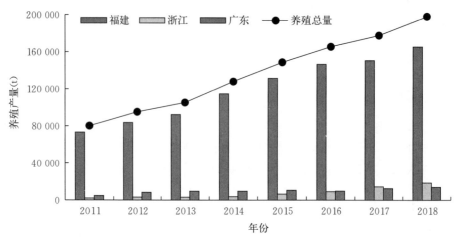

图 11-2　2011—2018 年大黄鱼总产量及主要养殖地区产量变化情况

（数据来源：中国渔业统计年鉴）

制大黄鱼，国内销售仍以冰鲜为主。在国际贸易环节，中国是养殖大黄鱼重要出口国，主要对外出口冻黄鱼以及鲜、冷黄鱼，另外出口少量其他盐腌及盐渍的黄鱼，出口市场主要包括：中国香港、韩国、美国、中国台湾、加拿大及意大利等。2018 年，中国大黄鱼出口总量为 39 045 t，较 2017 年上升 23.83％，出口平均价格为 7.36 美元/kg，较 2017 年上升 8.21％，2019 年前两个季度中国累计出口冻黄鱼 11 359.23 t，鲜、冷黄鱼 3 424.96 t，其他盐腌及盐渍的黄鱼为 4 t，3 种类型的大黄鱼平均出口价分别为 7.98 美元/kg、6.82 美元/kg 和 5.32 美元/kg。从中国黄鱼出口的国内供应地来看，冻黄鱼出口产量占比最高的地区是福建省，占比高达 66.14％，其次为浙江省，山东、广东、江苏均出口少量冻黄鱼。鲜、冷黄鱼出口产量占比最高的地区为福建省，高达 87％，浙江、上海也出口少量鲜、冷黄鱼；在进口方面，2018 年中国大黄鱼进口总量为 1 101 t，进口平均价格为 2.13 美元/kg。2019 年前两个季度，中国累计进口冻黄鱼 1 998 t，鲜、冷黄鱼 35 t，冻黄鱼进口平均价格为 1.64 美元/kg，鲜、冷黄鱼进口平均价格为 1.2 美元/kg。近 10 年，中国黄鱼进口数量整体呈现下降趋势，在 2012 年出现一次骤降，后续走势相对平稳（王凡，2019；杨卫，2020；陈博欧，2017）。

（二）养殖产区分布

大黄鱼是中国最大养殖规模的海水鱼，人工养殖主要集中在福建，浙江和广东也有少量养殖。福建省宁德市是中国大黄鱼产业的发源地和规模最大的养殖基地，以大黄鱼为主打品牌的水产业是闽东地区的支柱产业。福建省的大黄鱼养殖产区主要集中在福建的宁德、福州的沿海地区，即福建省宁德市蕉城区、霞浦县、罗源县、连江县、福安市和福鼎市。宁德是中国最大的大黄鱼生产、出口基地，年出口达到 2 万 t 左右；广东湛江为广东省的大黄鱼主产区，其中又以湛江的硇洲岛、徐闻县东部沿海-琼州海峡北岸为主要产区；浙江省大黄鱼养殖主要集中在浙江省宁波市象山县的象山港和象山高塘、石浦等象山南部海域，并在南韭山等海域建立了围网和抗风浪网箱养殖基地，养殖种群为岱衢族大黄鱼。此外，浙江省温州市平阳县、瓯海区，舟山市嵊泗、岱山，台州市椒江区、大陈岛、黄岩区也有部分大黄鱼养殖（王春苗，2018；陈蓝荪，2009）。

2018 年全国大黄鱼养殖鱼情信息采集点共 13 个。其中，福建省采集点 8 个，分布在福鼎市、蕉城区和霞浦县，均为海上浮筏式网箱养殖；浙江省采集点 5 个，分布在苍南县、椒江区和象山县，均为海上浮筏式网箱养殖。

2018 年春季大黄鱼苗种生产调研共设调查点 32 个。福建省 28 个，其中福鼎 14 个、蕉城 8 个、霞浦 3 个；浙江省 4 个，分布在苍南。根据收集的调研资料汇总统计，2018 年全长 4 cm 以上的春季大黄鱼苗种生产量约 32 亿尾。其中，福建福鼎 12 亿尾、蕉城 15 亿尾、罗源 2.7 亿尾，浙江苍南、象山 1.8 亿尾（全国水产技术推广总站，2019）（表 11-1）。

表 11-1　2018 年大黄鱼苗种场及鱼苗生产统计

地区	苗种场数（个）	育苗数量（万尾）	规格（cm）	增减率（%）
蕉城	48	150 000	4.5～6	20
福鼎	33	120 000	4.5～6	0
霞浦	1	3 000	3～4	−50
罗源	16	29 000	4.5～6	−20
苍南	4	10 000	5～8	30
象山	2	8 000	5～8	0
合计	104	320 000	—	20

第二节　产业发展特点与趋势

一、产业发展特点

大黄鱼是中国近海最重要的传统经济鱼类之一，在中国有着悠久的开发利用历史。现阶段，以福建为代表的大黄鱼产业已形成了由原良种繁育、渔药饲料、渔机网具制造、仓储物流、加工贸易及旅游餐饮等行业组成的完整产业链。中国大黄鱼产业虽已取得一定成就，但也存在一些亟待解决的问题，面临转型升级和结构调整。

（一）养殖模式

目前市场中流通的大黄鱼几乎都为人工养殖，养殖方式主要以池塘养殖、工厂化养殖、网箱养殖以及围网养殖为主，同时，在绿色发展的大背景下，为缓解超饱和养殖海面白色泡沫污染现状，改变"泡沫＋木板"的传统鱼排养殖模式，又增加了环保型"塑料鱼排"养殖模式。随着近海养殖密度趋于饱和，对海洋生态环境造成极大压力，近海部分区域禁养措施开展后，网箱养殖逐渐缩减，但其仍旧是海面面积最大的养殖模式。围网养殖模式主要在福建省采用，浙江省少量，在广东省不采用该种养殖模式。围网养殖模式很大程度上还原了野生环境，养成的大黄鱼品质较好，但在抗风浪方面较弱，成本偏高，因此也受到了一定限制（杨卫，2020；林捷敏，2012）。

根据大黄鱼养殖地区的总体统计数据，目前最常用的养殖模式为网箱养殖，又分为普通网箱养殖和深海网箱养殖。网箱养殖模式中有几大重要因素，即海域选择、制造工艺、设置方式、放养密度等。其中，放养密度这一因素至关重要，大黄鱼的放养密度根据网箱内水流畅通情况及规格来决定，适宜的放养密度能够提高产量和效益。大黄鱼网箱养殖放养密度太低会导致残余饵料量增加，既增加了成本，又影响了大黄鱼的生长环境；而密度过高会导致部分大黄鱼摄食不足，影响生长。

目前近海分布的普通网箱养殖模式最为普遍。常见的网箱规格有 3 m×3 m、4 m×4 m、5 m×5 m 等，养殖户通常采用 4 m×4 m 规格的网箱，深度在 5～8 m。最普遍的 4 m×4 m 规格网箱，单个制造成本在 2 000～3 500 元。网箱的规格和网目大小随着大黄鱼体长的变化而调整，再加上网衣损耗，每年会相应产生维修与翻新费用；深水网箱具有环保、抗风浪、耐用等特点，但由于高成本和养殖技术制约，其推广普及仍有一定难度。实现深海网箱养殖可以在相对较深海域（一般深度大于 20 m）使用深海专用网箱养殖大黄鱼，还原大黄鱼自然生活环境，最大化实现"野生"。浙江省宁波市已开启深海养殖大黄鱼模式，并进入了实质性阶段，同时成立相关企业为深海养殖大黄鱼提供深海设备上的支持。若在深海处可以养殖大黄鱼，将使大黄鱼的品质产生质的飞跃（王春苗，2018；全国水产技术推广总站，2019）。

（二）病害及防控

大黄鱼养殖由于网箱养殖密度大、水流交换不畅、长期投喂冰鲜杂鱼为主，鱼的抗病力和免疫力降低，病害频发成为常态，大黄鱼养殖的损失主要由病害造成。经调查获悉，隶属细菌病类的白点病以及病毒性病类的白鳃病最为常见。鱼病的高发阶段处夏季高温时期，多为 6—9 月，其中，大、中鱼死亡率最高的是 8—9 月的白鳃症，其次为 7—8 月的刺激隐核虫病（白点病），3—4 月的内脏白点，10—11 月的继发性细菌感染的溃烂病（包括烂头、烂尾）等，刺激隐核虫呈现耐高温迹象，发生期为 5—11 月，其间还伴有严重的白鳃症。2018 年大黄鱼病害同比上年严重，尤其是 5—6 月大黄鱼鱼苗死亡是近年来同期最严重的，主要是烂尾、烂皮及不明病因的死亡，导致目前留存的苗种数量比 2017 年少，鱼种价格明显高于 2017 年同期价格。以福建省霞浦县采集点为例，2018 年病害损失约 34 885 kg，损失金额约 139.54 万元（2017 年病害损失量约 21 250 kg，损失金额约 85 万元）（全国水产技术推广总站，2019）。

2018 年大黄鱼养殖盈利、保本、亏本三者均有存在。养殖户的病害防控意识也有一定的提高，能够掌握适宜的收成时间。特别是在病害高发期，一旦发现鱼的活力及摄食量明显下降时，达到商品规格鱼及时抢收，以减少因病害造成的损失，总体情况是略有盈利。因此，大部分养殖户仍有一定的积极性，但鉴于目前无序无度的养殖趋势，政府提出在2018—2020 年期间，全面转型升级养殖模式，同时根据海洋功能区划，缩减网箱、腾出航道和禁养区水域。

二、存在问题

（一）养殖结构亟待调整

目前中国大黄鱼养殖还是以普通浅水网箱养殖为主，围网与深水网箱模式养殖面积与体积相对较少（徐开达，2007）。在缺乏科学规划状态下，大量网箱在浅水港湾连片无序布局，造成海水养殖规模发展过度，局部海域网箱养殖过密，导致网箱水体交换率显著下降、鱼的残饵与粪便在网箱区大量沉积，导致水质富营养化而暴发缺氧事件和病害，还增加了用药开支和大黄鱼产品的质量安全风险。

（二）养殖技术与病害防控欠缺

国内大黄鱼养殖技术基本成熟，但在关键养殖技术上仍旧欠缺，依靠过往经验进行判断的情况居多。在鱼病防治、抗风浪以及保障养殖水质等方面的技术问题上往往无法解决，同时由于育苗户以低苗价无序竞争，常使用劣质亲鱼进行近亲繁殖和超高密度、施药育苗，造成苗种先天种质与体质都很差。这些苗种不但成活率低，若逃逸入海，还会破坏大黄鱼的自然种群的种质。此外，由于技术欠缺及病害防控能力不足，市、县、乡与测报点等各级基层鱼病防治机构能力建设尚未完善，长期存在缺少人才与编制，缺少经费与必要的设备等问题，使得省级以上鱼病防治机构的许多研究成果无法在基层的生产中推广，导致鱼病防治网络的断层和与养殖生产的脱节（刘家富，2003；刘家富，2009）。

（三）饲料及产品加工技术落后

目前大黄鱼养殖仍以冰鲜料为主，饲料来源不稳定，投饲后对养殖水体污染严重。目前生产大黄鱼人工配合饲料的企业多达百余家，但使用实践表明，现阶段使用的人工配合颗粒饲料存在连续使用后引起大黄鱼食欲下降、生长速度缓慢等问题，因此养殖业者使用配合饲料的意愿不强，只在夏季比较炎热和病害高发期时，勉强使用一段时间配合饲料，仍无法全面替代破坏水产苗种资源与污染水环境的冰鲜饲料。在加工方面，现阶段对大黄鱼产品的注意力，仅限于原料鱼的冰鲜与冷冻产品上，加上大黄鱼主产区水产品加工人才空缺，以至开发大黄鱼加工新产品及其综合利用下脚料的技术研究，尚未真正开始（王凡，2019）。

三、产业发展趋势

（一）建立大黄鱼原良种体系

大黄鱼是中国目前最大养殖规模的海水鱼类，保护其种质资源的遗传多样性和实现养殖群体的良种化均十分重要（贾超峰，2017）。通过传统与现代科学手段，收集、保存、定期更新大黄鱼原种亲本并扩繁子一代，保证大黄鱼野生群体的遗传多样性，同时培育出比原种大黄鱼生长更快、抗逆性更强、品质更好的新品系或新品种。完善大黄鱼原良种场的设施设备和技术队伍，建立海上网箱大黄鱼活体种质库和种质资源调查采集团队，制定原种场和种质库操作规程。坚持原种选育，在保证大量繁育原种子一代供增殖放流的同时，并供作良种选育的亲鱼。进一步加强大黄鱼养殖的病害防控能力建设，加强养殖环境监测与大黄鱼质量安全检测能力建设。

（二）由近海向深远海养殖延伸

近海浮式网箱是目前大黄鱼养殖的主要模式，它不但生产了占总产量95％以上的商品鱼，还为其他大黄鱼养殖模式提供了大规格鱼种。但近海养殖资源利用已接近饱和且污染严重，下一步势必要严格规范产业管理，实施节能减排战略，规范养殖区的网箱布局，大幅减少近海网箱数量，保证网箱之间间隔与水流畅通，改善近海养殖区的养殖水质条件，提高单位产量和产品质量安全水平。同时，网箱向深水区发展，由浅改深、由小改大，科学利用水面资源，例如全潜式深远海大黄鱼养殖平台"嵊海1号"，总养殖水体1万 m^3，最深可达水下15 m，2019年已进行5万尾岱衢族大黄鱼的养殖试验（浙江新闻，2020）；由福鼎市国资国企城市建设投资公司委托马尾造船厂建造的"海峡1号"，是用于大黄鱼的大规模养殖的大型深海养殖装备，其安装在水深大于 35 m 的养殖水域，有效养殖水体容积 15 万 m^3，可养殖大黄鱼 2 000 t，能提升大黄鱼品质还将大大缩短仿野生大黄鱼养殖上市周期（搜狐网，2020）。

（三）因地制宜构建多种养殖模式

除了传统的浮动网箱养殖模式外，还可因地制宜开展土池、围网、深水大网箱、工厂化循环水养殖和南北对接等多种养殖模式，促进大黄鱼产业向质量效益型发展（颜孙安，2015；阮成旭，2017）。以南北对接养殖为例，山东沿海夏秋季和广东沿海冬春季的水温等条件均比大黄鱼主产区闽东的更适于大黄鱼生长。因此，夏秋季可把闽东的大规格大黄鱼鱼种运至山东、冬春季运至广东进行养成，就近错季销售，可取得事半功倍的效果。

第三节　借鉴与启示

一、推进大黄鱼资源保护与科学养殖

（一）加大增值力度，实现种群恢复

大黄鱼是地方性鱼种，洄游路线短，要通过人工放流和繁殖保护逐渐恢复其自然资源。在相当长一段时期内，执法部门应全面禁止产卵繁殖场的捕捞作业，对越冬鱼群的捕捞强度严加控制，以增加大黄鱼的资源量。目前，主要的增殖措施是投放人工鱼礁，建立海洋牧场，与人工放流相结合，该措施已经在一些国家取得了初步的成功经验。此外，解决种质问题的最根本途径也是通过放流增殖，建立天然环境中的种质资源库，逐渐扩大局部海域的种群数量，使人工养殖可以将不断引入自然海域生长的成鱼作为亲鱼，保证种质的稳定（胡慧子，2010）。

（二）调整养殖结构，推行科学养殖

当前，海上传统养殖业粗放养殖、无序养殖不仅制约了产业的健康发展，也对海洋生态环境造成不良影响。实施海上养殖综合整治，推动海上传统养殖业转型升级，势在必行。针对不同地区的自然条件，加强对养殖海区的疏导和管理，科学规划养殖密度，改进养殖技术，同时加强海上养殖综合整治，推进养殖设施升级改造，实现规范化养殖，以保护大黄鱼养殖的进一步发展。同时为避免大黄鱼网箱滥建，政府有关部门依法管理养殖区渔排建设，可引入挪威实行多年的"海域使用证"和"养殖证"政策，渔业行政部门根据海域功能区划的禁止养殖区、限制养殖区和可养区等核准养殖渔排的建造与布局。鼓励养殖户使用配合饲料替代冰鲜饲料，减少大量使用冰鲜鱼类动物性饵料，防止水底腐烂后造成养殖区底质污染而导致的病害频发、成活率低等问题。科学养殖是大黄鱼可持续发展的方向。

（三）建设原良种体系，协调产业发展

大黄鱼原良种是国家的宝贵财富，加强原良种场建设，完善大黄鱼原良种场的设施设备和技术队伍。坚持原种选育，在保证大量繁育原种子一代供增殖放流的同时，并供作良种选育的亲鱼，为大黄鱼产业提供良种支撑，严格管理原良种生产，确保种质安全。继续加大选育力度，加快选出适宜本地区养殖的新品种，通过政策的引导、市场的选择和积极的推广，提高良种覆盖率。建立大黄鱼行业协会，鼓励散户渔民加入行业协会、渔业合作社等组织，也要通过扶持规模化标准化的养殖企业来吸纳接收散户渔民。通过升级转型、协会带头等方

式帮助养殖户走上可持续养殖的道路。

（四）加强质量管理，发掘大黄鱼文化

建立起与国际接轨的水产品质量标准体系和检验检测体系，完善现有的水产品质量标准体系，逐步与国际通行的标准接轨，甚至超前建立自己的标准，贯彻"质量"理念，加强宣传教育，提高养殖户的质量意识，严禁滥用药物以防产品药物残留。积极推进大黄鱼质量安全全程追溯工作，建立完善食用农产品产地准出和市场准入衔接制度，强化大黄鱼质量安全执法工作，确保大黄鱼质量安全。充分利用大黄鱼独特的外形，发掘其文化内涵，传承大黄鱼文化，吸引大众关注，拓展国内外市场，实现大黄鱼产品增值。

二、拓展大黄鱼国内外贸易市场

（一）加强市场监管，推进品牌建设

提高大黄鱼的国际竞争力，维持大黄鱼产业稳定、快速、健康发展，以行业协会为主导，协调行业秩序、开展行业自律、沟通政府渠道、反映业者呼声等，为育苗场、养殖户、加工出口企业全方位开展服务。养殖户按区域成立专业合作经济组织，实行统一投苗、统一投料、统一供药用药、统一病害防治、统一管理、统一技术指导、统一销售、统一报价。出口企业开展行业自律，统一大黄鱼品牌，统一销售价格，提高加工工艺，提高产品附加值，以获得较好的经济利益。持续加强品牌建设，在已有品牌基础上，继续加强宣传，推进大黄鱼产业标准化建设工作，向大众传播大黄鱼的相关知识，使得更多消费者了解大黄鱼的健康安全养殖过程，认识到养殖大黄鱼的营养价值及其绿色高值化加工产品、副产品，培养消费人群和新的净鱼消费观念，促进大黄鱼产业的可持续发展（陶文斌，2018）。

（二）维持传统市场，开拓新型贸易

近几年中国大黄鱼的出口量增长有所放缓甚至有下降的趋势，国际竞争力也有一定程度的下降，主要由于中国大黄鱼出口市场集中，且产品品质和种类多年来一直维持稳定，对原有市场继续开拓的能力有限，而且市场集中导致中国大黄鱼很容易受到技术性贸易壁垒的限制，市场的饱和导致大黄鱼消费能力下降，难以可持续发展。因此应当理性面对传统市场，在保持传统市场稳定发展的同时，积极开拓具有潜力的新市场，积极转变大黄鱼出口方式，发展多样化出口产品。从具体实施上，应充分利用建设"一带一路"机遇，宣传这些大黄鱼饮食文化和风俗，如要坚持保护海洋生物资源与生态环境、健康养殖与绿色发展等新理念，以及应用"互联网＋"等新手段，提升大黄鱼文化新内涵，进而带动大黄鱼产业发展。

参考文献

陈博欧，杨正勇，2017. 中国养殖大黄鱼国际竞争力分析 [J]. 中国渔业经济，35（03）：53-59.

陈蓝荪，2009. 中国大黄鱼养殖产业成本与贸易效益分析 [J]. 科学养鱼（04）：1-2.

福建省科学技术厅，2004. 大黄鱼养殖 [M]. 北京：海洋出版社.

韩承义，2011. 我国大黄鱼产业发展历程与市场分析 [J]. 中国渔业经济（05）：67-74.

胡慧子，黄丽萍，高健，2010. 闽东大黄鱼产业发展存在的问题与对策 [J]. 贵州农业科学，38（08）：169-172.

贾超峰，刘海林，许津，等，2017. 大黄鱼种质遗传多样性研究进展 [J]. 海洋通报，36（01）：12-18.

林捷敏，高滢，高超，等，2012. 宁德地区养殖大黄鱼市场结构特征的初步分析 [J]. 上海海洋大学学报，

21（06）：1068 - 1072.

刘家富，韩坤煌，2011. 我国大黄鱼产业的发展现状与对策 [J]. 福建水产，33（05）：4 - 8.

刘家富，刘招坤，2008. 福建闽东大黄鱼 *Larimichthys crocea*（Richardson）产业展望 [J]. 现代渔业信息，23（12）：3 - 5.

刘家富，张艺，郑升阳，等，2009. 论海水鱼网箱的健康养殖与节能减排 [J]. 现代渔业信息，24（07）：3 - 5.

刘家富，郑钦华，陈洪清，等，2003. 三沙湾的水质状况 [J]. 台湾海峡，22（02）：201 - 204.

罗秉征，1992. 中国近海鱼类生活史型与生态学参数地理变异 [J]. 海洋与湖沼，23（01）：63 - 73.

罗秉征，卢继武，蓝永伦，等，1993. 中国近海主要鱼类种群变动与生活史型的演变 [J]. 海洋科学集刊（34）：123 - 137.

全国水产技术推广总站，2019. 2018 年养殖渔情分析 [M]. 北京：中国农业出版社.

阮成旭，袁重桂，陶翠丽，等，2017. 不同养殖模式对大黄鱼肉质的影响 [J]. 水产科学，36（05）：623 - 627.

沈世杰，1993. 台湾鱼类志 [M]. 台北：台湾大学动物学系出版社.

搜狐网，2020. 中国十大深远海智能养殖装备平台汇总 [EB/OL].（2020 - 04 - 10）[2021 - 11 - 23]. https：//www. sohu. com/a/387054931 _ 726570.

陶文斌，吴燕燕，李来好，2018. 养殖大黄鱼保鲜、加工技术现状 [J]. 食品工业科技，39（11）：339 - 343.

田明诚，徐恭昭，金日秀，1962. 大黄鱼形态特征的地理变异和地理种群问题 [M]. 北京：科学出版社.

王春苗，张英丽，冯小珊，等，2018. 我国大黄鱼养殖产业现状及对策研究 [J]. 科学养鱼（05）：1.

王凡，廖碧钗，孙敏秋，等，2019. 福建大黄鱼产业发展形势分析 [J]. 中国水产（03）：45 - 49.

徐开达，刘子藩，2007. 东海区大黄鱼渔业资源及资源衰退原因分析 [J]. 大连水产学院学报，22（05）：392 - 396.

颜孙安，姚清华，林香信，等，2015. 不同养殖模式大黄鱼肌肉营养成分比较 [J]. 福建农业学报，30（08）：736 - 744.

杨卫，王春苗，2020. 我国大黄鱼养殖产业发展研究 [J]. 海洋开发与管理（05）：72 - 75.

岳冬冬，李旭君，郭艳宇，等，2019. 基于专利情报分析的中国大黄鱼产业技术创新探析与战略 [J]. 渔业信息与战略，8（03）：157 - 165.

张彩兰，刘家富，李雅璀，等，2002. 福建省大黄鱼养殖现状与分析对策 [J]. 上海水产大学学报，11（01）：77 - 83.

张其永，洪万树，陈仕玺，2017. 中国近海大黄鱼和日本带鱼群体数量变动及其资源保护措施探讨 [J]. 应用海洋学学报，36（03）：439 - 445.

赵盛龙，王日昕，刘绪生，2002. 舟山渔场大黄鱼资源枯竭原因及保护和增殖对策 [J]. 浙江海洋学院学报（自然科学版），21（02）：160 - 165.

浙江新闻，2020. 全潜式深远海大黄鱼养殖平台"嵊海一号"迎来首批 5 万"住户" [EB/OL].（2020 - 06 - 23）[2021 - 06 - 10]. https：//zj. zjol. com. cn/red _ boat. html？id=100822980.

郑元甲，洪万树，张其永，2013. 中国主要海洋底层鱼类生物学研究的回顾与展望 [J]. 水产学报，37（01）：151 - 160.

朱振乐，2000. 大黄鱼人工育苗技术 [J]. 上海海洋大学学报，9（02）：1004 - 1007.